JN101841

クィアな新約聖書

――クィア理論とホモソーシャリティ理論による新約聖書の読解

小林昭博著

風塵社

凡　例

一　聖書・聖書関連諸文書の書名の表記

キリスト教の専門書では聖書・聖書関連諸文書（外典、偽典、使徒教父文書など）の書名は左記のように略記することが通例である。

- 創世記→創
- ヨハネによる福音書→ヨハ

だが、キリスト教や聖書に不慣れな読者も多いことから、極端な省略は行わず、左記のように書名が分かるように記した。

- 創世記→創世
- ヨハネによる福音書→ヨハネ

二　略記と略号

聖書・聖書関連諸文書、聖書翻訳、叢書や学術誌等の書名の表記に用いられる略記や略号に関しては、拙著『同性愛と新約聖書――古代地中海世界の性文化と性の権力構造』（風塵社、二〇〇二年）の巻末の略号表に準拠した。

三　聖書・古典文献の引用と参照の表記

聖書を含む古典文献の引用や参照を指示する場合には、現代の文献指示に用いられる「頁数」ではなく、「章と節」「頁と段落」「巻と行」などが用いられるが、本書では左記のように略記した。

- 創世記六章一 - 四節→創世六・一 - 四
- ヨハネによる福音書二一章一五 - 一七節→ヨハネ二一・一五 - 一七
- プラトン『饗宴』一八〇頁Ａ - Ｂ段落→プラトン『饗宴』一八〇Ａ - Ｂ
- オウィディウス『変身物語』八巻六一一 - 七二四行→オウィディウス『変身物語』Ⅷ・六一一 - 七二四

四　ギリシャ語とヘブライ語

ギリシャ語とヘブライ語に関しては、前著（『同性愛と新約聖書』）で採用したラテン文字（ローマ字）転写ではなく、原語の雰囲気を感じられるように、ヘブライ文字とギリシャ文字を使用し、その都度カタカナを併記した。なお、ヘブライ語は右から左（縦書きの場合は下から上）に読む。

- 「マリア」（Μαρία）
- 「少年愛」（παιδεραστία［パイデラスティア］）
- 「ミリヤム／ミリアム」（מִרְיָם）
- 「足」（רֶגֶל［レゲル］）

序　章　イエスとＢＬ（ボーイズラブ）——イエスと男性弟子の恋愛

一　イエスと男性弟子の恋愛

「クィアな新約聖書」という本書のタイトル、そして序章の「イエスとＢＬ（ボーイズラブ）」という主題や「イエスと男性弟子の恋愛」という副題に触れ、どういう意味かと訝しがる人も多いかもしれない。あるいは、イエスや聖書を冒瀆していると言って怒り出す人もいるだろうか。もしかすると、これはいったいどういう意味なのかと興味を抱いてくれる人もいるかもしれない。わずかながらでも、面白そうと思ってくれる人がいると嬉しいのはもちろんのことだが、多種多様な反応があることが予想される。まずは、以下に引用するヨハネ福音書の諸テクストを一読していただきたい。

【イエスとラザロ】（ヨハネ福音書一一章三、五、三六節［私訳］）

3それで姉たち〔＝マルタとマリア〕は彼〔＝イエス〕のもとに使者を送って、言った、「主よ、お聞きください、あなたが熱愛〔＝愛〕している者〔＝ラザロ〕が病気です」。
5 イエスはマルタと彼女の妹〔＝マリア〕とラザロを愛〔＝熱愛〕していた。
36 それゆえ、ユダヤ人たちが言った、「見よ、彼〔＝イエス〕は彼〔＝ラザロ〕をどれほど熱愛〔＝
愛〕していたことか」。

【イエスとイエスが愛した弟子】（ヨハネ福音書一三章二三 - 二五節〔私訳〕）

23 彼〔＝イエス〕の弟子たちの内のひとりが〔食事の席で〕イエスの胸に横たわっていた。イエスが愛
した者〔＝男〕である。24 そこで、シモン・ペトロはこの者〔＝男〕に彼〔＝イエス〕が誰のことを言っ
ているのか訊くように〔頷いて〕合図する。25 そこで、その者〔＝男〕はイエスの胸の上にもたれか
かったまま彼に言う、「主よ、それは誰のことですか」。

【イエスとペトロ】（ヨハネ福音書二一章一五 - 一七節〔私訳〕）

15 さて、彼ら〔＝イエスと弟子たち〕が食事を終えたとき、イエスはシモン・ペトロに言う、「ヨハ
ネの息子シモン、あなたはこれらの者たち以上にわたしを愛〔＝熱愛〕しているか」。彼〔＝ペトロ〕
は彼〔＝イエス〕に言う、「はい、主よ、わたしがあなたを熱愛〔＝愛〕していることはあなたが知っ
ておられます」。彼は彼に言う、「わたしの小羊を飼いなさい」。16 彼は彼に再び二度言う、「ヨハ
ネの息子シモン、あなたはわたしを愛〔＝熱愛〕しているか」。彼は彼に言う、「はい、主よ、わた
しがあなたを熱愛〔＝愛〕していることはあなたが知っておられます」。彼は彼に言う、「わたしの
羊を牧しなさい」。17 彼は彼に三度言う、「ヨハネの息子シモン、あなたはわたしを熱愛〔＝愛〕し

ているか」。ペトロは彼が彼に三度「わたしを熱愛（＝愛）しているか」と言ったので悲しくなった。そして、彼は彼に言う、「主よ、あなたはすべてを知っておられます。わたしがあなたを熱愛（＝愛）していることはあなたが分かっておられます」。彼は彼に言う、「わたしの羊を飼いなさい」。

一読した感想はどうだろうか。「クィアな新約聖書」や「イエスとＢＬ（ボーイズラブ）」および「イエスと男性弟子の恋愛」という「前理解」を持ってテクストを読むと、それまでとは違う新たな意味を伴ってこれらのテクストが迫ってこないであろうか。確かに、そう言われてみると、これらの聖書テクストから、イエスと男性弟子たちとの親密な関係（恋愛関係）が浮かび上がってくるように思えると感じる人もいるのではないだろうか。

あるいは、それは「前理解」という解釈学的な「前提」ではなく、余計な「先入観」にすぎず、このような不埒な「先入観」を植えつけるのはイエスや聖書に対する冒瀆だと感じ、怒りを超えた憤怒が込み上げてくる人もいるかもしれない。だが、そのような感想や意見に対しては、次のように問いたい。もし、これがイエスと男性弟子の間の描写ではなく、イエスと女性弟子の間の描写だとすれば、同じテクストをどのように理解したであろうかと。もし、これらの聖書テクストが「イエスとマグダラのマリア」の間の描写だとしたら、現代的な異性愛のフィルターを通して、両者の間に親密な関係（恋愛関係）を読み取らなかったと断言できるのだろうかと。

二　イエスと女性弟子の恋愛――イエスとマグダラのマリアのヘテロエロティシズム

では、実際にここで「復活のイエスとマグダラのマリアの出会い」（ヨハネ福音書二〇章一一‐一八節）の場面を一読していただきたい。

【イエスとマグダラのマリア】（ヨハネ福音書二〇章一一‐一八節［私訳］）

[11]しかし、マリアは墓のところに立ち、外で泣き続けていた。そこで、彼女は泣きながら墓のなか
を覗き込んだ。[12]すると、彼女は白い衣をまとったふたりの天使がイエスの身体が横たえられてい
る場所に、ひとりは頭のところに、そして〔もう〕ひとりは足のところに座っているのを見る。[13]す
ると、その者たち〔＝天使たち〕が彼女〔＝マリア〕に言う、「女よ、どうして泣いているのですか」。
彼女は彼らに言う、「わたしの主が奪い去られてしまい、そしてわたしは彼がどこに置かれたのか分
からないのです」。[14]これらのことを言ってから、彼女が後ろを振り向くと、イエスが立っているの
を見るが、それがイエスだとは分からなかった。[15]イエスが彼女に言う、「女よ、どうして泣いてい
るのですか。あなたは誰を探しているのですか」。その女はそれが庭師だと思って、彼に言う、「ご
主人、もしあなたが彼を運んで行ったのなら、どこに彼を置いたのかわたしにおっしゃってください。
そうすれば、わたしが彼を奪い去り〔返し〕ますから」。[16]イエスが彼女に言う、「マリアムよ」。
その女は振り向きながら彼にヘブライ語で言う、「ラブーニ」――それは「先生！」という意味であ
る――。[17]イエスは彼女に言う、「わたしに触れてはならない。まだ父のところに上っていないのだ

から。だが、わたしの弟子たちのところに行って、彼らに言いなさい、『わたしはわたしの父であり、あなたたちの父でもあり、わたしの神でもあり、あなたたちの神でもある方のところに上る』」。[18]マグダラのマリアムは行って、弟子たちに告げ知らせる、「わたしは主を見ました」。そして、これらのことを彼〔＝主〕が彼女に言ったと〔告げ知らせる〕。

テクストを一読した感想はどのようなものだろうか。イエスとマグダラのマリアとの間の親密な関係（恋愛関係）という「前理解」を伴ってテクストを読むと、両者の間には恋愛関係があったのではと素直に感じる人も多いのではないだろうか。実際に、このテクストにおけるイエスとマグダラのマリアの間に恋愛関係を想定する試みは繰り返しなされている。[1]むろん、これはテクストから直接読み取りうることではなく、読み手の側の想像でしかない。[2]しかし、現代的な異性愛のフィルターを通してテクストを繙けば、泣き続けるマリアからイエスに対する深い愛情を読み取ることは難しいことではなく、イエスに「マリアムよ」と名前を呼ばれた瞬間に、「ラブーニ」（わたしの先生／わが師）と応えてイエスに抱きつくマリアの振る舞いから、イエスとマグダラのマリアの間に恋愛感情があったと感じたとしても不思議ではない。[3]

もっとも、このテクストにおいてイエスは「わたしに触れてはならない」と命じ、マリアとの身体的接触を拒否しており、そこから両者の間にあるのは師弟愛でしかないというのが通説である。[4]だが、ギリシャ哲学者の「師弟愛」は「哲学的真理の授与」と「少年愛」（恋愛）とが一体化し、[5]「ホモソーシャリティ（homosociality）」（男同士の絆／同質性社会）と「ホモエロティシズム（homoeroticism）」（同性間恋愛）とを併せ持つ「ホモソーシャルな連続体」（homosocial continuum）を構成するものであり、[6]ヨハネ福音書においてイエスと男性弟子の「師弟愛」がまさにホモエロティックでホモソーシャルなエートスを共有していたことを考えると、[7]イエスとマリアの「師弟愛」が「ヘテロエロティシズム（heteroeroticism）」（異性間恋愛）を併せ持っていたとしてもなんら不思議ではない。すなわち、「マリアムよ」と呼ばれた瞬間に、「ラブーニ」と言ってマリアがイエスに抱きついたことによって、両者の関係が「師弟愛」なのか「恋愛」なのかと二項対立的図式で理解する必要はなく、イエスとマリアが「師弟愛」と「恋愛」を一体化した絆で結ばれていたと受け取ればいいだけのことである。

また、「マリアムよ」と呼ばれた刹那に、マリアがイエスに抱きついていることをヘテロエロティックに読み解けば、このように条件反射のように抱きつくことができるというのは、マリアが日常的にイエスに抱きついていたからだとの想像をめぐらすことも可能である。しかも、ヨハネ二〇・一七の「わたしに触れてはならない」（μή μου ἅπτου［メー・ムー・ハプトゥー］）に用いられている「触れる」を意味するἅπτω（ハプトー）は、共観福音書[8]では奇跡物語において相手に「触れる」場合に用いられることが多いが[9]、ヨハネ福音書での用例は二〇・一七の一回のみである。この関係で興味を惹くのは、Ⅰコリント七・一において、パウロが「男は女に触れない方がよい（καλὸν ἀνθρώπῳ γυναικὸς μὴ ἅπτεσθαι［カロン・アントゥロー・ギュナイコス・メー・ハプテスタイ］）」（新共同訳）と勧告する場面で、ἅπτω（ハプトー）が「性交」の意味で使用されていることである。しかも、Ⅰコリント七・一とヨハネ二〇・一七はいずれも否定辞μή＋ἅπτω（メー＋ハプトー）の構文であり、Ⅰコリント七・一の「男は女に触れない方がよい」というテクストとの類推から、ヨハネ二〇・一七の「わたしに触れてはならない」も性交の意味に深読みする誘惑に駆られる。もっとも、ヨハネ二〇・一七のἅπτω（ハプトー）は、性的な意味ではなく、ギリシャ語の原意からすると、「しがみつく」といった程度の意味で使用されているものと思われるが、深読みしようと思えば、語義的には性的な意味に読むことも不可能ではないということである[10]。

ここで、少し裾野を広げ、イエスとマグダラのマリアの親密さをうかがわせるグノーシス主義文書を見てみよう。マグダラのマリア福音書（二世紀前半〜二世紀後半）では、イエスがほかのすべての女性たちよりもマグダラのマリアを愛していたとの証言をペトロがしており、[11]フィリポ福音書（二世紀後半〜三世紀後半）では、マグダラのマリアがイエスの「伴侶」ないし「同伴者」として示され、[12]さらにはイエスから特別の愛情を注がれて、何度もキスされていたことが伝えられてもいる。[13]むろん、これらのテクストがグノーシス主義の文書であることを考えると、ここからイエスとマリアの恋愛関係や性的関係を即座に読み取ることには慎重さが求められる。[14]だが、フィリポ福音書には完全なる者たちがキスによって妊娠し、出産するという証言があり、[15]いかにこれが比喩的な意味であるとはいっても、同じフィリポ福音書においてマリアがイエスに何度もキスされていたとの証言から推し量ると、両者の間に恋愛関係や性的関係があったとのイメージを湧き立たせるに余りある内容だとは言えないだろうか。[16]

また、現代に視点を移すと、イエスとマグダラのマリアが恋愛関係や婚姻関係にあったという設定を持つミュージカル、小説、映画がヒットを続けていることは周知の通りである。ブロードウェイのロックオペラ『ジーザス・クライスト・スーパースター』は一九七一年から五十年以上にわたって上演されており、[17]日本でも一九七三年から続く劇団四季による公演が二〇二三年に上演五十周年を迎える。[18]また、ギリシャの小説家ニコス・カザンザキスの『最後の誘惑』[19]（一九五一年）や米国の小説家ダン・ブラウンの『ダ・ヴィンチ・コード』[20]（二〇〇三年）は映画化もされており、イエスとマグダラのマリアが婚姻関係にあり、ふたりの間には子どもがいたという描写もあることから、大きなセンセーションを呼んだことでも知られている。

このようにイエスとマグダラのマリアが恋愛や婚姻といった親密な関係で結ばれていたという想定は古

代から現代に至るまで幾度となく繰り返されてきているのだが、イエスとマリアの間に子どもがいたことすらも夢想するフィクションが信憑性を持つかのようにもてはやされるのは、現代的な異性愛のフィルターを通してイエスとマリアの関係を見ているからである。そのように考えると、「復活のイエスとマグダラのマリアの出会い」（ヨハネ二〇・一一-一八）のテクストにおいて、マリアがイエスに抱きついた場面から両者の親密な関係（恋愛関係）を想定することも特に驚くことではなく、改めてそうかもしれないと頷ける人も多いのではないだろうか。

三　イエスとBL（ボーイズラブ）――イエスと男性弟子のホモエロティシズム

さて、ここで冒頭に引用した「イエスとラザロ」（ヨハネ一一・三、五、三六）、「イエスとイエスが愛した弟子」（ヨハネ一三・二三-二五）、「イエスとペトロ」（ヨハネ二一・一五-一七）の諸テクストを今一度想い起こしてほしい。もし「イエスとマグダラのマリア」（ヨハネ二〇・一一-一八）が恋愛関係にあったという想定にテクストが開かれているとすれば、当然のことながらイエスと男性弟子が恋愛関係にあったという想定にもテクストは開かれていて然るべきである。現代的な異性愛のフィルターを通してイエスとマグダラのマリアの関係性をヘテロエロティックに読み解くことができるのであれば、現代的な同性愛のフィルターを通してイエスとラザロ、イエスとイエスが愛した弟子、イエスとペトロの関係性をホモエロティックに繙くことができるのは言わば当然である。それとも、異性愛に基づく読解は、「前理解」という解釈学的な「前提」とはなりうるが、同性愛に基づく読解――すなわち「クィアな読み」ないし「クィア理論による読解」――は「前理解」という解釈学的な「前提」とはなりえず、まさにクィアな

「先入観」でしかなく、このような不埒な「先入観」を持ち込むのはイエスや聖書に対する冒瀆だとでも言いたいのであろうか。(21)

以上のことを踏まえて、改めて「イエスとラザロ」「イエスとイエスが愛した弟子」「イエスとペトロ」の関係についてクィアな「前理解」を序章において予め示すことで、本書が提示する「クィアな読み」に対してテクストが開かれていることを明らかにし、現代社会を覆っている「同性愛嫌悪」（homophobia）、「異性愛主義」（heterosexism）、「強制的異性愛」（compulsory heterosexuality）、「異性愛規範」（heteronormativity）という名の「先入観」から解き放たれた自由な開かれた読みに挑戦する道備えをしておきたい。(22)

一番目のヨハネ一一・三、五、三六の「イエスとラザロ」の愛の描写は、「ラザロの復活」（ヨハネ一一・一-四四／ヨハネ一二・一-一二）というヨハネ福音書のクライマックスとも言えるテクストにおいて、イエスがラザロというひとりの男性弟子を愛（熱愛）していることが三度にわたって繰り返し強調されている。だが、ラザロの復活のテクストを繙くときに、読者の関心はイエスの復活を予示、表象するラザロの復活という死者蘇生の奇跡物語や「見ないで信じる信仰」（ヨハネ二〇・二九）を先取りするラザロの姉マルタの信仰告白に向けられている。だが、イエスのラザロに対する愛が三度にわたって繰り返されていることをクィアに読み解けば、そこにはイエスとラザロというふたりの男性の間の愛（恋愛）が浮かび上がってくるのである。(23)

二番目のヨハネ一三・二三-二五の「イエスとイエスが愛した弟子」の愛の描写は、「最後の晩餐」（ヨハネ一三・二一-三〇）という極度に緊張した場面の描写である。イエスは自らの死が間近に迫っていることを悟り、しかも自分を当局に引き渡すのが直弟子であるイスカリオテのユダであるという現実に打ちひしがれ、錯乱状態に陥っている最中に、「イエスが愛した弟子」が突如として登場する。彼はイエスの胸に横たわった状態で現れ、しかもその姿は一三節と二五節で二度繰り返し描写されることでよりいっそう強調されている。このようにイエスが愛した弟子がイエスの胸に横たわった姿で描かれていることをクィアな視点から読み解けば、このふたりがギリシャの「少年愛」における「恋愛する者＝イエス」と「恋愛される者＝イエスが愛した弟子」の関係にあったと想定することが可能だと言いうるのである。[24]

三番目のヨハネ二一・一五‐一七の「イエスとペトロ」の愛の描写は、復活したイエスがペトロに「わたしを愛（＝熱愛）しているか」と三度繰り返して尋ね、ペトロがその問いに三度繰り返して答えることによって、ペトロが三度イエスを否んだ罪が赦され、さらにイエスから「わたしの羊（＝小羊）を飼い（＝牧し）なさい」と三度命じられることで、復権したペトロが初期キリスト教の代表者に任じられるというヨハネ福音書だけが伝える逸話である。この物語においてイエスを三度否んだペトロがイエスから「信仰」ではなく、「愛」を三度問われている描写をクィアに繙くと、ここには自分を裏切った恋人のペトロの愛を執拗に確かめるイエスの姿とイエスからしつこく愛を乞い求められて困惑するペトロの愛憎が入り混じった恋愛関係があるように映ずるのである。そして、このようにクィアに読解することで初めて、一五節の「あなたはこれらの者たち以上にわたしを愛しているか」という、愛の多寡を別の弟子たちを引き合いに出して確かめようとする言葉が、イエスの「妬きもち」（嫉妬）だということが了解され、ストンと腑に落ちるようにすら思えるのである。[25]

このように近年のセクシュアリティ研究やクィア理論を用いた聖書解釈によって、これらの聖書テクストはイエスが特定の弟子に愛を告白したり、愛を乞い求めたりしている情景に映ずると理解されることから、現代的な同性愛のフィルターを通して、現代のゲイ男性の恋愛関係に比するものとして論じられている。あたかもそれはＢＬ（ボーイズラブ）と呼ばれるゲイ男性を題材とする現代日本の小説や漫画といったジャンルに比するかのようであり[26]、二千年前にこのジャンルを先取りしているかのようですらある[27]。

このようなヨハネ福音書におけるイエスと男性弟子たちとのクィアな関係は、共観福音書からするとまさにクィアなものでもあり、歴史学的に再構成しうるというよりも、ヨハネ福音書が創作したフィクションとして理解されるものである。だが、イエスと男性弟子たちとの親密さは、ギリシャ哲学者の男性間の師弟愛や友愛と通底し、現代のジェンダー・セクシュアリティ研究が家父長制の特徴として明らかにした「ホモソーシャリティ」の観点を援用することで最も良く理解できると思われる。そのように考えると、イエスと男性弟子の親密な関係を現代的な同性愛のフィルターを通してクィアに読み解き、ＢＬから類推される男性間の恋愛としてのみ捉えるだけでは不十分である。先にも述べたように、ヨハネ福音書におけるイエスと男性弟子の親密さは、ギリシャ哲学者の師弟愛と通底するホモエロティックでホモソーシャルなエートスを有するものであり、したがってギリシャ哲学者の師弟愛と同じように、師弟の絆は「愛」（恋愛）によって確かめられるのが言わば必定だからである。つまり、「クィア理論」（queer theory）と「ホモソーシャリティ理論」（homosocial theory）を併用することで、ヨハネ福音書がイエスと男性弟子の師弟の絆を「信じる」ことによってではなく、「愛する」ことによって確証していることの意味が十全に理解されるということである。

四　本書の構成

本書『クィアな新約聖書――クィア理論とホモソーシャリティ理論による新約聖書の読解』は、ＪＳＰ

S科研費JP一七K〇二六二二（JP17K02622）の助成を受けて出版するものである。これまで科研費研究の成果として公表した論文、小論、発題に加えて、それ以前に発表した科研費の研究内容と重なる論文や発題を一冊にまとめたものであり、論文集に相当する。

本書は二部構成を取っているが、全体の導入として、今お読みいただいている序章を冒頭に置いている。本書の全体の構成と内容は以下の通りである。

＊序章「イエスとBL（ボーイズラブ）――イエスと男性弟子の恋愛」

序章は本書の目的、構成、内容を予め示し、本書を繙く読者の道備えをするために書き下ろしたものである。

＊第一部「ホモエロティシズムと師弟愛――ヨハネ福音書における男の絆」

第一部は科研費研究の成果発表であり、「クィア理論とホモソーシャリティ理論によるヨハネ福音書の読解」を行っている。その構成は以下の通りである。

＊第一章「わたしを愛しているか――クィア理論とホモソーシャリティ理論によるヨハネ福音書二一章一五 - 一七節の読解」

＊第二章「イエスの胸に横たわる弟子――クィア理論とホモソーシャリティ理論によるヨハネ福音書一三章二一 - 三〇節の読解」

＊第三章「『見よ、彼は彼をどれほど愛していたことか』――クィア理論とホモソーシャリティ理論によるヨハネ福音書一一章一 - 四四節の読解」

第一章から第三章の内容は、先にその骨子を示したように、「クィア理論」と「ホモソーシャリティ理論」を用いてヨハネ福音書におけるイエスと男性弟子との関係を読解するというものである。元々は学会誌、献呈論文集、紀要に発表した論文である。第一章は本科研費研究をしようと思うきっかけとなった論文であり、第二章と第三章は科研費の研究成果として発表した論文である。並び順は論文の発表年代順というだけであり、それ以外には特に順番に意味はない。そのため、ヨハネ福音書の順序とは逆さまになってしまっており、その点はご寛恕いただきたい。

＊第二部「クィアな新約聖書」

第二部は科研費研究の成果発表とそれ以前に公にした学術論文から成り、「ジェンダー研究」「セクシュアリティ研究」「クィア理論」を用いた新約聖書の読解を行っている。その構成は以下の通りである。

＊第四章「異性愛主義と聖書解釈――フィレモン書一b‐二節におけるフィレモン、アプフィア、アルキッポスの関係性」

＊第五章「クィアな家族観――マルコ福音書三章二〇‐二一、三一‐三五節におけるイエスの家族観」

＊第六章「『イエスとクィア』から『クィアなイエス』へ――クィア理論を用いた聖書解釈の新たな地平」

＊第七章「マリアのクリスマスの回復――文化研究批評（ジェンダー・セクシュアリティ研究）による解釈」

＊第八章「クィアな聖家族――ルカ降誕物語のクィアな読解」

＊第九章「『聖書協会共同訳』のクィアな批評――教会・キリスト教主義大学・クィアな空間で読む」

第四章と第五章は科研費研究の開始前に学会誌と紀要に発表した科研費の研究内容と重なる論文であり、「ジェンダー研究」や「セクシュアリティ研究」から「クィア理論」へと至る研究の足跡が示されている。第六章から第八章はキリスト教雑誌に掲載された小論である。第六章と第八章は科研費研究の一環であり、

第七章は科研費研究が開始される前に「クィア理論」を用いてイエスおよび新約聖書の読解を行ったものである。第九章は学会のシンポジウムの発題をまとめたものであり、科研費研究の課題である「クィア理論」を用いた新約聖書の読解を試みている。

五　本書を世に問う意味

十八世紀後半にヨーロッパで興った聖書の歴史批評的研究は、啓蒙主義の影響下、近代的歴史主義に基づき、教会の伝統的権威やキリスト教的世界観を批判的に問い直す近代聖書学として発展を遂げてきた。[28]日本では一九六〇年代に歴史批評を掲げる聖書学が本格的に開始されるようになり、[29]それに伴って聖書の内容に矛盾があることが指摘され、その史実性に疑義が呈せられたことから、教会やキリスト教、あるいは信仰や神学の「伝統」や「常識」との間に軋轢が頻出するようになった。[30]

また、一九七〇年代には「解放の諸神学」（theologies of liberation/ liberation theologies）が新たな潮流となって時代を席巻し、[31]「搾取」や「圧制」からの人間の「解放」（liberation/ free）を掲げるマルクス主義から、[32]「解放」という目標と課題を受け継ぎ、[33]旧約聖書の中心的使信を「出エジプトの解放」に求め、[34]新約聖書の中心的使信を「解放者イエス」に見出すことによって、[35]「解放」を新たな「正典のなかの正典」（Kanon im Kanon）と見なし、聖書の中心的使信として位置づけたのである。[36]そして、このような解放の諸神学の聖書解釈は聖書テクストから「差別・抑圧からの解放」を読み取っていくというものであり、それはラテン・アメリカの解放の神学者が「解放の解釈学」（hermeneutics of liberation）と名づけた聖書解釈として、[37]聖書学においても方法論のひとつに位置づけられている。[38]だが、解放の解釈学には「盲点[39]（blindness）」（ポール・ド・マン）が潜んでいた。それは聖書の中心的使信が「差別・抑圧からの解放」であるということを強調するに急なあまり、聖書のなかにある「差別・抑圧の論理」そのものを等閑に付してしまい、聖書は常に正しく一貫して「差別・抑圧からの解放」の使信を伝えているとする一種の教条主義に陥ってしまっているということである。ここには、解放の諸神学が実践神学や組織神学の分野において発展してきたがゆえに、聖書を批判的に読解するという近代聖書学の歴史批評的研究の知見を十分に取り入れてこなかったことがその要因として浮かび上がってくる。

だが、このような解放の諸神学の欠けを補ったのは、ほかでもない解放の諸神学の系譜にも連なる「フェミニスト神学」（feminist theology）であった。キリスト教の家父長制を根源的に批判するフェミニスト神学は、その批判の矛先を教会の伝統、権威、信条、教理、組織、職制といったものを超えて、キリスト教の特権的文書である「聖書」にも向けることをも厭わなかった[40]。それゆえ、フェミニスト神学は――先述したように解放の諸神学が実践神学や組織神学の分野において発展してきたのに対して――聖書学、とりわけ新約聖書学の分野において、近代聖書学の歴史批評的研究の成果をも十全に活かしつつ、目覚ましい成果をあげてきたのである[41]。したがって、「フェミニスト聖書解釈」（feminist biblical interpretation）は、聖書をも含めたキリスト教を根源的に疑い、それは「疑いの解釈学」（hermeneutics of suspicion）と称される徹底したものであるゆえに[42]、聖書のなかにある「差別・抑圧の論理」をも批判し、「フェミニスト視点」（feminist perspectives）によるキリスト教の再構築へと向かうことを可能にしたのである[43]。

そして、本書を世に問う意味はこの延長線上にある。すなわち、これまで解放の諸神学が聖書から「差別・抑圧からの解放」の使信を読み取ることで、現代世界の様々な差別や抑圧に抗い、そしてフェミニスト聖書解釈が聖書のなかにある「差別・抑圧の論理」を批判することで、キリスト教そのものを問い直してきた系譜に連なるということである[44]。すなわち、本書においては聖書のなかにある「家父長制」(patriarchy)、「女性嫌悪」(misogyny)、「同性愛嫌悪」(homophobia)、「異性愛主義」(heterosexism)、「強制的異性愛」(compulsory heterosexuality)、「異性愛規範」(heteronormativity)、「シス規範」(cisnormativity)といった「差別・抑圧の論理」を批判することを通して[45]、自分自身をも含めたキリスト教および現代世界のジェンダー・セクシュアリティと関係する差別や抑圧を問い直すということである[46]。

かつて──そして今もなお──聖書の歴史批評的研究はキリスト教の破壊者の如き扱いであった。解放の神学もフェミニスト聖書解釈も同じようにキリスト教の破壊者のように誤解されてきた。クィアな読解もまた教会、キリスト教、聖書の破壊者なのであろうか[47]。だが、教会、キリスト教、聖書がＬＧＢＴ／ＬＧＢＴＩＱＡＰ＋を問うているのではなく、ＬＧＢＴ／ＬＧＢＴＩＱＡＰ＋が教会、キリスト教、聖書を問うているというパラダイムの転換が必要である[48]。

クィア理論やホモソーシャリティ理論を用いた聖書解釈が、「読み込み」「勘違い」「牽強付会」「非学問的」「戯れ」などと評されることは想像に難くない。聖書の歴史批評的研究の意義が受け入れられるには世紀を超える時間が必要であった。フェミニスト聖書解釈の意義が理解されるには半世紀が必要であった。その意味では、本書が提示する「クィアな読解」(queer reading)はひとつの挑戦である。これまでの解釈は異性愛を前提にし、それが無自覚的・無意識的に「正しい読み」とされてきたのである。クィアな読解が「正しい読み」や「唯一の読み」だなどと言うつもりなどさらさらない。現代的な異性愛のフィルターを通した「異性愛規範的(ヘテロノーマティヴ)な読解」に聖書テクストが開かれているというのであれば、現代的な同性愛のフィルターを通した「クィアな読解」にも同様に聖書テクストが開かれていると宣言すること──ないし問うこと──に何の問題があろうか[49]。

拙著（前著）『同性愛と新約聖書』では、聖書のなかにある「差別・抑圧の論理」を明らかにし、聖書――特にパウロ――の「ホモフォビア」や「ミソジニー」を批判することで、「疑いの解釈学」の系譜を強調した。それに対して、本書（新著）『クィアな新約聖書』では、イエスと男性弟子たちのホモエロティシズムに開かれた聖書テクストを掘り起こすことで、「解放の解釈学」の系譜を強調している。本書を世に問い、ホモフォビックな新約聖書というネガティヴな面だけではなく、イエスがクィアであり、新約聖書もまたクィアであることを提示し、ホモエロティシズムに開かれた新約聖書というポジティヴな面にフォーカスを当てることで、新たな議論を巻き起こしたい(50)。

（1）エリーザベト・モルトマン・ヴェンデル『イエスをめぐる女性たち――女性が自分自身になるために』（21世紀キリスト教選書10）大島かおり訳、新教出版社、一九八二年、一〇一－一四六頁、特に一二二－一二四、一四〇－一四六頁、Jane Schaberg, *The Resurrection of Mary Magdalene: Legends, Apocrypha, and the Christian Testament*, New York: Continuum, 2004, 334; Robert E. Goss, John, in: Deryn Guest/ Robert E. Goss/ Mona West/ Thomas Bohache (eds.), *The Queer Bible Commentary*, London: SCM Press, 2006, [548–565] 563f.; Hubertus Mynarek, Jesus, die Frauen und die Auferstehung, 17. Apr 2014 (https://hpd.de/node/18387)［最終アクセス：二〇二二年十二月一日］参照。

（2）荒井献『新約聖書の女性観』（岩波セミナーブックス27）岩波書店、一九八八年、一九四－一九六頁＝『荒井献著作集8』岩波書店、二〇〇一年、［一－二六二頁］一五三－一五五頁、本多峰子「新約聖書物語再考――マグダラのマリアの場合」『国際政経論集』二二号、二松學舍大学、二〇一六年、［七一－八四頁］八二頁参照。

（3）ただし、泣き続ける「女性」（マリア）、泣き続けることによって表される愛情深い「女性」（マリア）、愛する男性の胸に飛び込んでいく「女性」（マリア）といったイメージは、「女性」（マリア）に割り当てられてきた「ジェンダー」の典型を示しており、したがってここではそのような旧来のジェンダー観をあえて前面に押し出して提示しているということをお断りしておく。

（4）本多「新約聖書物語再考」八二頁参照。なお、荒井『新約聖書の女性観』一九四・一九六頁＝『荒井献著作集8』一五三・一五五頁は、マリアが信仰によって――主従関係を伴う――「師弟」を超えた――より高次の関係である――「姉妹」へと解放される物語としてこのテクストを理解している（荒井『新約聖書の女性観』三八四・三九四頁をも参照）。また、大貫隆「きれて、つながる」、同『真理は「ガラクタ」の中に――自立する君へ』教文館、二〇一五年、八・一六頁は、「きれて、つながる」という表現によって、イエスとマリアの関係が地上のイエスとの古い関係から「きれて」、復活のイエスとの新たな関係へと「つながる」ための未来の約束としてこの物語を読み解いている。その一方で、青野太潮『どう読むか、聖書』（朝日選書四九〇）朝日新聞社、一九九四年、一〇二・一〇四頁は、このテクストの中心的メッセージを一六節でイエスに「マリアムよ」と呼びかけられたマリアがイエスに「ラブーニ」と言った瞬間にあると解し、――したがって一七節の「わたしに触れてはならない」には言及せずに――それが「イエスによって彼女の名前を呼ばれることによって、彼女が生前のイエスとの交わりのなかにやはり引き戻されるという瞬間だったのである」（一〇三頁）と指摘し、「『復活者』イエスがわかるということは、やはり生前のイエスがわかるということだったのである」（一〇四頁）と理解することで、復活のイエスと生前のイエスの連続性を強調する解釈を提示している。

（5）プラトン『饗宴』一八四D・E参照。

（6）イヴ・コゾフスキー・セジウィック『男同士の絆――イギリス文学とホモソーシャルな欲望』上原早苗／亀澤美由紀訳、名古屋大学出版会、二〇〇一年、五・七頁（Eve Kosofsky Sedgwick, *Between Men: English Literature and Male Homosocial Desire*, Gender and Culture, New York: Columbia University Press, 1985, thirtieth anniversary edition, 2016, 4-5）参照。

（7）詳しくは、本書第一～三章参照。

（8）マルコ福音書、マタイ福音書、ルカ福音書の三福音書は共通する内容や構成が多く、共に並べて観ることができることから、「共観福音書」と呼ばれる。それに対して、ヨハネ福音書は共観福音書とは異なる内容や構成を持っており、マタイ、マルコ、ルカに続く四番目に置かれているところから、「第四福音書」とも呼ばれる。

（9）マルコ一・四一／マタイ八・三／ルカ五・一三並行、マルコ五・二七／マタイ九・二〇／ルカ八・四四並行など。
（10）なお、念のために断っておくと、ヨハネ二〇・一一-一八の復活のイエスとマグダラのマリアの出会いの物語は史実ではなく、——マグダラのマリアがイエスの復活の最初の証人であったという歴史的な核となるなんらかの出来事が想定されるとは思うが——あくまでフィクションである。だが、現代的な異性愛のフィルターを通して見ると、そのフィクションからこのようなヘテロエロティックな恋愛物語を想像することができるということであり、それはイエスから「恋愛」（エロース）を剥ぎ取ってきたキリスト教の「エロトフォビア（erotophobia）」（性嫌悪・性愛嫌悪・恋愛嫌悪）に対する批判でもある。そして、この批判が見つめる先には、現代的な同性愛のフィルターを通して見ると、イエスと男性弟子の関係をホモエロティックな関係として読み解くことにもテクストは開かれているとする本書の基本的な主張があり、それはキリスト教の「ホモフォビア（homophobia）」（同性愛嫌悪）に対する批判である。
（11）マグダラのマリア福音書六章一節（カレン・L・キング『マグダラのマリアによる福音書——イエスと最高の女性使徒』山形孝夫／新免貢訳、河出書房新社、二〇〇六年、三五-三六頁）。
（12）フィリポ福音書§三二（大貫隆訳「フィリポによる福音書」、荒井献／大貫隆／小林稔／筒井賢治訳『ナグ・ハマディ文書Ⅱ福音書』岩波書店、一九九八年、［五三-一一五、三二八-三四八頁］六八頁）。
（13）フィリポ福音書§五五ｂ（大貫訳「フィリポによる福音書」七六頁）。
（14）キング『マグダラのマリアによる福音書』二二八-二三二頁、アン・グレアム・ブロック『マグダラのマリア、第一の使徒——権威を求める闘い』吉谷かおる訳、新教出版社、二〇一一年、一二五-一二八頁参照。
（15）フィリポ福音書§三二（大貫訳「フィリポによる福音書」六八頁）。なお、同書六九頁注2には、訳者の大貫がキスによる妊娠に言及する古代のテクストを列挙している。
（16）荒井『荒井献著作集8』二七九-二八一頁は、「『ピリポによる福音書』には、次のようなイエスとマグダラのマリアをめぐるほとんど挑発的とさえ思われる二つの記述がある」（二七九頁）と述べ、フィリポ福音書§三二、§五五ａ-ｂを引用し、「この記述で目立つのは、マグダラのマリアが主の『伴侶（コイノーシス）』あるいは『同伴者』と呼ばれていることである」（二八〇頁）、「『ピリポ福音書』§五五ｂで注目すべきは、主が『彼女（マグダラのマリア）の［口にしばしば］接吻した』という言表である」(二八〇頁)と指摘しているのだが、――ヨハネ二〇・一一‐一八のテクストの解釈のとき以上に――両者の間の恋愛や性的関係を想定するような解釈に触れることはない。

(17) JESUS CHRIST SUPERSTARのウェブサイト(https://www.jesuschristsuperstar.com/)[最終アクセス二〇二二年十二月一日]参照。

(18) 劇団四季のウェブサイト(https://www.shiki.jp/navi/news/renewinfo/034628.html)[最終アクセス二〇二二年十二月一日]参照。

(19) ニコス・カザンザキス『キリスト最後のこころみ』児玉操訳、恒文社、一九八二年(原著一九五一年)。マーティン・スコセッシ監督『最後の誘惑』ユニバーサル映画、一九八八年。

(20) ダン・ブラウン『ダ・ヴィンチ・コード上・下』越前敏弥訳、角川書店、二〇〇四年(原著二〇〇三年)=『ダ・ヴィンチ・コード上・中・下』(角川文庫)角川書店、二〇〇六年。ロン・ハワード監督『ダ・ヴィンチ・コード』コロンビア・ピクチャーズ、二〇〇六年。

(21) 解釈学的な「前理解」(先行理解)と「先入観」(先入見)の問題については、大貫隆『ヨハネ福音書解釈の根本問題――ブルトマン学派とガダマーを読む』ヨベル、二〇二二年、一一八‐一二三、一二八‐一三一、一三六‐一四三頁参照。

(22) 序章における「イエスとラザロ」「イエスとイエスが愛した弟子」「イエスとペトロ」の関係についてのクィアな「前理解」に関しては、拙著『同性愛と新約聖書――古代地中海世界の性文化と性の権力構造』風塵社、二〇二一年、二三八‐二五一頁(【付論8】「同性間恋愛(同性愛)と関連する可能性のある新約聖書テクスト」)の内容に基づいている。

(23) このテクストについては、本書第三章で論じる。

(24) このテクストについては、本書第二章で論じる。

(25) このテクストについては、本書第一章で論じる。

(26) BLに関する最近の研究については、石川優/東園子/西原麻里/杉本=バウエンス・ジェシカ/木下衆「シンポジウム やおい/BLを研究する方法論とディシプリン」『都市文化研究』一六号、大阪市立大学大学院文学研究科都市文化研究センター、二〇一四年、一六‐二五頁、大友りお「ファンタジーのポリティクス――ボーイズラブを論じるための理論的基盤に向けて」『日本映画大学紀要』創刊一号、日本映画大学、二〇一五年、一一‐二三頁、ジェームズ・ウェルカー編著『BLが開く扉――

変容するアジアのセクシュアリティとジェンダー』青土社、二〇一九年参照。

（27）この関係で言えば、ユダヤ教聖書（旧約聖書）のダヴィデとヨナタンはＢＬとして理解され、ルツとナオミはＧＬ（ガールズラブ）に映ると言えるだろう。

（28）佐藤研「聖書学は〈イエス批判〉に向かうか――『宗教批判の諸相』に向けて」、同『最後のイエス』ぷねうま舎、二〇一二年、一二三‐一四一頁、辻学「資料・様式・編集」、浅野淳博／伊藤寿泰／須藤伊知郎／辻学／中野実／廣石望／前川裕／村山由美『新約聖書解釈の手引き』日本キリスト教団出版局、二〇一六年、五四‐七八頁参照。

（29）八木誠一「戦後の神学的状況、その一（一九四五‐一九七〇年）」、古屋安雄／土肥昭夫／佐藤敏夫／八木誠一／小田垣雅也『日本神学史』ヨルダン社、一九九二年、［一二四‐一六二頁］一四四‐一四九、一五三‐一五八頁参照。

（30）青野太潮『どう読むか、新約聖書――福音の中心を求めて』（ヨベル新書０６４）ヨベル、二〇二〇年、三五‐四二、六五‐一一〇、一四一‐一四四頁参照。なお、中野実「正典批評」、浅野／伊藤／須藤／辻／中野／廣石／前川／村山『新約聖書解釈の手引き』二八〇‐三一九頁をも参照。

（31）以下の「解放の諸神学」の議論については、拙論「解放の解釈学の盲点――解放の諸神学における聖書解釈の問題」『酪農学園大学紀要 人文・社会科学編』四一巻一号、酪農学園大学、二〇一六年、二一‐二七頁に基づく。

（32）テリー・イーグルトン『マルクス主義と文学批評』（クラテール叢書４）有泉学宙／高橋公雄／清水英之／田形みどり／松村美佐子訳、国書刊行会、一九八七年、一〇‐一一頁（Terry Eagleton, *Marxism and Literary Criticism*, Berkley/ Los Angeles: University of California Press, 1976, vii）。

（33）浅野淳博「社会科学批評」、浅野／伊藤／須藤／辻／中野／廣石／前川／村山『新約聖書解釈の手引き』［九七‐一一二頁］一〇〇頁および同頁注３参照。

（34）Emil L. Fackenheim, *God's Presence in History: Jewish Affirmation and Philosophical Reflection*, New York: Harper & Row, 1970, 9; J. Andrew Kirk, *Liberation Theology: An Evangelical View from the Third World*, Atlanta: John Knox Press, 1979, 95–104, 147–152; José Severino Croatto, *Exodus: A Hermeneutics of Freedom*, English translation by Salvator Attanasio, Maryknoll, New York: Orbis Books, 1981, iv, 13; Dorothee Soelle with Shirley A. Cloyes, *To Work and to Love: A Theology of Creation*, Philadelphia: Fortress Press, 1984,

7. なお、この背景にはマルティン・ノート『モーセ五書伝承史』山我哲雄訳、日本基督教団出版局、一九八六年、九四頁（Martin Noth, *Überlieferungsgeschichte des Pentateuch*, Stuttgart: Kohlhammer, 1948, 50）が、「エジプトからの導き出し」は「イスラエルの原信仰告白（Urbekenntnis）である」（傍点原著）と推定していることが影響を及ぼしているものと思われる。

（35）グスタヴォ・グティエレス『解放の神学』（岩波現代選書）関望／山田経三訳、岩波書店、一九八五年＝『解放の神学（復刻版）』（岩波モダンクラシックス）岩波書店、二〇〇一年、一八五 - 一八九頁（Gustavo Gutiérrez, *A Theology of Liberation: History, Politics and Salvation,* translated and edited by Sister Caridad Inda/ John Eagleson, Maryknoll, New York: Orbis Books, 1973, 175–178）、James H. Cone, *A Black Theology of Liberation,* Philadelphia: Lippincott Company, 1970 = *A Black Theology of Liberation,* twenties anniversary edition with critical reflection by Dolores S. Williams, Gayraud Wilmore, Rosemary R. Ruether, Pablo Richard, Robert McAfee Brown and K. C. Abraham, Maryknoll, New York: Orbis Books, 1990, 197–227; Frederick Herzog, *Liberation Theology: Liberation in the Light of the Fourth Gospel,* New York: Seabury Press, 1972, 45–116; Leonardo Boff, *Jesus the Liberator*, New York: Orbis Books, 1978, 63–79; Kirk, *Liberation Theology*, 123–135.

（36）高橋敬基「新約聖書の『神学』と現代的使信——マルコ七・二四 - 三〇を中心として」『聖書の使信と伝達——関根正雄先生喜寿記念論文集』（『聖書学論集』二三号）日本聖書学研究所、山本書店、一九八九年、［三九九 - 四一八頁］四〇〇頁参照。

（37）Leonardo Boff/ Clodovis Boff, *Introducing Liberation Theology,* English translation by Paul Burns, TLS 1, Maryknoll, New York: Orbis Books, 1987, 32; Tina Pippin, Ideological Criticism, Liberation Criticism, and Womanist and Feminist Criticism, in: Stanley E. Porter (ed.), *Handbook to Exegesis of the New Testament,* NTTS XXV, Leiden/ New York/ Köln: Brill, 1997, [267–275] 267f.参照

（38）David Tombs, The Hermeneutics of Liberation, in: Stanley E. Porter/ David Tombs (eds.), *Approaches to New Testament Study,* JSNTSup 120, Sheffield: Sheffield Academic Press, 1995, 310–355参照。

（39）「盲点」については、Paul de Man, *Blindness and Insight: Essays in the Rhetoric of Contemporary Criticism*, Minneapolis: University of Minnesota, [2]1983参照。なお、拙論「聖書主義の盲点——聖書解釈における他者性の認識」『酪農学園大学紀要 人文・社

会科学編』四〇巻二号、酪農学園大学、二〇一六年、［一〇五 - 一一三頁］一一一 - 一一二頁をも参照。

(40) エリザベス・シュスラー・フィオレンツァ『石ではなくパンを――フェミニスト視点による聖書解釈』（21世紀キリスト教選書）山口里子訳、新教出版社、一九九二年、一〇四 - 一〇八、一〇九 - 一一八頁参照。

(41) 日本でもフェミニスト神学はフェミニスト新約聖書学者が切り拓いてきたと言えるが、その第一世代として、絹川久子（『女性たちとイエス――相互行為的視点からマルコ福音書を読み直す』日本基督教団出版局、一九九七年、『沈黙の声を聴く――マルコ福音書から』日本キリスト教団出版局、二〇一四年ほか）と山口里子（『マルタとマリア――イエスの世界の女性たち』新教出版社、二〇〇四年、『イエスの譬え話――ガリラヤ民衆が聞いたメッセージを探る1』新教出版社、二〇一四年ほか）の名があげられる。

(42) フィオレンツァ『石ではなくパンを』一〇四 - 一〇八、二四八頁参照。

(43) Pippin, Ideological Criticism, Liberation Criticism, and Womanist and Feminist Criticism, 267–275, esp. 270f.参照。

(44) 拙著『同性愛と新約聖書』の書評において、新免貢（「書評　小林昭博『同性愛と新約聖書』」『日本の神学』六一号、日本基督教学会、二〇二二年、一〇三 - 一〇九頁）と上村静（「書評　小林昭博『同性愛と新約聖書』」『宗教研究』九六巻三輯、日本宗教学会、二〇二二年、七九 - 八四頁）は、拙著が「解放の神学」の系譜に連なると指摘している。なお、山吉裕子（「書評　小林昭博『同性愛と新約聖書』」『基督教學』北海道基督教学会、二〇二二年、四一 - 四五頁）は「解放の神学」という名をあげてはいないが、拙著の方向性としては新免と上村と同様の理解をしているものと思われる。

(45) 「セクシュアリティ」は近代に生み出された「装置」ないし「文化的構築物」でありセクシュアリティを前提とする「同性愛」「異性愛」「両性愛」および「無性愛」といった「性的指向」の概念もまた近代の「装置」ないし「文化的構築物」である。それゆえに、古代の中近東世界や地中海世界を歴史的・社会史的背景とする聖書世界に対して、これらの概念を前提にすることはアナクロニズムである。したがって、ここではあくまでも便宜的に「同性愛嫌悪」などの用語を使用していることをお断りしておく。詳しくは、拙著『同性愛と新約聖書』四三 - 一〇三頁参照。

(46) このような問い直しは、堀江有里『「レズビアン」という生き方――キリスト教の異性愛主義を問う』新教出版社、二〇〇六年、同『レズビアン・アイデンティティーズ』洛北出版、二〇一五年、新免貢『「新」キリスト教入門(1)』燦葉出版社、二〇一九年、同『「新」キリスト教入門(2)』燦葉出版社、二〇二〇年が学問と実践の両面から遂行してきたことである。

(47) なお、わたし自身は新約聖書学の分野において「クィア理論」や「ホモソーシャリティ理論」を用いた新約聖書の読解を試みているだけであり、「クィア神学」を自ら名乗ることはしていない。ここには理由がある。「神学」が統合の論理と実践であるのに対して、「クィア」は差異化や固有化の論理と実践であることを考えると、「クィア神学」は論理矛盾だからである。にもかかわらず、日本においてもそのことを十分に省察したクィア神学が生まれており、これからどのような議論が巻き起こってくるのかが楽しみである。詳しくは、朝香知己「クィア神学と実践」『福音と世界』七六巻一二号、新教出版社、二〇二一年十二月号、一二‐一七頁、工藤万里江『クィア神学の挑戦――クィア、フェミニズム、キリスト教』新教出版社、二〇二二年、安田真由子「クィアな想像力はどこまでいけるか――物語をクィアに読む／語り直すということ」『福音と世界』七六巻一二号、新教出版社、二〇二一年十二月号、二四‐二九頁参照。

(48) 拙論「当事者性の回復――ヘテロセクシュアルの応答」『アレテイア』二四号、日本基督教団出版局、一九九九年、一六‐二一頁参照。

(49) この問題意識については、Dale B. Martin, *Sex and the Single Savior: Gender and Sexuality in Biblical Interpretation*, Louisville: Westminster John Knox Press, 2006, 91–102, esp. 100から特に示唆を与えられた。

(50) その意味では、二〇二二年九月九日〜一〇日に、奉職する酪農学園大学を会場に行われた第六十二回日本新約学会学術大会の二日目に行われたシンポジウム「クィア神学と新約聖書学の邂逅――小林昭博『同性愛と新約聖書』（風塵社、二〇二一年）をめぐって」（司会：廣石望、シンポジスト：小林昭博／新免貢／堀江有里）は、画期的なものであった。

クィアな新約聖書　目次

凡　例　i

序　章　イエスとＢＬ（ボーイズラブ）――イエスと男性弟子の恋愛　3

第一部　ホモエロティシズムと師弟愛――ヨハネ福音書における男の絆――　31

第一章　わたしを愛しているか
――クィア理論とホモソーシャリティ理論によるヨハネ福音書二一章一五‐一七節の読解　33

第二章　イエスの胸に横たわる弟子
――クィア理論とホモソーシャリティ理論によるヨハネ福音書一三章二一‐三〇節の読解　59

第三章　「見よ、彼は彼をどれほど愛していたことか」
――クィア理論とホモソーシャリティ理論によるヨハネ福音書一一章一‐四四節の読解　83

第二部　クィアな新約聖書――　103

第四章　異性愛主義と聖書解釈
――フィレモン書一ｂ‐二節におけるフィレモン、アプフィア、アルキッポスの関係性　105

第五章　クィアな家族観
——マルコ福音書三章二〇 - 二一、三一 - 三五節におけるイエスの家族観　137
第六章　「イエスとクィア」から「クィアなイエス」へ
——クィア理論を用いた聖書解釈の新たな地平　161
第七章　マリアのクリスマスの回復
——文化研究批評（ジェンダー・セクシュアリティ研究）による解釈　171
第八章　クィアな聖家族——ルカ降誕物語のクィアな読解　183
第九章　『聖書協会共同訳』のクィアな批評
——教会・キリスト教主義大学・クィアな空間で読む　193
あとがき　216
文献表　222
引用箇所索引　247
事項索引　251
初出一覧　252

第一部　ホモエロティシズムと師弟愛——ヨハネ福音書における男の絆

第一章　わたしを愛しているか
――クィア理論とホモソーシャリティ理論によるヨハネ福音書二一章一五 - 一七節の読解

一　問題設定

ヨハネ二一・一五 - 一七において、イエスはペトロに対して「わたしを愛（＝熱愛）しているか」と三度繰り返し問うている。この問いにペトロは――最後には困惑しつつ――「わたしがあなたを熱愛（＝愛）していることはあなたが知っておられます」と三度繰り返し訴えている。そのペトロに向かってイエスは「わたしの羊（＝小羊）を飼い（＝牧し）なさい」と三度繰り返し命じる。このようなイエスとペトロとの「愛」をめぐる三度の対話は、歴史批評的研究によれば、ヨハネ共同体が「大教会」に自らを組み入れていく歴史的状況を背景として、ペトロを教会の代表者として認めることを象徴的に物語るテクストとして、最終編集者によって創作された物語だと理解されている。

しかし、このような「歴史批評学的な読み」に対して、近年ひとつの新たな「読み」が提唱されている。それは「クィアな読み」である。すなわち、「クィア理論」を用いた聖書解釈によれば、ここで展開されているイエスとペトロというふたりの男性の対話は、ヨハネ二〇・一一‐一八のイエスとマグダラのマリアとの対話のように、ある種の恋愛関係に映ずるというのである。確かに、ペトロを教会の代表者に任ずるという内容であれば、このふたりの対話は、ヨハネ二〇・二四‐二九のイエスとトマスとの対話のように、信仰論として描かれて然るべきである。だが、このテクストは両者の関係を「信仰」ではなく、この福音書に特徴的な「愛」の問題として描いている。もし、これが先述したイエスとマグダラのマリアという「男と女」の対話であったとすれば、多くの者は現代的な異性愛のフィルターを通して、両者の間に恋愛関係を想定したであろうことは想像に難くない。それと同じように、現代的な同性愛のフィルターを通せば、「愛」をめぐるイエスとペトロという「男と男」の対話は十分恋愛関係に映ずるというわけである。

しかしながら、ヨハネ二一・一五‐一七の愛をめぐるふたりの男性の対話は、その都度「わたしの羊〔＝小羊〕を飼い〔牧し〕なさい」というイエスの言葉で締め括られており、このテクストが男性間の「恋愛」のみを主題にしているとは考えられない。では、いったいなぜペトロが教会の代表者に任じられる条件が「信じる」ことではなく、「愛する」ことなのであろうか。一見すると、従来の「歴史批評学的な読み」と新たに提唱された「クィアな読み」というふたつの解釈は、相容れないもののように見受けられるかもしれない。だが、私見ではここに「ホモソーシャルな読み」、すなわち「ホモソーシャリティ理論」を援用することによって双方の解釈を結びつけることが可能であり、双方の解釈が抱える問題をも解くことができると考えられるのである。

そこで、本章では、従来の「歴史批評的研究」の知見を活かしつつ、そこに「クィア理論」と「ホモソーシャリティ理論」とを援用してヨハネ二一・一五‐一七のテクストを再読し、ペトロが教会の代表者に任じられるうえで、「愛」が問われていることの意味を明らかにすることを試みたい。

二　歴史批評学によるヨハネ二一・一五 - 一七の読解

二・一　翻訳（私訳）

[15]さて、彼ら〔＝イエスと弟子たち〕が食事を終えたとき、イエスはシモン・ペトロに言う、「ヨハネの息子シモン、あなたはこれらの者たち以上にわたしを愛〔＝熱愛〕しているか」。彼〔＝ペトロ〕は彼〔＝イエス〕に言う、「はい、主よ、わたしがあなたを熱愛〔＝愛〕していることはあなたが知っておられます」。彼は彼に言う、「わたしの小羊を飼いなさい」。
[16]彼は彼に再び二度言う、「ヨハネの息子シモン、あなたはわたしを愛〔＝熱愛〕しているか」。彼は彼に言う、「はい、主よ、わたしがあなたを熱愛〔＝愛〕していることはあなたが知っておられます」。彼は彼に言う、「わたしの羊を牧しなさい」。
[17]彼は彼に三度言う、「ヨハネの息子シモン、あなたはわたしを熱愛〔＝愛〕しているか」。ペトロは彼が彼に三度「わたしを熱愛〔＝愛〕しているか」と言ったので悲しくなった。そして、彼は彼に言う、「主よ、あなたはすべてを知っておられます。わたしがあなたを熱愛〔＝愛〕していることはあなたが分かっておられます」。彼は彼に言う、「わたしの羊を飼いなさい」。

二・二　歴史批評学によるヨハネ二一・一五 - 一七の読解[1]

ヨハネ二一・一五 - 一七におけるイエスとペトロとの愛をめぐる三度の対話は、古来ペトロの三度の否みと関連づけられて解釈されてきた[2]。歴史批評的研究においても、このテクストがイエスを否んだペトロの地位の回復を企図しているということについては、古くから認められている[3]。また、ローマ・カトリックでは、このテクストは、マタイ一六・一七‐一九と並んで、ペトロの「首位権」の根拠として理解されてきたという歴史もある。[4] ヨハネ福音書には、共観福音書のように、イエスを否んだペトロが泣き崩れる描写（マルコ一四・七二、マタイ二六・七五、ルカ二二・六一‐六二）は存在しない。したがって、このテクストにおいてペトロが復活のイエスからかつての「裏切り」（否み）の汚名を取り除かれ、そのうえでペトロが教会の代表者に任じられるという経緯を記す物語が必要だったということであろう。[5]

　そして、このような歴史批評的研究の推定は、最終編集者に帰されるヨハネ二一章の他のテクストを概観することによって、よりいっそう確かなものとなる。すなわち、一‐一四節では、大漁の魚で引き揚げることのできなかった網をペトロが独りで陸まで引き揚げ、彼が「人間を獲る漁師」であることが予示され、その地位の回復の前触れとなっていると見なしうる。[6] また、一八‐一九節では、ペトロは自らの殉教の死の預言（事後預言）を受け、イエスから「わたしに従って来なさい」（ἀκολούθει μοι［アコルーテイ・モイ］）と命じられているが、これはかつてイエスを否み裏切ったペトロが、今は真の弟子として殉教の死に至るまでイエスに従う者とされたことが示されているということであろう。[7] さらに、二〇節において、イエスが愛した弟子がペトロに従って来たことをペトロ自身が確認するのだが、一‐二〇章において、イエスが愛した弟子がペトロに先んじ（ヨハネ一三・二一‐三〇、一九・二六b‐二七、二〇・一‐一〇）、また二一章においても、復活のイエスに最初に気づいたのが彼であったことを考えると（二一・七）、イエスが愛した弟子がペトロに「従った」との記述は、ペトロがイエスが愛した弟子を先導する立場になっており、双方の立場にある種の変化が生じていることが認められるのである。[8]

　そして、近年のヨハネ共同体とヨハネ文書の歴史を解明しようとする歴史批評的研究は、ヨハネ二一章におけるペトロとイエスが愛した弟子との立場の変化を社会史的に分析し、イエスが愛した弟子に象徴される「ヨハネ共同体」がペトロに象徴される「大教会」――いわゆる後の「正統主義教会」――に自らを組み込んでいく歴史的状況を背景として、最終編集者によって二一章が付加されたと推論しており、それゆえ一‐二〇章ではイエスが愛した弟子の後景に退いていたペトロが二一章では前景に現れ、特に一五‐一七節において全教会の指導者として描かれているとの想定がされているのである。(9)

だが、ヨハネ共同体の歴史を社会史的に明らかにしようとするこのような研究においては、ヨハネ二一・一五‐一七においてペトロを教会の代表者に任じる要件が、なぜ「信仰」ではなく、「愛」であったのかを明確にすることはない。(10)そこで、このテクストにおける愛の対話を正面から論じることのできる「クィア理論による読解」へと議論を進めることが必要である。

三　クィア理論によるヨハネ二一・一五‐一七の読解

三・一　クィア理論(11)

一九八〇年代後半のアメリカでは、レズビアンとゲイによる解放運動やレズビアン・スタディーズとゲイ・スタディーズが進展を見せ、それに伴い「レズビアンとゲイ」は「異性愛主義」（heterosexism）を批判する主体として一括りにされる傾向が強まっていった。それは双方の間にある差異や固有性を等閑に付す事態をもたらすことになった。このような時代的な危機感に呼応するかのように、一九九〇年代に「クィア理論」（queer theory）が提唱された。それゆえ、クィア理論はレズビアンとゲイの間にある差異およびレズビアンとゲイそれぞれの内部における個々人の差異を明らかにしつつ、(12)そこからさらに「同性愛／異性愛」という二項対立図式を脱構築するものとして位置づけられるに至ったのである。(13)

この「同性愛／異性愛」という二項対立図式は、異性愛を普遍的な規範に祭り上げ続けるために、同性愛を逸脱として周縁化し続けることで成り立つ社会システムを生産してきた。クィア理論はこの社会システムに「異性愛規範」（heteronormativity）との名を与え、「非異性愛的視点／反異性愛的視点」とでも言いうる「クィアな視点」から、「同性愛／異性愛」および「女／男」という二項対立図式を脱構築し、異性愛規範を批判的に読解する試みを遂行し続けているのである。[14]

そして、この理論をヨハネ二一・一五‐一七のテクストに応用し、[15] クィアな視点からイエスとペトロの対話を再読することがここでの課題である。

三・二　クィア理論によるヨハネ二一・一五‐一七の読解

ヨハネ二一・一五においてイエスはペトロに「これらの者たち以上にわたしを愛しているか」（ἀγαπᾷς με πλέον τούτων; [アガパース・メ・プレオン・トゥートーン？]）との問いを発する。[16] 研究者たちは「これらの者たち以上に」（πλέον τούτων [プレオン・トゥートーン]）という表現に引っかかってきた。[17] それは愛とは他者を引き合いに出して比較できるものなのかという問いである。[18] この一文は二通りの解釈が可能である。つまり、①τούτων（トゥートーン）を主格的属格に取って、「これらの者たちがわたしを愛する以上に」と理解するか、[19] ②τούτων（トゥートーン）を対格的属格と取って、「あなたがこれらの者たちを愛する以上に」と見なすかである。[20] 文法的にはいずれの解釈も可能である。[21] 私見では、πλέον τούτων（プレオン・トゥートーン）は①と②のいずれかの意味に限定されるものではなく、[22] イエスがペトロに対してその愛の本気さを問ううえでのレトリックとして、この曖昧な表現が用いられていると見なしうるのである。[23]

そして、このような理解を踏まえつつ、クィアな視点からこの一文を読解すると、イエスはあたかも恋人に対するかのように、「他の誰よりも自分を愛しているか」とペトロに問うているかのようである。そして、そう理解すれば、このように他者との比較を持ち出して愛の確認をするということも決して不思議なことではなく、イエスの問いにペトロが素直に「愛している」と答えずに、「わたしがあなたを愛していることはあなたが知っておられます」（σὺ οἶδας ὅτι φιλῶ σε［シュ・オイダス・ホティ・フィロー・セ］）と正面から返答していないこともまた頷けるというものである。つまり、ペトロの返答は「知っているのにどうしてそんなことを聞くのですか」という戸惑いの表明として理解できるということである。したがって、クィア理論に基づけば、ヨハネ二一・一五のイエスとペトロの愛をめぐる対話は、このふたりの男性がいかに親密に愛を確かめ合っているのかが際立って示されている内容だと理解することが可能なのである。

次に、ヨハネ二一・一六だが、一六節は一五節の繰り返しであり、イエスの「あなたはわたしを愛（＝熱愛）しているか」（ἀγαπᾷς με;［アガパース・メ？］）との問いに、ペトロが「わたしがあなたを熱愛（＝愛）していることはあなたが知っておられます」（σὺ οἶδας ὅτι φιλῶ σε［シュ・オイダス・ホティ・フィロー・セ］）と返答している。一六節には一五節のような他者との比較はないが、その代わりに「再び二度」（πάλιν δεύτερον［パリン・デウテロン］）というくどい言い回しがあり、[24]同じ対話が意図的に繰り広げられていることが看取される。このような繰り返しをクィアな視点から理解すれば、恋人同士が繰り返し相手からの愛を聞き出し、相手の愛の多寡を知ろうとする姿に重なると言いうるであろう。

そして、それに続く二一・一七では、イエスの「あなたはわたしを熱愛（＝愛）しているか」（φιλεῖς με;［フィレイス・メ？］）との問いが「三度」（τὸ τρίτον［ト・トリトン］）に及んだことに対して、「ペトロは彼が彼に三度『わたしを熱愛（＝愛）しているか』と言ったので悲しくなった」（ἐλυπήθη ὁ Πέτρος ὅτι εἶπεν αὐτῷ τὸ τρίτον· φιλεῖς με;［エリュペーテー・ホ・ペトロス・ホティ・エイペン・アウトー・ト・トリトン・フィレイス・

メ?-」）というペトロの率直な感情が描かれている。[25] ここでペトロは二度の愛の確認ではイエスが納得せず、同じ質問を三度にわたって投げかけてきたことで悲しくなっただけではなく、この「三度」がかつて自分がイエスを「三度」否んだ事実を突きつけるものであると悟ったことで悲しくなり、「主よ、あなたはすべてを知っておられます。わたしがあなたを熱愛〔＝愛〕していることはあなたが分かっておられます」（κύριε, πάντα σὺ οἶδας, σὺ γινώσκεις ὅτι φιλῶ σε［キュリエ・パンタ・シュ・オイダス・シュ・ギノースケイス・ホティ・フィロー・セ］）と切迫した返答をしているのである。

三・三　「ゲイの想像」による読解

新約聖書学者のデイル・B・マーティンは、「セックスと独身の救い主」と題する論文において、[26] イエスの「性」に関する多様な議論を紹介しているが、そこで彼は「一般の想像」（the popular imagination）、「歴史の想像」（the historical imagination）、「教父の想像」（the patristic imagination）という伝統的な三種類の解釈に並べて、「ゲイの想像」（the gay imagination）という独自のクィアな解釈を提唱する。このクィアな「ゲイの想像」の議論において、マーティンは男性のホモエロティックな関心から新約聖書を読んだらどうなるのかと問い、新約聖書に登場する「ラザロ」（ヨハネ一一・五、三六）、「富める青年」（マルコ一〇・二一）、「イエスが愛した弟子」（ヨハネ一三・二三‐二五、二一・二〇‐二二）の三人の男性に着目し、イエスがこれらの三人の男性たちにホモエロティックな愛を見せていると想像している。[27] そして、これらの想像の最後に、彼は次のように述べている[28]（英語の原文には何とも言えないユニークさがあるので、英語原文と日本語訳を併記する）。

Finally, we have Jesus' last discussion with Peter in the Fourth Gospel, in which Jesus teases and flirts with Peter like a school girl: "Do you *really* love me? Really? Really? Then prove it!" (21:15–19).

最終的にわたしたちは第四福音書においてイエスがペトロと最後の議論をする場面に出くわす。そこでイエスは女子高生のようにペトロにしこくおねだりし、いちゃついている。「ホントに愛してる？ホントに？　ウソじゃない？　じゃ、証拠を見せて！」（二一・一五-一九）。

ゲイ男性によるクィアな読みによれば、ペトロの復権を語るこのテクストは、イエスが女子高生のように——男子高生でもいいのだが——、ペトロにしつこく愛をおねだりし、いちゃつき、「ホントに愛してる？　ホントに？　ウソじゃない？　じゃ、証拠を見せて！」と言っているように映ずるというのである。これはマーティンのひとつの刺激的な読みであり、彼はこの読みが多くの読みのなかのひとつであることを了解し、この読みが絶対化され、他の読みが排除されるものではないということに注意を喚起している。[29]すなわち、それはここで示されている「ゲイの想像」、すなわち「クィアな読み」が、「異性愛規範による読み」によって一方的に、しかも無自覚的に排除され続けてきたことを批判しているのである。[30]

ここまで論じてきたクィア理論による読解に従えば、三度にわたって繰り返されるイエスとペトロとの愛をめぐる対話は、イエスがかつて自分を裏切った恋人にしつこく愛を確認しているかのようであり、ペトロはかつて自分が裏切った恋人に自分が真実の愛に目覚めたことを分かってもらえず、悲しくなって、必死に恋人に訴えかけているかのように理解しうるのである。このように考えると、一五節の「あなたはこれらの者たち以上にわたしを愛〔＝熱愛〕しているか」という、愛の多寡を別の弟子たちを引き合いに出して確かめようとする言葉が、自分を裏切ったペトロに対するイエスの「嫉妬心」（妬きもち）だということが了解されるとは言えないであろうか（旧約聖書の「妬む神」！）。

しかしながら、ヨハネ二一・一五‐一七で三度繰り返される「愛」をめぐる対話は、その都度「わたしの羊を飼いなさい」というイエスの言葉で締め括られており、このテクストが男性間の恋愛のみを主題にしているとは考えられない。そこで次に、「歴史批評学による読解」と「クィア理論による読解」が抱える問題を解く鍵となる「ホモソーシャリティ理論による読解」へと議論を進めたい。

四　ホモソーシャリティ理論によるヨハネ二一・一五‐一七の読解

四・一　ホモソーシャリティ理論

ジェンダー・セクシュアリティ研究およびクィア理論の旗手であるイヴ・コゾフスキー・セジウィックによれば、「ホモソーシャル」（homosocial）の語は、元来は歴史学や社会科学の分野で使われたものであり、「同性間の社会的絆」（social bonds between persons of the same- sex）を描写するための術語であるという[31]。この語は明らかに「ホモセクシュアル」（homosexual）との類比から、しかもそれとの明確な区別を企図して編み出された新語であり、それゆえホモソーシャルの語が指し示す「同性間の社会的絆」とは、あくまでも「男同士の絆」（male bonding）なのである[32]。

このホモソーシャルという概念、すなわち「ホモソーシャリティ」（homosociality）は「家父長制社会」の特質を示しており、したがって社会の構造そのものを表している。そして、ホモソーシャリティを特質とする家父長制には、男性支配による親族体系を維持するために、「義務として負わされた異性愛」

（obligatory heterosexuality）が組み込まれており、[33]それは必然的に「ホモフォビア」（同性愛嫌悪）と「ミソジニー」（女性嫌悪）としてこの社会に立ち現れる。[34]

だが、このような「家父長制」「ホモフォビア」「ミソジニー」が必然的に結びつく社会には、わずかな例外も存在する。その一例は古代ギリシャ世界である。[35]そこでは現代の異性愛社会の恋愛様式と何ら変わらぬように思える「少年愛」（παιδεραστία［パイデラスティア］）が当然視されている。そして、その愛の在りようは階層的であり、したがって家父長制という階層社会を維持しつつ、またミソジニーを色濃く持ちながらも、ホモフォビアとは無縁の世界を形成していたのである。[36]つまり、古代のギリシャ世界は「ホモソーシャリティ」と「ホモエロティシズム」[37]（homoeroticism）とが矛盾することなく共存することのできた社会だったということである。[38]

四・二　ヨハネ福音書におけるホモエロティシズムとホモソーシャリティ

だが、この双方が共存していたのは古代ギリシャ世界だけではない。それはヨハネ福音書の一‐二〇章と二一章とが位置づけられる一‐二世紀の古代ギリシャ・ローマ世界にも通底するものである。[39]ヨハネ福音書は元来の一‐二〇章と最終編集者による後代の付加である二一章のいずれにおいても、[40]ホモエロティシズムに彩られた文書である。

その典型はこの福音書にのみ登場するイエスが愛した弟子と呼ばれる――おそらくは虚構の――人物である。最後の晩餐の場面において、この弟子はイエスの胸にもたれかかって食事をしているが（一三・二三、二五）、まさにこの情景はヘレニズム世界のホモエロティシズムを体現しており、その情景が再度二一・二〇でも取り上げられていることを考えると、この両者が極めて親密な関係にあることが容易に読み

取れる。(41)

また、十字架刑の場面（ヨハネ一九・二五‐二七）において、イエスは自らの母に「女よ、ご覧なさい、あなたの息子」と言い、自らの愛した弟子に「ご覧なさい、あなたの母」と語りかけ、「彼が彼女を自分のところに引き取った」ことが報告されている。この場面はイエスの愛した弟子とイエスの母マリアによって表象される新たな家族（神の家族）の姿が描かれていると解釈されてもいるが、(42)クィアな視点から再読すれば、イエスが自分の死の後に母を頼むと遺言を伝え、母を引き取らせたその相手は、異性愛世界を引き合いに出して言えば、まさに「妻」（伴侶）に相当する人物でしかなく、このテクストからもイエスとイエスが愛した弟子の特別な関係が想定できるのである。(43)このようなふたつテクストをクィアな視点から繙くだけでも、ヨハネ共同体がギリシャ・ローマ世界のホモエロティシズムのエートスを共有していたことは疑いえない。

だが、イエスが愛した弟子は、単にイエスとホモエロティシズムに彩られた愛情で結ばれていただけではない。彼が「イエスが愛した弟子」と呼ばれているように、彼はイエスと師弟の絆で結ばれており、彼こそが真実の弟子、真実の証言を持つ者として描かれてもいるのである。(44)したがって、このふたりは単にホモエロティックな恋人関係にあるというのではなく、ホモソーシャルな関係、つまり「師弟愛」という「男同士の絆」をも併せ持っていると想定しうるのである。そして、このようなイエスとイエスが愛した弟子との関係性の描き方を鑑みると、ヨハネ共同体が古代ギリシャ・ローマ世界のホモエロティシズムとホモソーシャリティのエートスを共有していたとの推定は十分に蓋然性があると考えられるのである。(45)

四・三　ヨハネ福音書とミソジニー

また、ホモソーシャリティはその絆を維持するために異なったジェンダーを排除するシステムを併せ持つと言われている。つまり、「ミソジニー」（女性嫌悪）と切り離し難く結びついているということである[46]。この点もまたヨハネ福音書に確認できることである。

その代表的なテクストは、復活のイエスとマグダラのマリアが出会う場面である[47]（ヨハネ二〇・一一 - 一八）。マグダラのマリアはイエスと出会い、イエスに「マリアムよ」と呼ばれた刹那に、「ラブーニ」と言ってイエスに抱きついている。だが、イエスはマリアに「わたしに触れてはならない」と命じる。その理由は「まだ父のところに上っていないのだから」だと告げる。マリアはここで復活のイエスから身体的接触を拒否されてしまうのだが、有名なトマスの不信仰の場面では、トマスはイエスの傷跡に触れることを許されている（ヨハネ二〇・二六 - 二九）。おそらく、この背後にはヨハネ共同体が有するホモソーシャリティに基づくミソジニーがあり、イエスとマグダラのマリアとの身体的接触が意図的に避けられているのではないだろうか[48]。

さらに、二一章にも同様のマグダラのマリアを排除する論理が見出される。それは一四節において、イエスの顕現が「三度目」（τρίτον［トリトン］）であるとの報告である。つまり、ヨハネ福音書二〇章には「マグダラのマリアへの顕現」（一一 - 一八節）、「一一人の弟子への顕現」（一九 - 二三節）、「トマスへの顕現」（二六 - 二九節）があり、したがって二一・一 - 一四の顕現は四度目の顕現のはずである。二一・一 - 一四が三度目と伝えているということは、二〇章の顕現と二一章の顕現が一続きのものであることをも伝えようとしているのだが、その数え方ではひとつの顕現が意図的に排除されているとしか考えられない。そして、それはマグダラのマリアへの顕現を数に入れていないと見なされるのである[49]。したがって、ヨハネ二一章が極めて強いミソジニーを有しており、また二一章には女性がまったく登場することがないということをも併せて考えると、[50] ヨハネ二一章は一 - 二〇章よりも強固なホモソーシャリティを抱えていると推察しうるのである。

四・四　ホモソーシャリティ理論によるヨハネ二一・一五 - 一七の読解

これらのことを念頭に置いて、ヨハネ二一・一五 - 一七におけるイエスとペトロの愛をめぐる対話を再読するとどうなるであろうか。先述したように、クィア理論に基づけば、愛を確かめ合うイエスとペトロは恋人同士であるかのように映ずるのだが、イエスとイエスが愛した弟子と同様に、イエスとペトロもまた師弟の絆で結ばれており、しかもこのテクストでは復活者と教会の代表者として立ち現れている。このふたりが師弟の絆を確かめる術はやはり愛の確認、すなわち師弟愛の確認であった。しかも、一五節の最初の問いには「これらの者たち以上に」（πλέον τούτων［プレオン・トゥートーン］）と付け加えられており、ペトロに他の誰をも凌駕するだけの愛を要求する。さらに、その愛の要求は一六節の「再び二度」（πάλιν δεύτερον［パリン・デウテロン］）、一七節の「三度」（τὸ τρίτον［ト・トリトン］）とエスカレートするかのように繰り返され、ペトロを悲しませるほどに執拗であった。だが、ペトロはこの三度の愛の要求に「わたしがあなたを熱愛（＝愛）しているということはあなたが知っておられます」と三度繰り返し答えている。そして、この三度のペトロの愛に対する答えが「わたしの羊（＝小羊）を飼い（＝牧し）なさい」というイエスによる三度の委任の言葉である。

この委任はこの直後のヨハネ二一・一八 - 一九において、ペトロの殉教の死を連想させるイエスの預言（事後預言）へとつながっている。おそらく、これは「友のための死」（ヨハネ一五・一三）を想起させる描写であり、殉教の死に至るまでの愛こそが、二一・一五 - 一七において全教会の牧者（良い羊飼い）に任じられるための要件だったということを指摘しているのであろう。[51] したがって、三度にわたる愛の確認はペトロが真の弟子であることを確かめるためのものであり、それはペトロの三度の否みの汚名を取り除き、ペトロが全教会の牧者として正当な存在であるということを示し、かつてはイエスに従うことのできなかったペトロが（ヨハネ一三・三六‐三八）、今は「わたしに従ってきなさい」と呼びかけられ、実際に従ったということを示しているのである。[52]

そして、このような師弟の絆、すなわち師弟愛の表示には、ホモソーシャリティが立ち現れているのみならず、古代ギリシャ・ローマ世界のホモエロティックなエートスが顕在化しているのである。それゆえ、ヨハネ二一・一五‐一七においてペトロが教会の代表者、牧者、そして殉教の死に至るまで、イエスの真の弟子であることを証明する要件は、イエスを「信じる」ことではなく、イエスを「愛する」ことだったと考えられるのである。

五　結　論

ヨハネ二一・一五‐一七のテクストは、従来の歴史批評的研究に基づいて理解すれば、イエスを三度否んだペトロが、イエスから三度の愛の確認をされることで、かつての罪が許され、イエスから教会の代表者に任じられ、ペトロの地位の回復が実現するという物語である。そして、それはヨハネ共同体が「大教会」に自らを組み入れていく歴史的状況を背景として、ペトロを教会の代表者として認めることを象徴的に物語るテクストとして、最終編集者によって創作されたものだと想定されるのである。だが、この解釈では、ペトロが教会の代表者に任じられる要件が、なぜ「信じる」ことではなく、「愛する」ことであったのかは判然としない。

また、クィア理論に基づいて理解すれば、このテクストにおいて三度繰り返されるイエスとペトロの対話は、かつて自分を裏切った恋人にしつこく愛を確認するイエスとかつて自分が裏切った恋人に自分が真実の愛に目覚めたことを分かってもらえず、悲しくなって必死に訴えかけているペトロの姿に映ずるのである。したがって、このふたりの男性の姿はホモエロティックな恋人同士の愛の確認の描写として理解しうるのである。しかし、この解釈では、恋人同士の愛の確認の後に、「わたしの羊〔＝小羊〕を飼い〔＝牧し〕なさい」と締め括るイエスの言葉がどうしても浮き上がってしまう。

そこで、ここにホモソーシャリティ理論を加えて、歴史批評学とクィア理論による読解の問題点を解くことを試みれば、イエスとペトロは師弟愛によって結ばれており、イエスに対する忠誠心は死に至るまでイエスに従うことによって示されるのだが、ヨハネ共同体が古代ギリシャ・ローマ世界のホモエロティックでホモソーシャルなエートスを共有していたことを考えると、ヨハネ二一・一五‐一七においてペトロが教会の代表者、牧者、そして殉教の死に至るまで、イエスの真の弟子であることを証明する要件が「信仰」ではなく、「愛」であったことは、言わば当然の帰結であったと言いうるのである。

現代の「異性愛規範」の世界に生きる者にとっては理解し難いことであるかもしれないが、ヨハネ共同体はホモエロティックでホモソーシャルなエートスを有していたのであり、それはギリシャ哲学者の師弟愛と同様のエートスだったのである。このようなエートスに基づいているゆえに、ペトロが教会の代表者に任じられる要件は「愛する」ことだったのである。ヨハネ二一・一五‐一七はまさにそのような愛の確認をホモエロティックかつホモソーシャルに描写するテクストであるがゆえに、イエスがペトロに三度も繰り返し愛を確認する物語になったものと考えられるのである。

(1) 本章の主眼は、副題に示したように「クィア理論とホモソーシャリティ理論によるヨハネ福音書二一章一五 - 一七節の読解」にある。紙幅の関係もあり、「歴史批評学による読解」については、必要最低限のことを記すに留める。

(2) アンブロシウス『キリスト教信仰について』五（序文二）、クリュソストモス『ヨハネ福音書講解』八八・一参照。

(3) Walter Bauer, *Das Johannesevangelium*, HNT 6, Tübingen: Mohr Siebeck, 1925, 231f; John H. Bernard, *A Critical and Exegetical Commentary on the Gospel according to St. John*, Vol. II, ICC, Edinburg: T & T Clark, 1928, 701–708. なお、この見解に反対するのは、ルドルフ・ブルトマン『ヨハネの福音書』杉原助訳、大貫隆解説、日本キリスト教団出版局、二〇〇五年、五六二 - 五六三頁だが、ブルトマンの議論の力点は、このテクストの背後に想定される伝承ないし資料が元来ペトロの否みとは無関係だったということであり、ブルトマン自身も後代の編集者がこのテクストをペトロの否みと関連づけて理解していた可能性を完全に否定しているわけではない。

(4) Marie- Joseph Lagrange, *Évengile selon Saint Jean*, ÉB, Paris: Gabalda, [2]1925, 528–530; Alfred Wikenhauser, *Das Evangelium nach Johannes*, RNT 4, Regensburg: Pustet, [3]1961, 350f. また、Raymond E. Brown, *The Gospel according to John: Introduction, Translation, and Notes*, Vol.2 (XIII–XXI), AB 29A, Garden City, N.Y.: Doubleday, 1970, 1116f.参照。

(5) レイモンド・E・ブラウン『ヨハネの共同体の神学とその史的変遷——イエスに愛された弟子の共同体の軌跡』湯浅俊治監訳、田中昇訳、教友社、二〇〇八年、九八 - 一〇〇、一九五 - 一九七頁参照。

(6) エルンスト・ローマイヤー『ガリラヤとエルサレム——復活と顕現の場が示すもの』（聖書学古典叢書）辻学訳、日本キリスト教団出版局、二〇一三年、三〇頁参照。

(7) Hartwig Thyen, *Das Johannesevangelium*, HNT 6, Tübingen: Mohr Siebeck, [2]2015, 788参照。

(8) ただし、R・アラン・カルペッパー『ヨハネ福音書——文学的解剖』伊東寿泰訳、日本キリスト教団出版局、二〇〇五年、一七一 - 一七三頁が指摘するように、両者の立場は完全に逆転しているわけではない。

(9) ブラウン『ヨハネの共同体の神学とその史的変遷』九六 - 一〇四、一九三 - 二〇〇、二〇二 - 二〇四頁、Kevin Quast,

Peter and the Beloved Disciple: Figures for a Community in Crisis, JSNTSup 32, Sheffield: Sheffield Academic Press, 1989, 125–156, 197–205; アーバン・C・フォン・ヴァールド「葛藤の信仰共同体――ヨハネ共同体の歴史と社会的背景」（太田修司訳）『インタープリテーション』三七号、ATD・NTD聖書註解刊行会、一九九六年、七七‐九六頁参照。また、ゲルト・タイセン『新約聖書――歴史・文学・宗教』大貫隆訳、教文館、二〇〇三年、二三四‐二三六頁をも参照。なお、このような社会史的観点からヨハネ二一章を読解することの重要性については、佐藤研氏と廣石望氏からご教示を受けた。

（10）もっとも、このテクストにおけるイエスとペトロとの対話は全体的に噛み合っておらず、イエスの三度にわたる「わたしの羊（＝小羊）を飼い（＝牧し）なさい」という締め括りの言葉に至っては、どこかペトロを冷たく突き放しているかのようにさえ感じられる。同様の冷たさは、ヨハネ二一・二〇‐二三において、ペトロがイエスが愛する弟子の運命を尋ねたさいに、「それがあなたに何の関係があるか」（二一・二二）とのイエスの答えからも伝わってくる。このような筆致からすると、ヨハネ共同体は大教会にすんなり組み込まれていったわけではなく、最終編集者の時代においても、いまだ緊張関係や対立関係が残っていたと想定することもできるのではなかろうか。なお、このような想定をするうえで、須藤伊知郎氏と辻学氏から多くの示唆をいただいた。

（11）クィア理論については、朝香知己「クィア神学の可能性――その課題と展望」『日本の神学』五〇号、日本基督教学会、二〇一一年、五五‐七三頁が、すでに詳しい紹介や分析を行っている。

（12）Teresa de Lauretis, Queer Theory: Lesbian and Gay Sexualities. An Introduction, *differences: A Journal of Feminist Cultural Studies*, 3/2 (1991), iii–xviii参照。

（13）河口和也『クイア・スタディーズ』（思考のフロンティア）岩波書店、二〇〇三年、五三頁参照。

（14）日本のフェミニズム研究の道を切り拓いた竹村和子は、「〔ヘテロ〕セクシズム」や「正しいセクシュアリティ」という概念によって、日本のクィア理論に新たな地平を開いたと言える。詳しくは、竹村和子『愛について――アイデンティティと欲望の政治学』岩波書店、二〇〇二年を参照。なお、拙論「クィア化する家族――マルコ三・二〇‐二一、三一‐三五におけるイエスの家族観」『神学研究』六〇号、関西学院大学神学研究会、二〇一三年、一三‐二四頁（＝本書第五章）をも参照。

（15）クィア理論を用いた聖書解釈としては、Ken Stone (ed.), *Queer Commentary and the Hebrew Bible*, JSOTSup 334, Sheffield: Sheffield Academic Press, 2001とDeryn Guest/ Robert E. Goss/ Mona West/ Thomas Bohache (eds.), *The Queer Bible Commentary*, London: SCM Press, 2006が代表的である。

（16）ヨハネ二一・一五‐一七のテクストには、「愛する」を意味するἀγαπάω（アガパオー）とφιλέω（フィレオー）という二種類の動詞が混在して用いられている。翻訳（私訳）では、ἀγαπάω（アガパオー）には「愛〔＝熱愛〕している」、φιλέω（フィレオー）には「熱愛〔＝愛〕している」という訳語を充てることで、別の単語ではあるが、同じ意味であることが分かるようにしている。古典ギリシャ語では、ἀγαπάω（アガパオー）とφιλέω（フィレオー）は実態としては同じ意味で用いられており、それはギリシャ語七十人訳聖書（ヘブライ語聖書＝旧約聖書のギリシャ語訳）でも同様である（古典ギリシャ語と七十人訳の用例を含めて、Bernard, *St. John* II, 702参照）。また、ヨハネ福音書の用例からも、両語が同じ意味で用いられていることが了解できる（Bernard, *op. cit.*, 702; Charles K. Barrett, *The Gospel according to St John: An Introduction with Commentary and Notes on the Greek Text*, London: SPCK, 1955, 486参照）。一例をあげると、一四・二三には「わたしたちの父は彼を愛するであろう」（ὁ πατήρ μου ἀγαπήσει αὐτὸν［ホ・パテール・ムー・アガペーセイ・アウトン］）という用例があり、一六・二七には「なぜなら父自らがあなたたちを愛するからである」（αὐτὸς γὰρ ὁ πατὴρ φιλεῖ ὑμᾶς［アウトス・ガル・ホ・パテール・フィレイ・ヒューマース］）という表現が確認でき、両語がヨハネ福音書において同じ意味の語として代替可能なことがうかがえる（Barrett, *St John* II, 486）。また、箴言八・一七は七十人訳では「わたしはわたしを愛する者たちを愛する」（ἐγὼ τοὺς ἐμὲ φιλοῦντας [אֹהֲבַי] ἀγαπῶ [אֵהָב]［エゴー・トゥース・エメ・フィルーンタス［オーハベハー］・アガパオー［エーハーブ］）と訳されており、この用例からἀγαπάω（アガパオー）を用いてなされるイエスの問いに、φιλέω（フィレオー）を用いてペトロが返答していることが、当然の現象であることが了解できる（Barrett, *op. cit.*, 486）。したがって、二一・一五‐一七のἀγαπάω（アガパオー）とφιλέω（フィレオー）は同じ意味で用いられていると見なすのが適切である。

また、「愛する」以外にも、ヨハネ二一・一五‐一七には、「知る／分かる」（οἶδα / γινώσκω［オイダ／ギノースコー］）、「飼う／牧する」（βόσκω / ποιμαίνω［ボスコー／ポイマイノー］）、「小羊／羊」（ἀρνίον / πρόβατον［アルニオン／プロバトン」）という同義語が使われており、これらの単語に意味上の差異はないと結論づけられることから考えても（Barrett, *op. cit.*, 486参照）、ἀγαπάω（アガパオー）とφιλέω（フィレオー）がまったく同じ意味で用いられていることは疑いえない（下注二五をも参照）。

(17) 伊吹雄『ヨハネ福音書注解Ⅲ』知泉書院、二〇〇八年、四五〇頁参照。

(18) なお、τούτων（トゥートーン）を男性複数形ではなく、中性複数形に取って「これらのもの」と解し、イエスの磔刑死後にペトロが再び漁師として生計を立てていた「漁師の道具以上に」と理解しようとする意見があるが（Bernard, *St. John* II, 704f.）、このテクストの文脈で漁具が問題になっている記述が存在しない以上、この説に与することはできない（Barrett, *St John*, 486参照）。

(19) ブルトマン『ヨハネの福音書』一〇〇七頁註五四、Barrett, *St John, 486; Johannes* Schneider, *Das Evangelium nach Johannes*, ThHKNT, Berlin: Evangelische Verlaganstalt, ^{2}1978, 332; George R. Beasley- Murray, *John*, WBC 36, Waco, Texas: Word Books, 1987, 405, Klaus Wengst, *Das Johannesevangelium*, ThKNT 4, Neuausgabe in einem Band, Stuttgart: Kohlhammer, ^{4}2019, 582ほか多数がこの見解。

(20) 田川建三『新約聖書　訳と註5――ヨハネ福音書』作品社、二〇一三年、七四四頁。

(21) Friedrich Blass/ Albert Debrunner, *Grammatik des neutestamentlichen Griechisch*, bearbeitet von Friedrich Rehkopf, Göttingen: Vandenhoeck & Ruprecht, ^{18}2001, §185^{2}.

(22) ①の見解の基本的な根拠はイエスを愛することが問われている場面で、復活者イエスと他の者とを天秤にかけることなどありえないというものである（ブルトマン『ヨハネの福音書』一〇〇七頁註五四参照）。だが、それは裏を返せば②の見解の根拠にもなる。すなわち、復活者イエスがペトロに愛を問いかけるさいに、「他の者たちがわたしを愛している以上に」などと問いかけるということもまたありえないと言えるからである。また、①の見解を採る学者の説明によれば、この比較はペトロと他の十二弟子およびイエスが愛した弟子との関係を問題にしているのではなく、ペトロがイエスを否んだというふたりの関係をこそ問題にしており（Jürgen Becker, *Das Evangelium nach Johannes*, 2, ÖTNT 4/2 (GTB Siebenstern 506), Gütersloh: Gerd Mohn/ Würzburg: Echter-Verkag, ^{2}1984, 645）、また一五節最後の「わたしの小羊を飼いなさい」との任命は、ペトロがイエスを否んだ罪が赦されたことを示しているという（Ernst Haenchen, *Das Johannesevangelium. Ein Kommentar,* Tübingen: Mohr Siebeck, 1980, 588）。この両者が指摘するように、このテクストがイエスとペテロのふたりの関係に集中しているとの理解は適切である。そして、この説明は①だけではなく、②にもそのまま当てはまる。そのように考えると、*πλέον τούτων*（プレオン・トゥートーン）は①と②のいずれかに限定されるものではなく、イエスがペトロに対してその愛の本気さを問ううえでのレトリックとして用いられていると考えるのが適切であろう。

（23）同種の見解は、Bradford Brain, *Peter in the Gospel of John,* Atlanta: SBL, 2007, 164にも確認できる。

（24）同じ表現はヨハネ四・五四にも見られ、畳語と解される（Barrett, *St John,* 208参照）。

（25）一七節の*ἐλυπήθη ὁ* Πέτρος *ὅτι εἶπεν αὐτῷ τὸ τρίτον· φιλεῖς με;*（エリュペーテー・ホ・ペトロス・ホティ・エイペン・アウトー・ト・トリトン・フィレイス・メ？）は、*τὸ τρίτον*（ト・トリトン）を「三度」ではなく、「三度目に」と解して、イエスが三度目に《*ἀγαπᾷς με;*（アガパース・メ？）》ではなく、《*φιλεῖς με;*（フィレイス・メ？）》と言ったので、悲しくなったとも解せるが、ペトロが一貫して*φιλέω*（フィレオー）のみを使用していることを考えると、イエスが三度目に*φιλέω*（フィレオー）を用いたことで悲しくなるとは到底考えられない。なお、この問題については、私見とは反対の見解の可能性をも考慮するよう促してくださった青野太潮氏と伊東寿泰氏より有益な助言をいただいた。

さて、青野太潮『どう読むか、聖書の「難解な箇所」――「聖書の真実」を探究する』（ヨベル新書０８３）ヨベル、二〇二二年、一六‐二六頁は、*τὸ τρίτον*（ト・トリトン）を「三度目に」と解して、イエスが三度目に《*ἀγαπᾷς με;*（アガパース・メ？）》ではなく、《*φιλεῖς με;*（フィレイス・メ？）》と言ったことによって、イエスが「神の愛」（アガペーの愛）としても用いられる*ἀγαπάω*（アガパオー）ではなく、「友愛」（フィリアの愛）としても用いられる*φιλέω*（フィレオー）を使ったことでペトロが悲しくなったという――かつて教示してくださった――説明を詳細に展開している。青野はヨハネ一一章においてイエスがマルタ、マリア、ラザロの三姉弟を「愛していた」ことが、三節では*φιλέω*（フィレオー）が、そして五節では*ἀγαπάω*（アガパオー）が使用されている実例をあげ、新約聖書の時代には両語がほぼ同義であったと説明しつつも、そのことによって両語が持っていた原意がまったく忘れ去られてしまっていたとまでは言えないと想定する。そして、そのことから、これまでの日本語訳聖書が「アガパオー」と「フィレオー」の差異に意を配らず、そしてそのことのゆえにτὸ τρίτον（ト・トリトン）を「三度目に」ではなく、ただ単に「三度」ないし「三度も」繰り返してイエスが同じ質問をしたために、ペトロが悲しくなったという意味に理解してきた状況を厳しく批判している。さらに、青野はヨハネ一一・三、五では同義語として使用されているアガパオーとフィレオーが、ヨハネ二一・一五‐一七では原意を保って用いられている重要な論拠として、ヨハネ福音書が一‐二〇章と二一章では元来別の著者によって書かれたという――現在ほぼ通説になっている――資料説をあげている。

確かに、このような青野の議論に接すると、上注一六においてアガパオーとフィレオーは交換可能な同義語だと結論づけた私見を検証することが必要であろう。まずは、わたし自身も確かにこれまでアガパオーとフィレオーが同義語であるとの判断から、――「羊」と「小羊」や「飼いなさい」と「牧しなさい」は訳し分けてきたにもかかわらず――、最重要のタームである両語に「愛している」という訳語を充ててきたことはやはり誠実ではないと反省し、上注一六でも説明したように、「アガパオー」には「愛〔＝熱愛〕している」、「フィレオー」には「熱愛〔＝愛〕している」という訳語を充てることで、両語が別の単語であることが翻訳でも明示されるように工夫した（小林稔訳「ヨハネによる福音書」、小林稔／大貫隆訳『ヨハネ文書』（新約聖書翻訳委員会訳『新約聖書Ⅲ』）岩波書店、一九九五年〔一‐一一三、一四一‐一五〇頁〕一一一‐一一二頁は、アガパオーには「愛している」、フィレオーには「ほれこんでいる」という訳語を充てている）。しかしながら、そのうえで私見を述べると、上注一六の最後にも記したように、ヨハネ二一・一五‐一七においても、両語は同義語だということは疑いえないと思う。

その理由としては、ヨハネ二一章でのみアガパオーとフィレオーが区別されて用いられているのだとすれば、当然のことながら、「飼う」（βόσκω〔ボスコー〕）と「牧する」（ποιμαίνω〔ポイマイノー〕）や「小羊」（ἀρνίον〔アルニオン〕）と「羊」（πρόβατον〔プロバトン〕）もその意味が区別されて用いられていると判断せざるをえない。仮にこれらの用語が区別されているのだとすれば、一五節の「わたしの小羊を飼いなさい」（βόσκε τὰ ἀρνία μου〔ボスケ・タ・アルニア・ムー〕）、一六節の「わたしの羊を牧しなさい」（ποίμαινε τὰ πρόβατά μου〔ポイマイネ・タ・プロバタ・ムー〕）、一七節の「わたしの羊を飼いなさい」（βόσκε τὰ πρόβατά μου〔ボスケ・タ・プロバタ・ムー〕）というイエスの言葉はひとつとして同じ表現はないのだから、これらの三種類の内容を厳密に区別して理解する必要が生じる。だが、これらの三種類の表現は「飼う／牧する」と「小羊／羊」が混在して使用されており、そのことを考えると、これらの三種類の表現には意味上の区別はなく、これらはすべてイエスがペトロを教会の代表者である「牧者」に委任していることを三度繰り返しているものだということが了解できる。

　また、アガパオーとフィレオーが区別されているという前提に立ち、イエスが三度目にフィレオーを用いたことでペトロが悲しくなったのだというのであれば、ペトロのイエスに対する返答はアガパオーで応じることでより効果を発揮するはずである。だが、そのような動詞の変更はなく、しかもイエスの「わたしの羊（＝小羊）を飼い（＝牧し）なさい」という命令は終始一貫して同じ内容を言い表しており、ペトロがフィレオーを用いていることを気にする素振りはない。そもそも、ペトロがアガパオーではなく、フィレオーを用いていることが問題だとすれば、三度フィレオーで返答をすることしかできないペトロに対して、イエスは三度目には委任の言葉を命じることすらなかったとは言えないだろうか。

　このように考えると、τὸ τρίτον（ト・トリトン）という表現は、「三度目に」ではなく、やはり「三度」という意味に解する方が蓋然性が高いと思われる。一五節では――そうとは明示されてはいないが――、一度目の「愛（＝熱愛）しているか」という問いがある。一六節ではそれが「再び二度」（πάλιν δεύτερον［パリン・デウテロン］）というかなり強調された言い方がなされる。そして、一七節ではτὸ τρίτον（ト・トリトン）という言い回しが登場する。これは、一度、二度、三度とペトロの覚悟を迫る漸進的なレトリックであり、定冠詞のないτρίτονではなく（ヨハネ二一・一四参照）、定冠詞のついたτὸ τρίτονが使われているのは、「三度目」を表しているのではなく、特定の「三度」、すなわちペトロがイエスを否んだ「あの三度」をペトロにフラッシュバックさせるものであったために、ペトロは自分が「三度」イエスを否んだ事実を突きつけられて「悲しくなった」のではないだろうか。

　なお、最後の理由としては、「アガペーの愛」（神の愛）と「フィリアの愛」（友愛）が区別されているとするならば、一五節の「これらの者たち以上にわたしを愛（＝熱愛）しているか」（ἀγαπᾷς με πλέον τούτων［アガパース・メ・プレオン・トゥートーン？］）というイエスの最初の問いにおいて、「アガペーの愛」（神の愛）と問うていながら、「これらの者たち以上に」（πλέον τούτων［プレオン・トゥートーン］）という表現を使って、他の弟子たちの「愛」を引き合いに出して比較することなどできようはずがないということがあげられる――これが序章で述べたイエスの「妬きもち」かどうかについては後述する。

実は、本書の締め切りが迫っているときに、青野太潮先生からご高著をお贈りいただいた。すると、冒頭の第一章にヨハネ二一・一五-一七のテクストに関する重要な議論があることが目に飛び込んできた。これは青野先生からの宿題だと——勝手に——思い、失礼を省みず、先生のテーゼと「批判的対話」をさせていただいた。感謝の気持ちとともに申し添えておきたい。

(26) Dale B. Martin, Sex and the Single Savior, in: idem, *Sex and the Single Savior: Gender and Sexuality in Biblical Interpretation*, Louisville/London, Westminster John Knox Press, 2006, 91–102. この論文は最初二〇〇一年八月二日に国際新約聖書学会で読まれたものであり、現在は同じ題で上梓された彼の論文集に入れられている（*ibid.*, xi参照）。

(27) Martin, *Sex and the Single Savior*, 99f.

(28) Martin, *Sex and the Single Savior*, 100.

(29) Martin, *Sex and the Single Savior*, 100参照。

(30) Martin, *Sex and the Single Savior*, 100参照。

(31) イヴ・コゾフスキー・セジウィック『男同士の絆——イギリス文学とホモソーシャルな欲望』上原早苗／亀澤美由紀訳、名古屋大学出版会、二〇〇一年、一-二頁（Eve Kosofsky Sedgwick, *Between Men: English Literature and Male Homosocial Desire*, Gender and Culture, New York: Columbia University Press, 1985, thirtieth anniversary edition, 2016, 1）。

(32) セジウィック『男同士の絆』二頁（Sedgwick, *Between Men*, 1）。

(33) Gale Rubin, "The Traffic of Women: Notes Toward a Political Economy of Sex," in: Rayna Reiter (ed.), *Toward an Anthropology of Women*, New York: Monthly Review Press, 1975, [157-210] 182f.参照。

(34) セジウィック『男同士の絆』三-五頁（Sedgwick, *Between Men*, 3f.）。

(35) セジウィック『男同士の絆』五-七頁（Sedgwick, *Between Men*, 4f.）参照。

(36) この点については、拙著『同性愛と新約聖書——古代地中海世界の性文化と性の権力構造』風塵社、二〇二一年、一〇五-一一五頁参照。

(37) 同性愛（homosexuality）は近代に生まれた新たな概念であり、近代以前には用いることはできない用語である。そこで提案されたのが名詞の「ホモエロティシズム」（homoeroticism）や形容詞の「ホモエロティック」（homoerotic）という語であり、それは近代以前の同性間の恋愛や性行為を表すさいに用いられるものである。むろん、これは「異性愛」（heterosexuality）と「両性愛」（bisexuality）にも当てはまることである（拙著『同性愛と新約聖書』七一‐八七頁参照）。

(38) 古代ギリシャ世界と同様に「ホモソーシャリティ」と「ホモエロティシズム」とが共存していた社会として、近代以前の日本をあげることもできるであろう。この点については、かつて日本に留学し、ゲイ・スタディーズやクィア理論の分野でも活躍した、近代日本文学者のキース・ヴィンセント「俳句から小説へ――明治期ホモソーシャリティの周縁」、竹村和子編『欲望・暴力のレジーム――揺らぐ表象／格闘する理論』（ジェンダー研究のフロンティア五）作品社、二〇〇八年、六九‐八五頁、idem [J. Kieth Vincent], *Two-Timing Modernity: Homosocial Narrative in Modern Japanese Fiction*, Harvard East Asia Monographs 342, Cambridge, MS/ London: Harvard University Press, 2012を参照。

(39) ヨハネ共同体とヨハネ福音書の歴史は複雑であり、その成立地を確定することは難しいが、パレスティナとシリア周辺が有力視されている。詳しくは、大貫隆「ヨハネによる福音書」、大貫隆／山内眞監修『新版 総説新約聖書』日本キリスト教団出版局、二〇〇三年、再販：二〇一〇年、一三七‐一三九頁参照。なお、小林稔『ヨハネ福音書のイエス』岩波書店、二〇〇八年、一八五‐二三三頁をも参照。

(40) ヨハネ一‐二〇章にも後代の付加が認められるが、その編集は数段階を経ていると想定されており、一五‐一七章といった学者間の同意を得られているものを除けば、その範囲には一致した見解は認められない。田川『新約聖書 訳と註5』七六一‐七六三頁は、後代の付加と判断する箇所を一覧に供しているが、その分量は相当量に上る。

(41) 拙論「イエスの胸に横たわる弟子――クィア理論とホモソーシャリティ理論によるヨハネ福音書一三章二一‐三〇節の読解」、日本新約学会編『イエスから初期キリスト教へ――新約思想とその展開』（青野太潮先生献呈論文集）リトン、二〇一九年、一八九‐二一〇頁（＝本書第二章）参照。

(42) カルペッパー『ヨハネ福音書』一八九‐一九一頁、同「ヨハネ福音書における『教会』を求めて」（吉谷かおる訳）『インタープリテーション』八五号、聖公会出版、二〇一四年、［一‐二五頁］一七‐一八頁。

（43）拙著『同性愛と新約聖書』二四七頁参照。さらに詳しくは、本書第六章を参照。

（44）カルペッパー『ヨハネ福音書』一七二 - 一七三頁参照。

（45）同様のホモエロティックかつホモソーシャルな関係性は、ギリシャ哲学者の師弟愛のみならず、旧約聖書（ユダヤ教聖書）のダビデとヨナタン（サムエル記上一八章）との関係にも認めることが可能である（デイヴィド・M・ハルプリン『同性愛の百年間――ギリシア的愛について』（りぶらりあ選書）石塚浩司訳、法政大学出版局、一九九五年、一二九 - 一五一頁、（四〇）-（四五）頁、Tom Horner, *Jonathan Loved David: Homosexuality in Biblical Times*, Philadelphia: The Westminster Press, 1978, 26 - 39）。また、同様の結びつきは、ルツ記が描くルツとナオミという女性同士にも確認することができる（Horner, *op. cit.*, 40–48; Mona West, "Ruth," in: Guest/ Goss/ West/ Bohache (eds.), *The Queer Bible Commentary*, 190–194参照）。

（46）セジウィック『男同士の絆』二九 - 三〇頁（Sedgwick, *Between Men*, 19f.）参照。

（47）このテクストについては、序章二参照。

（48）したがって、ヨハネ共同体が有するミソジニーによってヨハネ二〇・一一 - 一八のテクストからイエスとマグダラのマリアの身体的接触が拒否されていると仮定することで、イエスとマリアの間に恋愛関係があったと見なす序章二の想定が蓋然性を増すと言いうるであろう。

（49）ローマイヤー『ガリラヤとエルサレム』三〇頁参照。

（50）Elizabeth Dowling, "Rise and Fall: The Changing Status of Peter and Women Disciples in John 21," *ABR* 52 (2004), [48-63] 56–58参照。

（51）R. Alan Culpepper, "Peter as Exemplary Disciple in John 21:15–19," *PRS* 37/ 2 (2010), [165-178]170参照。

（52）Thyen, *Johannesevangelium*, 786参照。

第二章　イエスの胸に横たわる弟子
――ホモソーシャリティ理論によるヨハネ福音書一三章二一 - 三〇節の読解

一　問題の所在

ヨハネ福音書には「イエスが愛した弟子」と呼ばれる謎の人物が登場する。この人物はヨハネ福音書にしか登場せず、しかもこの弟子が「イエスが愛した者／イエスが愛した男」（イエスが愛した弟子）という特別な呼び名を伴って最初に登場するのは、ヨハネ一三・二一 - 三〇の「最後の晩餐」の場面からである。最後の晩餐でイエスはユダによる自らの引き渡しを預言しつつ激しく混乱し、弟子たちはイエスが誰のことを言っているのか分からずに困惑している。イエスの混乱によって過越祭前夜の祝祭の雰囲気は一変し、華やいだ祝宴の空気は急転直下に極度の緊張状態に陥っている。弟子たちは食事の席に横たわって寛いでなどいられなくなっているにもかかわらず、そこに突如として現れる「イエスが愛した者／イエスが愛した男」（イエスが愛した弟子）はイエスの胸に横たわったままの姿で登場する。しかも、その姿は一三・二三と二五で二度繰り返し描写されることで強調されている。しかし、最後の晩餐の緊張状態を考えると、

「イエスが愛した者／イエスが愛した男」（イエスが愛した弟子）がイエスの胸に横たわって寛いでいる姿は著しく緊張感を欠いており、弟子によるイエスの引き渡しの宣告とその「犯人」捜しを描写するこの場面には似つかわしくない。では、なぜヨハネ福音書はこの緊迫した場面にあえてこのような状況描写を差し挟んで強調したのであろうか。

この疑問を解決する試みとして、「歴史批評学」を用いた研究では、イエスが愛した弟子が「イエスの胸」に横たわる描写は、ヨハネ一・一八のロゴス讃歌において独り子が「父の胸」にいる描写をモデルとして、最終編集者（教会的編集者）によって書き加えられた編集であるとの指摘がなされている。すなわち、最終編集者はヨハネ一三・二三と二五のイエスとイエスが愛した弟子の関係性をヨハネ一・一八の神とイエスの関係性とパラレルなものとして描くために、イエスが愛した弟子を「イエスの胸」に横たわらせた姿で登場させていると解されているということである。

このような歴史批評学を用いた解釈には一定の真理契機があるものと思われるが、神とイエスの関係性との相似性を示すことだけが目的だとすれば、このふたりの男性の身体的・物質的な親密さをここまで前面に押し出す必要はない。そう考えると、イエスとイエスが愛した弟子の身体的・物質的な親密さが強調されているのには別の理由があるものと思われる。私見では、「クィア理論」を用いることで、この理由を詳らかにできるものと考えられる。すなわち、クィア理論に基づけば、イエスとイエスが愛した弟子の身体的・物質的な親密さはギリシャ・ローマ世界の少年愛を体現するものとして理解できるからである。

このようなクィア理論を用いた解釈はこのふたりの男性の親密な関係を読み解くうえで有用な批評装置だと思われるが、ヨハネ福音書がイエスとイエスが愛した弟子の関係性を男性間のホモエロティシズムとして描くことだけを目的としているのであれば、ロゴス讃歌の哲学的・神学的表象を借用するといった回りくどい表現ではなく、よりダイレクトにふたりの男性の親密さを描くこともできたはずである。そう考えると、クィア理論のみを用いてイエスとイエスが愛した弟子の関係性を理解することにも限界がある。

このように歴史批評学による読解とクィア理論を用いた読解には、双方ともに長所と短所がある。そして、一見すると双方の読解は水と油のように相容れないもののように受け取られがちである。私見では、ここに「ホモソーシャリティ理論」を援用することによって、歴史批評学による読解とクィア理論による読解とを有機的に結びつけることが可能となり、双方の読解が抱えているアポリアに道を拓くことができると考えられるのである。

そこで、本章では「歴史批評学」による知見と「クィア理論」による知見を活かしつつ、そこに「ホモソーシャリティ理論」を援用してヨハネ一三・二一 - 三〇のテクストを繙き、ユダによるイエスの引き渡しが預言される最後の晩餐の緊迫した場面において、イエスとイエスが愛した弟子の身体的・物質的な親密さが強調され、この弟子がイエスの胸に横たわったままの姿で描かれていることの意味を詳らかにすることを試みたい。

二　歴史批評学によるヨハネ一三・二一 - 三〇の読解[1]

二・一　翻訳〔私訳〕

[21]こう言いながら、イエスは霊で混乱し、証言して言った、「アーメン、アーメン、わたしはあなた
たちに言う、あなたたちの内のひとりがわたしを引き渡すであろう」。[22]弟子たちは互いを見遣っ
て、彼が誰のことを言っているのか困惑していた。[23]彼〔＝イエス〕の弟子たちの内のひとりが〔食事

の席で〕イエスの胸に横たわっていた。イエスが愛した者〔＝男〕である。[24]そこで、シモン・ペトロはこの者〔＝男〕に彼〔＝イエス〕が誰のことを言っているのか訊くように〔頷いて〕合図する。[25]そこで、その者〔＝男〕はイエスの胸の上にもたれかかったまま彼に言う、「主よ、それは誰のことですか」。[26]イエスが答える、「わたしが一片〔のパン〕を浸して与える者だ」。そこで、一片〔のパン〕を浸して、〔取って〕イスカリオテのシモンの息子ユダに与える。[27]そして、その一片〔のパン〕と一緒に、そのときサタンがその者のなかに入った。そこで、イエスは彼に言う、「あなたが行うことをすぐに行え」。[28]〔だが〕このことを〔食事の席で〕横たわっていた者たちの誰ひとりとして、彼が彼に何のために言ったのか認識していなかった。[29]なぜなら、ある者たちは、ユダが財布を持っていたので、イエスが彼に祭りのためにわたしたちに必要なものを買えと言っているのか、あるいは貧しい者たちに何かを与えるように言っているのだと思っていたからである。[30]そこでその一片〔のパン〕を受け取ると、その者はすぐに出て行った。さて、夜だった。

二・二　歴史批評学によるヨハネ一三・二一‐三〇の読解

ヨハネ福音書の最後の晩餐（一三・二一‐三〇）の場面は、共観福音書の最後の晩餐（マルコ一四・一八‐二一、マタイ二六・二一‐二五、ルカ二二・二一‐二三）を資料として用いており、(2) 原著者（ヨハネ）の著した福音書（基礎文書）がいくつかの編集段階を経て、(3) 最終編集者が大がかりな編集を施して現在のテクストに生成したものと考えられる。(4) 最後の晩餐のテクストの「資料」（共観福音書）、「原著者」（ヨハネ）、「最終編集者」（教会的編集者）に帰されると想定される部分は以下の通りである。(5)

資料（共観福音書）	二一節b、二二節、二六-二七節、三〇節
原著者（ヨハネ）	二一節a、二八-二九節
最終編集者（教会的編集者）	二三-二五節

　ヨハネ福音書と共観福音書との資料上の依存関係については未解決の問題ではあるが、[6] 最後の晩餐のテクストの分析からは、ヨハネが共観福音書を資料として用いていた可能性が高いと思われる。[7] 最後の晩餐に関するヨハネ福音書と共観福音書との内容上の相違は、原著者に帰される二一節aの「導入句」と二八-二九節の「弟子たちの無理解」、そして最終編集者に帰される二三-二五節の「イエスが愛した弟子が登場する場面」である。原著者に帰される部分は、共観福音書の内容から大きく逸脱するものではない。したがって、最大の相違点はやはり最終編集者に帰されるイエスが愛した弟子が突如として姿を現す二三-二五節のテクストである。[8]

　最後の晩餐の場面には、ユダによる自らの引き渡しを預言するイエスが「霊で混乱し」（二一節）、弟子たちが「困惑していた」（二二節）様子が描かれている。[9] 過越祭前夜に祝宴の席に横たわり、洗足後に再び過越祭を祝う食事に興じる弟子たちにとって、イエスのこの言動は祝祭の雰囲気を台無しにし、和やかな祝宴の場を一瞬にして凍りつかせるものであった。最終編集者はこのような騒然としていた場面に突如としてイエスが愛した弟子を登場させる。しかも、二三節でこの弟子が登場するさいに、彼は「イエスの胸に横たわっていた」（ἀνακείμενος……ἐν τῷ κόλπῳ τοῦ Ἰησοῦ［アナケイメノス……エン・トー・コルポー・

トゥー・イエースー」）と叙述されている。そして、二四節でペトロに促され、彼は二五節で「イエスの胸の上にもたれかかったまま」（ἀναπεσὼν……ἐπὶ τὸ στῆθος τοῦ Ἰησοῦ［アナペソーン……エピ・ト・ステートス・トゥー・イエースー］）の状態で、「主よ、それは誰のことですか」（κύριε, τίς ἐστιν;［キュリエ・ティス・エスティン？］）とイエスに話しかけている。

ここで用いられているἀνάκειμαι（アナケイマイ）とἀναπίπτω（アナピプトー）は、この文脈ではいずれも食事の席に「横たわる」ことを意味しており、[10]イエスが愛した弟子がイエスの胸に横たわる姿はヘレニズムの食事様式である横臥の姿勢で食事していることを描写するものである[11]（ヨハネ一三・一-二、一二、二八参照）。しかし、いくらヘレニズム風に横たわって食事をするという場面設定であったとはいえ、[12]イエスが激しく取り乱し、弟子たちが疑心暗鬼にかられている極度の緊張状態を考えると、イエスが愛した弟子がイエスの胸に横たわり、イエスにもたれかかったままでいる姿は著しく緊張感を欠いており、弟子によるイエスの引き渡しの宣告とその「犯人」捜しが描写されているこの場面には似つかわしくない。つまり、過越祭前夜の祝祭の晩餐がイエスの磔刑死前夜の最後の晩餐へと忽然とその姿を変え、弟子たちが祝宴の席で寛いでなどいられなくなっているのとは対照的に、イエスが愛した弟子がイエスの胸にもたれかかったままの状態で描かれていることに違和感を覚えざるをえないということである。では、なぜ最終編集者はこの緊迫した場面にあえてこのような状況描写を二度も繰り返して差し挟んで強調したのであろうか。

この疑問を解決する試みとして、歴史批評学を用いた研究では、ヨハネ一三・二三においてイエスが愛した弟子が「イエスの胸に」（ἐν τῷ κόλπῳ τοῦ Ἰησοῦ［エン・トー・コルポー・トゥー・イエースー］）横たわる描写は、ヨハネ一・一八において「独り子」――「独り子である神」（μονογενὴς θεὸς［モノゲネース・テオス］）――が「父の胸に」（εἰς τὸν κόλπον τοῦ πατρὸς［エイス・トン・コルポン・トゥー・パトロス］）いる描写をモデルにしているとの指摘がなされている。[13] すなわち、イエスが愛した弟子がイエスの胸に横たわっているのは、ロゴス讃歌を締め括るヨハネ一・一八において、先在（受肉前）――ないし後在[14]（高挙後）――の「独り子」が「父の胸に」いる姿を想起させるために最終編集者（教会的編集者）によって書き加えられた一文だと考えられるということである。つまり、最終編集者はヨハネ一三・二三と二五のイエスとイエスが愛した弟子との関係性をヨハネ一・一八の父と独り子の関係性とパラレルなものとして描くことによって、父の「胸」[15]（κόλπος［コルポス］）にいる独り子だけが父の真理を明らかにできるように、イエスの「胸」（κόλπος［コルポス］）にいるこの弟子だけがイエスの真理を明らかにできるという哲学的・神学的言説を述べているということである。

　確かに、このような歴史批評学的解釈には一定の真理契機があるものと思われるが、ヨハネ一三・二三と二五にはイエスが愛した弟子がイエスの胸に横たわり、もたれかかっている様子が繰り返し描かれており――しかも「イエスが愛した弟子」ではなく、「イエスが愛した者／イエスが愛した男」と呼ばれている！――、ヨハネ一・一八の神とイエスの関係性との相似性を示すことだけが目的だとすれば、イエスとイエスが愛した弟子との身体的・物質的な親密さをここまで前面に押し出す必要はない。そう考えると、イエスとイエスが愛した弟子の身体的・物質的な親密さがことさらに強調されているのには別の理由があるものと思われる。そこで、このテクストにおけるイエスとイエスが愛した弟子との身体的・物質的な親密さを正面から論じることのできる「クィア理論による読解」へと議論を進めたい。

三　クィア理論によるヨハネ一三・二一 - 三〇の読解[16]

三・一　古代ギリシャの少年愛――ギリシャ的愛

近年のクィア理論を用いた聖書解釈においては、ヨハネ一三・二三と二五で二度繰り返されるイエスとイエスが愛した弟子の身体的・物質的な親密さはホモエロティシズムを体現していると理解されることが多く[17]、このふたりの関係性をギリシャ世界のホモエロティシズムとして知られる「少年愛」に社会史的に位置づけて再読し、イエスとイエスが愛した弟子の関係性をクィアに読み解く作業も行われている[18]。

「ギリシャ的愛[19]」と呼ばれる古代ギリシャの「少年愛」（παιδεραστία［パイデラスティア］）は、アルカイック期から古典期、さらにはヘレニズム期を通じて、ギリシャ社会が肯定し、是認していたものとして知られている[20]。少年愛は古代ギリシャ世界の男性間の「恋愛」（ἔρως［エロース］）と「欲望」（ἐπιθυμία［エピテューミア］）の中心を占めるものであり[21]、年長者の「成人男性」（ἀνήρ［アネール］）と年少者の「少年／若者」（παῖς／νεανίας［パイス／ネアーニアス］）との間のホモエロティックな関係である[22]。少年愛では、年長者の「成人男性」は「恋愛する者」（ἐραστής［エラステース］）と呼ばれ、年少者の「少年／若者」は「恋愛される者」（ἐρώμενος［エローメノス］）と呼ばれており[23]、双方の関係は「能動と受動」や「支配と従属」といった非対等的で非相互的なものであったことが知られている[24]。

三・二　クィア理論によるヨハネ一三・二一 - 三〇の読解

イエスとイエスが愛した弟子の身体的な親密さをこのようなギリシャ世界の少年愛をモデルとして用い

て再読すると、年長者の「恋愛する者」（ἐραστής［エラステース］）がイエスであり、年少者の「恋愛される者」（ἐρωμένος［エローメノス］）がイエスが愛した弟子であると理解することができる。この弟子がイエスの胸に横たわる姿は、紀元前六世紀中葉のギリシャの酒杯に描かれている「酒宴の若者たち」の姿を彷彿とさせるものであり、[25]この弟子がイエスの胸に頭を置いて抱きかかえられているかのような想像が膨らむ。そして、このようなイエスとイエスが愛した弟子との身体的・物質的な親密さを描く最終編集者の筆致からは、古典期から連綿と受け継がれてきたギリシャの少年愛のイメージ世界が浮かび上がってくるのである。

したがって、イエスとイエスが愛した弟子の身体的・物質的な親密さがことさらに強調されているのは、ギリシャ世界の少年愛のイメージに基づいてこのふたりの男性の絆が描き出されているからだと考えられるのである。このような背景を勘案すると、緊張が張り詰めた最後の晩餐の場面であるにもかかわらず、イエスが愛した弟子がイエスの胸に横たわっているのは、「恋愛する者」と「恋愛される者」として、イエスとこの弟子が「恋人」としてこの場におり、ふたりだけの世界をつくっているかのような姿で描き出されているからだとの想定を可能とする。

しかし、このようなクィア理論を用いた解釈は、イエスとイエスが愛した弟子の親密な関係性を読み解くうえで有用な批評装置ではあるが、最終編集者がイエスとイエスが愛した弟子の関係性を少年愛として描くことだけを目的としているのであれば、ロゴス讃歌の哲学的・神学的表象を借用するといった回りくどい表現ではなく、よりダイレクトにふたりの男性の親密さを描くこともできたはずである。そう考えると、クィア理論のみを用いてイエスとイエスが愛した弟子の関係性を理解することにも限界がある。そこで次に、「歴史批評学による読解」と「クィア理論による読解」とを有機的に結びつけることを可能とする「ホモソーシャリティ理論による読解」へと議論を進めたい。

四　ホモソーシャリティ理論によるヨハネ一三・二一 - 三〇の読解[26]

四・一　ホモソーシャリティ理論

「ホモソーシャリティ」（homosociality）は、家父長制による男性支配の社会構造が「男同士の絆」（male bonding）によって維持されていることを明らかにするための批評装置である。[27]家父長制社会には、男性支配による親族体系を維持するために、「義務として負わされた異性愛」（obligatory heterosexuality）が必然的に組み込まれ、「異性愛規範」（heteronormativity）を維持するための当然の帰結として、「ホモフォビア」（同性愛嫌悪）が組み入れられている。[28]したがって、家父長制社会では、男性支配を表象する「ホモソーシャリティ」（男同士の絆）は、男性の同性間の恋愛や性交を是認する「ホモセクシュアリティ／ホモエロティシズム」の文化を必然的に忌み嫌うホモフォビアを抱えていると理解され、両者は相容れないものとして徹底的に切り離されていると考えられてきた。[29]だが、ホモソーシャリティとホモセクシュアリティ（ホモエロティシズム）が分断されることのない社会もわずかながらだが存在してきた。その一例が古典期のギリシャ世界である。そこではホモソーシャリティとホモエロティシズムとが矛盾することなく共存することのできる「ホモソーシャルな連続体」（homosocial continuum）が構成されていたのである。[30]

ホモソーシャリティとホモエロティシズムとが共存していたのは古典期のギリシャ世界だけではない。[31]先に言及したヘレニズム時代のギリシャ社会でも少年愛は是認されており、[32]古代ローマ社会もまた男性の同性間の恋愛や性交を当然のものとして受け入れていたことが知られている(33)。したがって、ヨハネ福音書が成立したと目される一世紀末から二世紀初頭のギリシャ・ローマ世界は(34)、ホモソーシャリティとホモエロティシズムが共存する「ホモソーシャルな連続体」を構成する社会だったと考えられるのである。

四・二　ギリシャ哲学者の師弟愛――ホモソーシャルな連続体

そして、「ホモソーシャルな連続体」はホモソーシャリティとホモエロティシズムを併せ持つ古典期ギリシャの師弟愛に典型的に立ち現れており、そこでは哲学的真理の授与と恋愛の受諾とが一体化し、「恋愛する者」（ἐραστής［エラステース］）と「恋愛される者」（ἐρώμενος［エローメノス］）とが「真理」と「愛」（恋愛）を共有していたのである。そのことを端的に示すのがギリシャ古典学者のケネス・J・ドーヴァーの次のような指摘である。

> プラトンは、特に『饗宴』と『ファイドロス』の二作において、その形而上学理論を展開する糸口として、同性に対する愛と欲望を取り上げている。そして、殊にも重要なのは、プラトンが哲学というものを、孤独な瞑想のうちに追求され、師から弟子へと金科玉条の如くに伝えられるべき営みとは見ずに、肉体の美と「魂の美」とを兼ね備えた年下の男性が与える刺激に、年上の男性が反応することで始まるであろう弁証法的過程である、と考えたことである(35)。

ドーヴァーはプラトンが提示するギリシャ哲学者の師弟愛を「肉体の美」と「魂の美」を兼ね備えた少年愛における弁証法的過程として位置づけ、師弟愛が少年愛という「肉体の美」と哲学の教育という

「魂の美」の両面を併せ持つものであると指摘している。そして、このようなドーヴァーの知見に基づき、ジェンダー・セクシュアリティ研究におけるホモソーシャリティ理論の提唱者であるイヴ・コゾフスキー・セジウィックは、古典期ギリシャの師弟愛がホモソーシャリティとホモエロティシズムとを兼ね備えたホモソーシャルな連続体を構成していたことを喝破し、次のように述べている。

したがって、この恋愛関係は対象となる者にとって一時的に抑圧的なものではあったが、強く教育的な機能を持っていた。ドーヴァーはプラトンの『饗宴』に登場するパウサニアスの言葉を引用する。「彼［少年］を賢明かつ高邁にしてくれる者に対しては、どのような奉仕を彼がしようと、その奉仕は正しいという心得を抱いていた」。そうすると、これはその恋愛の構成要素に加えられたひとつの師弟の絆である。少年たちはアテナイの自由市民としての慣習と美徳を習得する弟子であり、自由市民の特権を受け継いだのである。(36)

セジウィックは古典期ギリシャの少年愛が恋愛と哲学教育の両面の機能を有していたことを手がかりとして、アテナイの少年愛が将来少年を自由市民とする目的を持ったホモソーシャルな連続体を構成する師弟愛であったことを強調しているのだが、それを最も適切に物語るのが――ドーヴァーが引用し、セジウィックが再現前させている――プラトンの『饗宴』においてアリストデモスが紹介するパウサニアスのエロース讃美の演説である。

それゆえ、これら二つの法、すなわち、少年愛に関するものと、哲学およびその他の徳に関するものとは、両者を結び付けて一体のものにする必要があるのだ。もし恋する者の意を恋されている側の者が満たす、という行為が結果として立派なものになるべきだとすればね。つまり、恋する者（エラステース）と恋される者（パイディカ）が、それぞれ自分の法をもちながら出会い、そのことによって、一方の恋する者は、自分の意を満たしてくれる恋人にはどのような奉仕をしようとも、正しく奉仕することになるだろうと考え、また他方の恋される者は、自分を知恵ある善き人にしてくれる者にはどのような手助けをしようと、正しく手助けすることになるだろうと考え、しかも一方の者は思慮やその他の徳に貢献しうる能力をもち、他方の者は教養やその他の知恵のためにそれらの徳を所有する必要があるようなとき、まさにこのような時にこそ、これらの法は結び付いて一体のものとなり、唯一この状況においてのみ、恋されている者が恋する者の意を満たす行為は立派なものとなるのであって、他のいかなる状況においてもそんなふうになることはないのである。[37]

パウサニアスの演説は、ギリシャ哲学者の師弟愛において「少年愛」と「哲学」とが結びつけられて「一体のもの」となることを二度繰り返して強調しており、ギリシャ哲学者の師弟愛がホモソーシャリティとホモエロティシズムとを併せ持つホモソーシャルな連続体を構成するものであったことを物語っている。そして、このような古典期ギリシャの師弟愛はヨハネ福音書と同時代の一世紀末から二世紀初頭のギリシャ・ローマ世界にも受け継がれているものと考えられるのであり、最終編集者がギリシャ哲学者の師弟愛を理想的なモデルとしてイエスとイエスが愛した弟子の親密さを描写していると想定することによって、歴史批評学による読解とクィア理論による読解が抱えているアポリアに道を拓くことも可能になると思われるのである。

四・三　ホモソーシャリティ理論によるヨハネ一三・二一 - 三〇の読解

すでに論じたように、歴史批評学による読解のアポリアは、イエスとイエスが愛した弟子の親密さがヨハネ一・一八における父と独り子の「霊的・象徴的な親密さ」を示していると理解しているために、このふたりの男性の「身体的・物質的な親密さ」が二度繰り返されて強調されていることの意味を説明することができないことにある。それに対して、クィア理論による読解のアポリアは、イエスとイエスが愛した弟子の親密さがギリシャの少年愛の「恋愛する者」と「恋愛される者」との「身体的・物質的な親密さ」を描いていると理解しているために、ロゴス讃歌の哲学的・神学的表象を用いてこのふたりの男性の「霊的・象徴的な親密さ」が描かれていることの意味を説明することができないことにある。

だが、ホモソーシャリティ理論を援用して、イエスとイエスが愛した弟子の関係性がギリシャ哲学者の師弟愛をモデルとするホモソーシャルな連続体を構成するものだと想定すれば、このふたりが「身体的・物質的な親密さ」と「霊的・象徴的な親密さ」を併せ持っていることは言わば当然の帰結であり、何ら不思議なことではない。すなわち、イエスとイエスが愛した弟子はパウサニアスが述べる「少年愛と哲学」およびドーヴァーが指摘する「肉体の美と魂の美」を結びつけて「一体のもの」となった最高最善の師弟愛を体現しているということである。そして、このような最高最善の師弟愛を最高最善の方法で伝えるために、最終編集者はヨハネ一・一八の独り子が父の胸にいるという哲学的・神学的表象を用いて、イエスが愛した弟子をイエスの胸に横たわらせままの姿で描くことによって、独り子だけが父の真理を明らかにできるように、イエスが愛した弟子だけがイエスの真理を明らかにできるということを示していると考えられるのである[38]。

五　結　論

歴史批評学による読解では、イエスが愛した弟子が「イエスの胸」に横たわる姿で描かれているのは、ロゴス讃歌を締めくくるヨハネ一・一八において、「独り子」が「父の胸」にいるという哲学的・神学的表象に基づいて、イエスとイエスが愛した弟子が霊的・象徴的な親密さによって結ばれていることを示し、「神の胸」にいる独り子だけが神の真理を明らかにできるように、「イエスの胸」に横たわるこの弟子だけがイエスの真理を明らかにできるという哲学的・神学的主題が示されていると理解されている。

それに対して、クィア理論による読解では、イエスが愛した弟子が「イエスの胸」に横たわる姿で描かれているのは、ヘレニズム世界の「少年愛」における「恋愛する者」と「恋愛される者」というホモエロティシズムのイメージに基づいて、イエスとイエスが愛した弟子が身体的・物質的な親密さによって結ばれていることを示し、イエスとこの弟子が「恋人」という特別に親密な関係にあったというホモエロティックな主題が示されていると理解されている。

このように歴史批評学による読解とクィア理論による読解は相互に対立する相容れないものとして立ち現れているのだが、ここにホモソーシャリティ理論を援用することによって、双方の読解を有機的に結びつけることを可能とし、双方の読解が抱えているアポリアに道を拓くことをも可能とする。すなわち、ホモソーシャリティ理論による読解では、イエスが愛した弟子が「イエスの胸」に横たわる姿で描かれているのは、ホモソーシャリティとホモエロティシズムを併せ持つ「ホモソーシャルな連続体」を構成するギリシャ哲学者の「師弟愛」のイメージに基づいて、イエスとイエスが愛した弟子が「少年愛と哲学」および「肉体の美と魂の美」を結びつけて「一体のもの」となった最高最善の師弟愛を体現しているゆえに、ふたりの親密さには「身体的・物質的な親密さ」と「霊的・象徴的な親密さ」が矛盾することなく共存していると理解することが可能だということである。[39]

また、イエスが愛した弟子がイエスの胸に横たわって寛いでいる姿が著しく緊張感を欠いており、最後の晩餐という極度に緊迫した場面には似つかわしくないという印象を受けるのは、イエスの混乱によって困惑し、極度の緊張状態に陥っている彼以外の弟子たちとのコントラストを際立たせる最終編集者の筆致が功を奏し、文学的効果を十分に発揮しているためである。すなわち、最終編集者はペトロをはじめとする弟子たちがイエスの真理と運命をまったく理解していないのに対して、イエスが愛した弟子だけがイエスの真理と運命を理解しているということをこのコントラストによって読み手（聞き手）に訴えかけているということである。

ヨハネ福音書において、「最後の晩餐」（一三・二一 - 三〇）は「洗足物語」（一三・一 - 二〇）と「新しい愛の戒め」（一三・三一 - 三五）の間に置かれている。両テクストはヨハネ福音書において愛の重要さを最も強く打ち出す最重要の物語であり、その「センター」に位置する最後の晩餐はこの福音書のまさに「センターステージ」とでも言えるテクストである。[40] 最終編集者はイエスが愛した弟子を福音書の「センターステージ」に登場させ、ヨハネ一・一八の父と独り子の結びつきとギリシャの師弟愛をモデルとして用いて、彼をイエスの胸に横たわらせる姿で描くことによって、この弟子とイエスが最高最善の師弟愛で一体のものになっていることを示し、独り子だけが父の真理を明らかにできるように、イエスが愛した弟子だけがイエスの真理を明らかにできるということを示しているのである。最終編集者にとって、イエスとイエスが愛した弟子の「身体的・物質的な親密さ」と「霊的・象徴的な親密さ」こそが最高最善の師弟愛の徴であり、それゆえ最終編集者は父の胸にいる独り子のように、そして師の胸にいる弟子のように、イエスが愛した弟子をイエスの胸に横たわらせる姿で描いたのである。

（1）本章の主眼は、副題に示したように「クィア理論とホモソーシャリティ理論によるヨハネ福音書一三章二一‐三〇節の読解」にある。したがって、以下の「歴史批評学による読解」はイエスとイエスが愛した弟子との関係性に的を絞った議論をするに留める。

（2）Jean Zumstein, *Das Johannesevangelium*, KEK 2, Göttingen: Vandenhoeck & Ruprecht, 2016, 497 (bes. Anm. 6)参照。

（3）むろん、「ヨハネ」という呼び名は便宜上のものであり、その背後には「ヨハネ学派」が想定される。

（4）詳しくは、Jürgen Becker, *Das Evangelium nach Johannes*, 2, ÖTNT 4/2 (GTB Siebenstern 506), Gütersloh: Gerd Mohn/ Würzburg: Echter-Verlag, [3]1991, 513–516参照。

（5）この分析は、主としてBecker, *Johannes*, 2, 513–516に依拠しているが、ベッカーはヨハネが用いた伝承を共観福音書とは系統の異なる伝承だと見なしているため、彼が「伝承」と見なす部分を本章では「資料」（共観福音書）に解している。また、Zumstein, *Johannesevangelium*, 497は、二一ｂ‐二二、二五ｂ、二六‐二七、三〇節を共観福音書の伝承から取られたとするが、本章では二五節ｂ「主よ、それは誰のことですか」は最終編集者に帰される文章と解し、資料から除外した。しかし、これはズムスタン（ツームシュタイン）の分析と本章の分析が矛盾するわけではなく、彼が注意深く指摘するように、二五節ｂの内容は共観福音書の伝承をモティーフとしており（*ibid.*, 497 Anm 6）、本章ではイエスに対する十二弟子の問いかけのモティーフを用いて現在のテクストが生成されたと想定しているということである。

（6）大貫隆「ヨハネによる福音書」、大貫隆／山内眞監修『新版　総説　新約聖書』日本キリスト教団出版局、二〇〇三年、再版：二〇一〇年、［一三四‐一五九頁］一三九‐一四一頁参照。

（7）ヨハネ福音書と共観福音書との資料上の依存関係について、詳しくは大貫「ヨハネによる福音書」一三九‐一四一頁、Zumstein, *Johannesevangelium*, 44–47参照。なお、大貫は福音書という文学形式を採用するヨハネは間接的にマルコを前提とする文書だと想定し、ズムスタンはヨハネ学派はマルコとルカを知っていたが、マタイについては知らなかったと推定する。

（8）最終編集者に帰されるかどうかについては意見は分かれるが、一三‐一五節が元来の福音書（基礎文書）に後から書き加えられものであることについては、多くの研究者が認めるところである（Takashi Onuki, Die johanneischen Abschiedsreden und die synoptische Tradition. Eine traditionskritische und traditionsgeschichtliche Untersuchung, *AJBI* 3 (1977), [157–268] 177, 178f., 182; Chrsitian Dietzfelbinger, *Das Evangelium nach Johannes, 1–2*, ZBK 4/ 1–2 in einem Band, Zürich: Theologische Verlag, ²2004, Bd. 2, 375）。

（9）イエスの混乱と弟子たちの困惑について、詳しくは拙論「クィアなイエス　第6回　イエスが愛した男②——イエスの胸に抱かれたまま食事を②（ヨハネ一三・二一‐三〇）」『ｆａｄ faith and devotion——関東神学ゼミナール通信』六八号、関東神学ゼミナール、二〇一八年七月、二頁参照。

（10）LSJ, 107, 116. 厳密には、ἀνάκειμαι（アナケイマイ）が食事の席に「横たわる」さいの術語であり（Anatole Baily, *Dictionnaire-Grec Français*, rédige avec le concours de Émile Egger, Édition revue par Louis Séchan et Pierre Chantraine, Paris: Hachette, 2000, 125）、ἀναπίπτω（アナピプトー）は「もたれかかる」や「寄りかかる」が本来の意味である（BA, 117）。なお、両語のヨハネでの用例は、ἀνάκειμαι（アナケイマイ）が六・一一、一二・二、一三・二三、二八の四回、ἀναπίπτω（アナピプトー）が六・一〇（二回）、一三・一二、二五、二一・二〇の五回であり、これらの用例から両語が交換可能な語として用いられていることがうかがえる（J. Ramsey Michaels, *The Gospel of John*, NICNT, Grand Rapids, MI: Eerdmans, 2010, 751 n. 24）。

（11）この食事の場面がヘレニズムの横臥形式を前提とすることについては、大貫隆『イエスという経験』（岩波現代文庫　学術三二一）岩波書店、二〇一四年、六三‐六四頁参照。また、大貫が指摘しているように、Hermann L. Strack/ Paul Billerbeck, *Kommentar zum Neuen Testament aus Talmud und Midrasch*, IV/ 2, München: C. H. Beck, 1928, 611–639（補論「古代ユダヤの饗宴」）が、古代ユダヤ人の饗宴（祝宴）について詳細に論じており、正式な饗宴（祝宴）の場合には、ユダヤ人の間にもヘレニズムの食事様式が取り入れられていたことがうかがえる（*ibid*., 617–625参照）。

（12）歴史的な最後の晩餐が実際に給仕を必要とするような饗宴だったのか、あるいは「横たわる」という表現が単に食卓の「椅子に座る」ことを意味することもあったように（BA, 109; 田川建三『新約聖書 訳と註5――ヨハネ福音書』作品社、二〇一三年、五七六‐五七七頁）、食卓の席に着いて食事をしていたのかは定かではない。だが、少なくとも最終編集者が描写する最後の晩餐の設定はヘレニズム様式の横臥形式の食事であることは確かである。なお、ユダヤ人は日常の食事は椅子に座って摂っていたことが知られている（Strack/ Billerbeck, *Kommentar,* IV/ 2, 617f.; Dietzfelbinger, *Johannes* 2, 19）。

(13) ほとんどの研究者がこの見解であり、新しい注解書では、Dietzfelbinger, *Johannes* 2, 19; 伊吹雄『ヨハネ福音書注解Ⅲ』知泉書房、二〇〇八年、八一頁、Michael Theobald, *Das Evangelium nach Johannes, Kapitel 1–12,* RNT, Regensburg: Verlag Friedrich Pustet, 2009, 137f.; Michaels, *John,* 749; Hartwig Thyen, *Das Johannesevangelium,* HNT 6, Tübingen: Mohr Siebeck, ^{2}2015, 595f.; Johannes Beutler, *Das Johannesevangelium. Kommentar,* Freiburg/ Basel/ Wien: Herder, ^{2}2016, 386; Udo Schnelle, *Das Evangelium nach Johannes,* ThHK 4, Leipzig: Evangelische Verlagsanstalt, ^{5}2016, 285; Zumstein, *Johannesevangelium,* 499; Klaus Wengst, *Das Johannesevangelium,* ThKNT 4, Neuausgabe in einem Band, Stuttgart: Kohlhammer, ^{4}2019, 403f.があげられる。なお、この解釈は古くはオリゲネス『ヨハネ福音書注解』三二・二六四が表明するものである。

(14) ヨハネ一・一八において、「父の胸にいる者」（ὁ ὢν εἰς τὸν κόλπον τοῦ πατρὸς［ホ・オーン・エイス・トン・コルポン・トゥー・パトロス］）と言われている「独り子である神」（μονογενὴς θεὸς［モノゲネース・テオス］）が、先在（受肉前）のロゴスではなく、後在（高挙後）のキリストを表すとする説については、Theodor Zahn, *Das Evangelium des Johannes ausgelegt,* KNT 5, Leipzig/ Erlangen: Deichertsche Verlagbuchhandlung, 1921, 99; ルドルフ・ブルトマン『ヨハネの福音書』杉原助訳、大貫隆解説、日本キリスト教団出版局、二〇〇五年、九九、六一九‐六二〇頁注二八〇、大貫隆『世の光イエス――福音書のイエス・キリスト④ヨハネによる福音書』講談社、一九八四年、五八、一七四‐一七五頁＝『ヨハネによる福音書――世の光イエス』日本基督教団出版局、一九九六年、一九一‐一九二頁、John E. McHugh, *A Critical and Exegetical Commentary on John 1–4,* edited by Graham N. Stanton, ICC, London/ New York: T&T Clark International, 2009, 70–73参照。なお、マクヒューは ὁ ὢν εἰς τὸν κόλπον τοῦ πατρὸς（ホ・オーン・エイス・トン・コルポン・トゥー・パトロス）を[He] who is now returned into the bosom of the Father（今や父の胸へと戻られたお方）と訳しており、訳文に解釈を持ち込みすぎである。

(15) 新約聖書では、κόλπος（コルポス）はヨハネ一・一八と一三・二三にしか現れない語である。また、一三・二五（「イエスの胸の上に（ἐπὶ τὸ στῆθος τοῦ Ἰησοῦ［エピ・ト・ステートス・トゥー・イエースー］）」でστῆθος（ステートス）が使われているのは、同じ単語の繰り返しを避けるための修辞的な言い換えである。なお、κόλπος（コルポス）の語はギリシャ語七十人訳聖書では性的な意味が含意されることもあり（創世一六・五、申命一三・七、二八・五四、列王上一二・八、シラ九・一）、クィアな視点から深読みをする誘惑に駆られるが、両語が交換可能な語として用いられていることを考えると、ヨハネ一三・二三のκόλπος（コルポス）には性的な意味がダイレクトに込められてはいないものと思われる（詳しくは、Rudolf Meyer, Art. κόλπος, *ThWNT* III, (1938) 824–826参照）。

（16）クィア理論を用いた聖書解釈については、以下の拙論を参照。小林昭博「クィア化する家族――マルコ三・二〇‐二一、三一‐三五におけるイエスの家族観」『神学研究』六〇号、関西学院大学神学研究会、二〇一三年、一三‐二四頁（＝本書第五章）、同「『わたしを愛しているか』――クィア理論とホモソーシャリティ理論によるヨハネ二一・一五‐一七の読解」『日本の神学』五五号、日本基督教学会、二〇一六年、［三九‐六六頁］四四‐四七頁（＝本書第一章）、同「『イエスとクィア』から『クィアなイエス』へ――クィア理論を用いた聖書解釈の新たな地平」『福音と世界』七三巻七号、新教出版社、二〇一八年七月号、一八‐二三頁（本書第六章）。

（17）Robert E. Goss, The Beloved Disciple: A Queer Bereavement Narrative in a Time of AIDS, in: Robert E. Goss/ Mona West (eds.), *Take Back the Word: A Queer Reading of the Bible*, Cleveland, Ohio: Pilgrim Press, 2000, 206–218; idem, *Queering Christ: Beyond Jesus ACTED UP*, Cleveland, Ohio: Pilgrim Press, 2002, 113–119; idem, John, in: Deryn Guest/ Robert E. Goss/ Mona West/ Thomas Bohache (eds.), *The Queer Bible Commentary*, London: SCM Press, 2006, [548–565] 560–562; Theodore W. Jennings, Jr., *The Man Jesus Loved: Homoerotic Narratives from the New Testament*, Cleveland, Ohio: Pilgrim Press, 2003, 13–74; Donald L. Boisvert, *Sanctity and Male Desire*, Cleveland, Ohio: Pilgrim Press, 2004, 200; Dale B. Martin, *Sex and the Single Savior: Gender and Sexuality in Biblical Interpretation*, Louisville/ London, Westminster John Knox Press, 2006, 100.

（18）Marti Nissinen, *Homoeroticism in the Biblical World: Historical Perspective*, translated from Finnish by Kirsi Stjrna, Minneapolis: Fortress Press, 1998, 121f.; Stephen D. Moore, *God's Beauty Parlor: And Other Queer Spaces in and around the Bible*, Contraversions: Jews and Other Differences, Stanford, CA: Stanford University Press, 2001, 231 n. 120; Jennings, Jr., *The Man Jesus Loved*, 19–35.

(19)「ギリシャ的愛」(Greek Love) という表現は、古代のギリシャの性文化および現代のセクシュアリティ研究とクィア理論の記念碑的研究であるデイヴィッド・M・ハルプリン『同性愛の百年間――ギリシア的愛について』(りぶらりあ選書) 石塚浩司訳、法政大学出版局、一九九五年、二七‐一一五頁 (David M. Halperin, *One Hundred Years of Homosexuality: And Other Essays on Greek Love*, New York/ London: Routledge, 1990, 15–71) が用いているものである。

(20) ケネス・J・ドーヴァー『古代ギリシアの同性愛 新版』中務哲郎/下田立行訳、青土社、二〇〇七年、一四‐三六、三七‐一八一、一八三‐二九七、二九九‐三二八頁 (Kenneth J. Dover, *Greek Homosexuality*, Cambridge, MS: Harvard University Press, 1978, updated and with a new postscript, 1989, 1–17, 19–109, 111–184, 185–203) 参照。

(21) 少年愛が古代ギリシャの恋愛と欲望の中心を占めていたことについては、ドーヴァー『古代ギリシアの同性愛 新版』(Dover, *Greek Homosexuality*) の詳細な論証からも明らかだが、特にドーヴァーが着目した壺絵とその刻文に関する研究は最重要である。また、近年ではAndrew Lear/ Eva Cantarella, *Images of Ancient Greek Pederasty: Boys were their Gods*, London/ New York: Routledge, 2008, 38–193がギリシャの壺絵や酒杯の詳細な分析を行っている。

(22) プラトン『カルミデス』一五四A‐C、同『プロタゴラス』三〇九A、同『饗宴』一八四C‐E。

(23) プラトン『饗宴』一七八C、E、一七九A、一八〇A‐B、一八一E、一八二B‐C、一八三C‐D、一八四B‐E、一八五A、一九三B、二一一D、二二二B、同『パイドロス』二二七C、二二八C‐D、二三一A‐C、二三二A、C、二三三A‐B、二三八E、二三九A‐B、E、二四〇A‐D、二四一B‐D、二四三D、二四四A、二四五B、E、二四九E、二五二C‐E、二五三A、二五四A、二五五B‐D、二五六E、二五七B、二六二E、二六三C、二六四A、二六六B。なお、プラトンは*ἐραστής*(エラステース)と*παιδικά*(パイディカ)をセットにして使用することが多い。この*παιδικά*(パイディカ)の語は「少年に関わる/少年に属する」を意味する形容詞*παιδικός*(パイディコス)の中性複数形なのだが、あたかも男性単数形の如くに使い、*ἐρώμενος*(エローメノス「恋愛されるもの」)と同じ意味で用いられており、日本語の「稚児」に相当するギリシャ語である。

(24) テオクリトス『牧歌』五・三九‐四三、一一六‐一一九。

(25) 酒杯の図版については、ドーヴァー『古代ギリシアの同性愛 新版』一六〇‐一六一頁および付録の図版R二〇〇(Dover,

Greek Homosexuality, 94 and Appendix Figure R200）、Lear/ Cantarella, *Images of Ancient Greek Pederasty*, 58f.（Figure 1.16）を参照。なお、Nissinen, *Homoeroticism in the Biblical World*の表紙はこの絵をモティーフにしたものである（付録の図版にも収録されている）。

（26）ホモソーシャリティ理論を用いた聖書解釈については、拙論「『わたしを愛しているか』」四七‐五二頁（＝本書第一章）参照。

（27）イヴ・コゾフスキー・セジウィック『男同士の絆――イギリス文学とホモソーシャルな欲望』上原早苗／亀澤美由紀訳、名古屋大学出版会、二〇〇一年、一‐六頁（Eve Kosofsky Sedgwick, *Between Men: English Literature and Male Homosocial Desire*, Gender and Culture, New York: Columbia University Press, 1985, thirtieth anniversary edition, 2016, 1–5）参照。

（28）Gale Rubin, The Traffic of Women: Notes Toward a Political Economy of Sex, in: Rayna Reiter (ed.), *Toward an Anthropology of Women*, New York: Monthly Review Press, 1975, [157-210]182f.参照。

（29）セジウィック『男同士の絆』一‐七頁（Sedgwick, *Between Men*, 1–5）参照。

（30）セジウィック『男同士の絆』五‐七頁（Sedgwick, *Between Men*, 4f.）参照。

（31）ギリシャ以外の例外については、ギルバート・H・ハート『同性愛のカルチャー研究』黒柳俊恭／塩野美奈訳、現代書館、二〇〇二年、一一〇‐一七三、一七四‐一九七、二一二‐二三二頁参照。

（32）上注二〇参照。

（33）Eva Cantarella, *Bisexuality in the Ancient World*, translation from Italian by Cormac Ó Cuilleanáin, New Heaven: Yale University Press, 1992, with a preface to second edition, ^{2}2002, 97–119, 149–154, 217–222, et. al.; Craig A. Williams, *Roman Homosexuality: Ideologies of Masculinity in Classical Antiquity*, Ideologies of Desire, New York/ Oxford: Oxford University Press, 1999, 15–61, 96–124; 本村凌二「ローマ帝国における『性』と家族」、弓削達／伊藤貞夫編『ギリシアとローマ――古典古代の比較史的考察』河出書房新社、一九八八年、［二七五‐三〇〇頁］二八七‐二九六頁、同『ローマ人の愛と性』（講談社現代新書一四七六）講談社、一九九九年、七七‐一一七参照。

（34）ヨハネ共同体とヨハネ福音書の歴史は複雑であり、その成立地や成立年代を特定することは難しいが、最も有力とされているのはパレスティナ・シリア周辺で九〇年代に成立したとする説である（大貫「ヨハネによる福音書」一三七‐一三九頁、Dietzfelbinger, *Johannes 1*, 19参照）。しかし、最終編集者が二一章、告別説教、イエスが愛した弟子に関する記述等々を付加して、ヨハネ福音書の最終版を世に送り出したのは二世紀に入ってからのことだと考えられる（ゲルト・タイセン『新約聖書――歴史・文学・宗教』大貫隆訳、教文館、二〇〇三年、二一六‐二二〇頁、田川『新約聖書 訳と註5』七七八‐七九〇頁、Beutler, *Johannesevangelium*, 67f.; Schnelle, *Johannes*, 8f.参照）。

（35）ドーヴァー『古代ギリシアの同性愛 新版』二九頁（Dover, *Greek Homosexuality*, 12）。

（36）セジウィック『男同士の絆』五頁（Sedgwick, *Between Men*, 4）。ただし、引用は私訳による。途中の引用はドーヴァー『古代ギリシアの同性愛 新版』一五六頁（Dover, *Greek Homosexuality*, 91）が訳出するプラトン『饗宴』一八四Ｄのテクストであり、その部分に関してはドーヴァーの邦訳書の訳文をそのまま用いた。

（37）プラトン『饗宴』一八四Ｄ‐Ｅ。引用は、プラトン『饗宴／パイドン』（西洋古典叢書Ｇ〇五四）朴一功訳、京都大学学術出版部、二〇〇七年、四八頁による。

（38）Sjef Van Tilborg, *Imaginative Love in John*, Biblical Interpretation Series 2, Leiden/ New York/ Köln: Brill, 1993, 77–110は、イエスとイエスが愛した弟子の関係をギリシャ哲学者の師弟愛をモデルとして読み解き、イエスが「恋愛する者」（ἐραστής［エラステース］）の役割を担い、イエスが愛した弟子が「恋愛される者」（ἐρωμένος［エローメノス］）の役割を果たしていると指摘するのだが、このふたりの師弟愛には性的なものは含意されていないとの結論を前提に置いて議論を進めている（*ibid.* 79–81）。また、彼はヨハネ一三・二三のκόλπος（コルポス）を論じるさいにも、ギリシャ語七十人訳聖書がこの語を異性間の性的関係を含む意味で使用する例やギリシャの詩文がこの語を同性間や異性間の性的関係の意味に用いている例を紹介しているのだが、ヨハネ一三・二三の「イエスの胸」はヨハネ一・一八の「神の胸」を示唆しているとの前理解から、七十人訳聖書において、κόλπος（コルポス）が母がその胎で子どもを守る意味で使われている例を根拠として、ヨハネ一三・二三のκόλπος（コルポス）は「保護者と弟子」「教師（父）と弟子（子ども）」の間の「保護」を意味するものだと結論づけている（*ibid.* 89–91）。

だが、これに対して、ゴスはティルブルフの判断が伝統的な異性愛主義者の解釈だと批判し、七十人訳聖書においてκόλπος（コルポス）が性的な意味で用いられていることを例示しつつ（創世一六・五、申命一二・七、二八・五四、列王上一二・八、シラ九・一）、イエスとイエスが愛した弟子が性的な関係にあるとの想定をしている（Goss, The Beloved Disciple, 206–218, esp. 207–209, 211f.; idem, John, 560–562）。ティルブルフとゴスは同じ七十人訳聖書のテクストを論じているにもかかわらず、正反対の結論に至っているが、ここには解釈者の「前理解」が大きく関わっている（「前理解」については序章を参照）。私見では、ティルブルフの読解は「ホモフォビア」（同性愛嫌悪）と「エロトフォビア」（性嫌悪／性愛嫌悪／恋愛嫌悪）を抱えていることに起因するものと思われるが（エロトフォビアについては、拙論「『イエスとクィア』から『クィアなイエス』へ」二一 - 二二頁［＝本書第六章］参照）、ホモソーシャリティとホモセクシュアリティ（ホモエロティシズム）が分断されたホモフォビックなホモソーシャリティが露呈しているとも考えられる。

なお、Craig S. Keener, *The Gospel of John: A Commentary*, II, Peabody, MS: Hendrickson Publishers, 2003, 915 n. 184; Wolfgang Fenske, *Der Lieblingsjünger: Das Geheimnis um Johannes*, Biblische Gestalten 16, Leipzig: Evangelische Varlagsanstalt, 2007,103 (bes. Anm. 37)は、最後の晩餐におけるイエスとイエスが愛した弟子の関係について、ティルブルフと同様のホモフォビックかつエロトフォビックな理解をのぞかせている。

（39）Jennings, Jr., *The Man Jesus Loved*, 28は、イエスとイエスが愛した弟子の関係を理解するうえで、ヨハネ福音書がグノーシス主義や仮現論と対決し、イエスの受肉や死を物質的・身体的なものとして理解していることに触れ、イエスの死や受肉が神学的な象徴であるだけではなく、物質的・身体的な現実であることを引き合いに出し、ヨハネ福音書で頻繁に主題になっている愛もまた、霊的なものであるだけでなく、物質的・身体的なものであることを強調している（拙論「『イエスとクィア』から『クィアなイエス』へ」二一、二三頁注二〇参照［＝本書第六章］）。したがって、ホモソーシャリティ理論によって、イエスとイエスが愛した弟子の関係性を「身体的・物質的な親密さ」と「霊的・象徴的な親密さ」を兼ね備えたものとして理解することは、ヨハネ神学の読解に適ったものだと言えるであろう。

（40）James H. Charlesworth, *The Beloved Disciple: Whose Witness Validates the Gospel of John*, Valley Forge, PA: Trinity Press International, 1995, 52; James L. Resseguie, The Beloved Disciple: The Ideal Point of View, in: Steven A. Hunt/ D. Francois Tolmie/ Ruben Zimmermann (eds.), *Character Studies in the Fourth Gospel: Narrative Approaches to Seventy Figures in John*, WUNT 314, Tübingen: Mohr Siebeck, 2013, [537-549]539.

第三章　「見よ、彼は彼をどれほど愛していたことか」
――クィア理論とホモソーシャリティ理論によるヨハネ福音書一一章一‐四四節の読解

一　問題設定

ヨハネ一一・一‐四四は「ラザロの復活」と呼ばれる有名な聖書テクストである。[1] このテクストはイエスの弟子であるベタニアのマルタ、マリア、ラザロの三姉弟の――おそらく――末の弟であるラザロが病気のために亡くなり、イエスが墓に葬られたラザロを甦らせる死者蘇生の奇跡物語である。

歴史批評的研究によれば、ラザロの復活の物語は、イエスが墓に葬られているラザロを甦らせたように、神がイエスを甦らせるというイエスの死と復活を予示する物語において、マルタがイエスに信仰告白をすることによって、イエスが「キリスト」および「神の子」であることを顕示するヨハネ福音書のクライマックスの場面として理解されている。確かに、ラザロの復活の物語における「マルタの信仰告白」は、共観福音書における「ペトロの信仰告白」（マルコ八・二七‐三〇／マタイ一六・一三‐二〇／ルカ九・一八‐二一）に相当する最重要のテクストであり、ラザロの復活の物語におけるマルタの信仰告白をヨハネ福音書のクライマックスの場面として提示する歴史批評学の読解は説得的である。

だが、このような歴史批評学の読解に対して、近年のクィア理論を用いた聖書解釈は、ラザロの復活の物語においてイエスがラザロを「愛している」（φιλέω／ἀγαπάω［フィレオー／アガパオー］）ことが三度繰り返して強調され、特にヨハネ一一・三六では「それゆえ、ユダヤ人たちが言った、『ご覧なさい、彼〔＝イエス〕は彼〔＝ラザロ〕をどれほど熱愛〔＝愛〕していたことか』」（ἔλεγον οὖν οἱ Ἰουδαῖοι ἴδε πῶς ἐφίλει αὐτόν［エレゴン・ウーン・ホイ・イウーダイオイ・イデ・ポース・エフィレイ・アウトン］）とイエスのラザロに対する深い愛が強調されていることから、その場にいた人々がイエスのラザロに対する深い愛を感じ取っていたことをクィアに読み解き、イエスとラザロの間に「ホモエロティシズム」を読み取ろうとする試みがなされている。確かに、ヨハネがマルタの信仰告白をその福音書のクライマックスとして提示するためにラザロの復活の物語を描いているのだとすれば、イエスのラザロに対する「愛」を三度も繰り返して強調することはかえって奇異（クィア）である。したがって、現代的な同性愛のフィルターを通してラザロの復活の物語を再読すれば、イエスとラザロの間にホモエロティシズムを見出すことも十分に蓋然性のあることだと言いうるのである。

しかし、ヨハネ福音書がイエスとラザロのホモエロティシズムを描くことを目的としていたのであれば、ふたりの「愛」（恋愛）をラザロの復活の物語の文脈に置いて描く必要があったとは思えない。その意味では、ラザロの復活の物語がイエスとラザロというふたりの男性間の「恋愛」（ホモエロティシズム）を主題として創作されたとは考えられない。では、なぜイエスの復活を予兆する死者蘇生の奇跡物語において、イエスがラザロを「愛している」ことが三度も繰り返して強調される必要があったのだろうか。一見すると、従来の「歴史批評学による読解」と新たに提唱されている「クィア理論による読解」は、相互に矛盾する「読解」（解釈）に思えるかもしれない。だが、――一章と二章において同様のくだりを繰り返していることから、すでにお分かりのように――私見ではここに「ホモソーシャリティ理論」を援用することによって双方の解釈を結びつけることが可能となり、双方の解釈が両立しえないかに思える問題をも繙くことができると考えられるのである。

そこで、本章では従来の「歴史批評学」の知見を活かしつつ、そこに「クィア理論」と「ホモソーシャリティ理論」とを援用してラザロの復活の物語を再読し、ヨハネ福音書がラザロの復活の物語を描くうえで、イエスが弟子であるラザロを「愛している」ことが強調されている意味を詳らかにすることを試みたい。

二 歴史批評学によるヨハネ一一・一‐四四の読解[2]

二・一 ヨハネ一一・一‐四四の構成と内容

ヨハネ一一・一‐四四の大枠での構成は以下の三部分から成る。[3]

(1)「ラザロの死」（一一・一‐一六）
(2)「復活に関する対話」（一一・一七‐二七）
(3)「ラザロの復活」（一一・二八‐四四）

(1)「ラザロの死」（一一・一‐一六）のテクストは物語の全体のプロローグであり、一‐五節の「導入の説明」と六‐一六節の「イエスと弟子の対話」によって構成されている[4]。(2)「復活に関する対話」（一一・一七‐二七）のテクストはイエスとマルタの対話として描かれており、一七‐一九節の「導入の説明」と二〇‐二七節の「イエスとマルタの対話」によって構成されている[5]。(3)「ラザロの復活」（一一・二八‐四四）のテクストはイエスがラザロを甦らせる死者蘇生の奇跡物語であり、二八‐三二節の「イエスのマリアへの呼びかけ」、三三‐三七節の「イエスとマリアの対面」、三八‐四四節の「ラザロの甦りの奇跡」によって構成されている[6]。

二・二　「ラザロの死」（ヨハネ一一・一‐一六）

一‐五節の「導入の説明」のテクストは、ベタニアのマルタ、マリア、ラザロの三姉弟の紹介とイエスとの関係が描かれている。一‐二節は病の床に伏すラザロとその姉であるマリアム[7]とマルタを紹介する導入の記述であり[8]、三‐五節はラザロを心配して使いを送ってイエスに助けを求めるマリアとマルタの懇願とイエスの反応およびイエスと三姉弟との関係性が示されている[9]。

六‐一六節の「イエスと弟子の対話」のテクストは、真理を理解することのできないイエスの弟子たちの無理解が描かれている。六節はこのテクストの導入部であり[10]、七‐一〇節はベタニアに行くためにユダヤに戻る決断をしたイエスが、「昼と夜」の隠喩（メタファー）を語ることによって、身の危険が迫りつつあっても、まだ残された時間があることを弟子たちに伝えることで、ラザロのもとに向かう自らの決意が固いことを弟子たちに示す記述である[11]。そして、一一‐一六節はラザロの死と復活をめぐるイエスと弟子たちの対話であり、ラザロの復活がイエスの復活の予兆であるという真理を理解することのできないトマスの無理解が、弟子たち全体の真理に対する無理解をも表す内容として示されている[12]。

二・三　「復活に関する対話」（ヨハネ一一・一七‐二七）

一七‐一九節の「導入の説明」のテクストは、一七節がラザロの死の確認、一八節がベタニアの地理的説明、そして一九節がマルタとマリアの悲痛の描写である。これらの一連の描写によって、後続する「イエスとマルタの対話」（二〇‐二七）の状況設定が提供されている。[13]

二〇‐二七節の「イエスとマルタの対話」のテクストは、二〇節がイエスを迎えにいくマルタの描写、二一‐二二節がマルタのイエスに対する難詰、二三‐二四節が復活をめぐるマルタとイエスの対話、二五‐二六節が復活と生命としてのイエスの顕示、二七節がマルタの信仰告白である。このテクストにおいて、マルタはイエスとの対話によって真理を認識する道へと一歩一歩その歩みを進め、今、ここでイエスを「キリスト」および「神の子」と信じる信仰告白に到達している。[14]

一一・一七‐二七の「復活に関する対話」において、ヨハネ福音書が描く「マルタの信仰告白」は共観福音書における「ペトロの信仰告白」（マルコ八・二七‐三〇／マタイ一六・一三‐二〇／ルカ九・一八‐二二）に相当する最重要の記述として立ち現れている。[15] その意味において、ラザロの復活の物語の真のクライマックスは——イエスがラザロを甦らせる奇跡ではなく——マルタの信仰告白にあると言えよう。[16]

二・四　「ラザロの復活」（ヨハネ一一・二八‐四四）

二八‐三一節の「イエスのマリアへの呼びかけ」のテクストは、二八節がマルタを通してイエスの呼びかけを知るマリアの描写、二九‐三一節が急いでイエスのもとに赴くマリアの姿をその内容とする。このテクストは悲痛に暮れるマリアが意を決し、イエスのもとに赴く姿を描くことによって、後続する「イエスとマリアの対面」（三二 - 三七節）において展開されるマリアとイエスの対話の場面に備える機能を有している。[17]

三二 - 三七節の「イエスとマリアの対面」のテクストは、三二節がマリアのイエスに対する難詰、三三 - 三五節がマリアと周囲の人たちが泣き崩れる姿に影響され、激しく混乱して涙を流すイエスの描写、三六節がイエスの混乱する姿から、ラザロに対するイエスの愛を知った人々が驚嘆を吐露する場面、そして三七節がイエスの無力さに対する皮肉である。このテクストではイエスとマリアが対面し、ラザロの死とマリアの悲痛に感情を揺り動かされた人間イエスの姿が描き出されている。[18]

三八 - 四四節の「ラザロの甦りの奇跡」のテクストは、三八 - 四一節aが墓の前でのイエスとマルタの対話と墓の開放の描写であり、四一b - 四四節がイエスの祈りとラザロの甦りの奇跡の描写である。[19] このテクストはイエスがラザロを甦らせるという――マルタの信仰告白を除くと――ラザロの復活の奇跡物語の中心に位置づけられる。[20]

二・五　歴史批評学によるヨハネ一一・三、五、三六の読解

ここまで確認してきたことからも分かるように、歴史批評学による読解では、ヨハネ一一・一 - 四四のラザロの復活の物語はイエスが墓に葬られたラザロを甦らせる死者蘇生の奇跡がイエスの復活の予兆であり、ラザロの復活を見る前に、今、ここで、マルタがイエスを「キリスト」および「神の子」として信じる信仰告白をしており、ここにこの物語のクライマックスがあると理解されている。[21] このようなマルタの姿は、ヨハネ一一・一〇においてイエスの真理を理解することのできなかったトマスの姿と対照的に描かれており、これはまさにヨハネ二〇・二九においてイエスがトマスに向かって言う「見ないで信じ

る者は幸いである」（μακάριοι οἱ μὴ ἰδόντες καὶ πιστεύσαντες［マカリオイ・ホイ・メー・イドンテス・カイ・ピステウサンテス］）という信仰者の理想的な姿をマルタがすでに先取りして体現していることを示している。

このようなヨハネ一一・一‐四四のテクストにおいて、イエスのラザロに対する愛に言及するのは、一一・三、五、三六の三テクストだが、先に示した読解からもうかがえるように、歴史批評学による読解では、イエスのラザロに対する愛に特別に注意が向けられることはなく、ごく短く付随的に触れるか、神学的な教説を引き出すかのいずれかである。したがって、ヨハネ一一・三、五、三六におけるイエスのラザロに対する愛の理解については、単にイエスとラザロの間の近しさや親しさを表しているとする理解か、[22]イエスを信じる者に顕示される神の愛の教説として理解されるかのいずれかである[23]。

だが、むろんこのような歴史批評学による読解では、ヨハネ一一・一‐四四の「ラザロの復活の物語」において、イエスのラザロに対する愛が三度繰り返して語られ、イエスの愛がとりわけ強調されていることの意味を説明することはできない。そこで、このテクストにおける愛の強調を正面切って論じることのできるクィア理論による読解へと議論を進めてみたい。

三　クィア理論によるヨハネ一一・一‐四四の読解[24]

三・一　クィア理論によるヨハネ一一・一‐四四の読解

クィア理論を用いた聖書解釈は、ヨハネ一一・一‐四四のテクストにおいてイエスがラザロを三度「愛している（φιλέω / ἀγαπάω［フィレオー／アガパオー］）」（ヨハネ一一・三、五、三六）ことが繰り返し強調されていることをクィアに読み解き、イエスとラザロとの間にホモエロティシズムを読み取ろうとする試みをしてきた(25)。すでに、ヨハネ一一・一-四四のテクストの全体像は確認しているので、ここでは歴史批評学による議論を前提に据えて、クィア理論によるイエスのラザロに対する愛の読解に議論を集中する。

ヨハネ一一・三では、マルタとマリアが遣わした使者の口を通して、イエスにとってラザロが「あなたが愛（＝熱愛）している者」（ὃν φιλεῖς = ὃς φιλεῖς［ホン・フィレイス＝ホス・フィレイス］）と言われている。一一・五ではイエスがマルタとマリアとラザロの三人を「愛（＝熱愛）していた」（ἠγάπα［エーガパ］）ことが描写されている。そして、一一・三六では周囲にいた者たちの口を通して、イエスがラザロを「どれほど熱愛（＝愛）していたことか」（πῶς ἐφίλει［ポース・エフィレイ］）と語られている(26)。このように一一・一-四四のテクストではイエスのラザロに対する「愛」が三度繰り返されて強調されている。では、実際にヨハネ一一・三、五、三六の三テクストを取り上げて、クィア理論を用いた読解をしてみよう。

三・二　ヨハネ一一・三の読解

まずは、ヨハネ一一・三の翻訳（私訳）を提示する。

【ヨハネ一一・三】［私訳］

3 それで姉たち（＝マルタとマリア）は彼（＝イエス）のもとに使者を送って、言った、「主よ、お聞きください、あなたが熱愛（＝愛）している者（＝ラザロ）が病気です」。

ヨハネ一一・三はラザロの病状をイエスに伝えるときに、「ラザロが病気です」や「弟が病気です」ではなく、「あなたが熱愛（＝愛）している者が病気です」という「愛」を強調する描写がなされている(27)。

このように「ラザロ」という名ではなく、「あなたが熱愛（＝愛）している者／あなたが熱愛（＝愛）している男」（ὃν φιλεῖς = ὃς φιλεῖς［ホン・フィレイス＝ホス・フィレイス］）という特別な表現が使われていることをクィアに読み解けば、「愛する者／愛する男」という表現からイエスとラザロの間のホモエロティシズムを読み取ることが可能である。なぜなら、もしこれが男性のラザロではなく、マグダラのマリアといった女性を「あなたが熱愛（＝愛）している者／あなたが熱愛（＝愛）している女」（ἣ φιλεῖς［ヘー・フィレイス］）と呼んでいたとすれば、現代的な異性愛のフィルターを通して、イエスとその女性との間に恋愛関係（ヘテロエロティシズム）が想定されることは想像に難くないからである。[28]

三・三　ヨハネ一一・五の読解

次に、ヨハネ一一・五の翻訳（私訳）を提示する。

【ヨハネ一一・五】［私訳］

5 イエスはマルタと彼女の妹（＝マリア）とラザロを愛（＝熱愛）していた。

このテクストは物語の語り手（ナレーター）の語り（ナレーション）であり、ここではマルタとマリアとラザロの三姉弟の全員がイエスの愛の対象として名をあげられている。このテクストの場合は、イエスが男性のラザロだけを愛していると言っているわけではなく、ここからイエスとラザロとの恋愛関係（ホモエロティシズム）を読み取ることは難しいかに思える。だが、この物語を注意深く読み解くと、ラザロの復活の物語からは「イエスとラザロ」というふたりの男性の恋愛関係（ホモエロティシズム）だけではなく、「イエスとマルタ」や「イエスとマリア」の間の恋愛関係（ヘテロエロティシズム）を想像させる親密な関係を想定することも可能だと思われる。そして、さらに「イエス」と「ラザロ、マルタ、マリア」の三姉弟の親密さは、ラザロの復活の場面の直後に置かれている「香油注ぎ」（ヨハネ一二・一‐八）の場面からも読み取ることが可能である。この場面はラザロ、マルタ、マリアの家に招かれたイエスと三姉弟との間の関係が記されている興味深いテクストである。ヨハネ一二・一‐八のテクストにおいて、マルタはイエスに給仕し（一二・二）、ラザロはイエスと一緒に食事の席に横たわり、マリアはイエスの足を香油で濡らして自らの髪でイエスの足を拭っている（一二・三）。

イエスに給仕するマルタはイエスの世話を焼いているようであり[29]、マルタとイエスとの間にヘテロエロティシズムを読み取ることも可能である。また、イエスと一緒に食事の席に横たわるラザロは最後の晩餐の席でイエスの胸に横たわるイエスが愛した弟子を彷彿とさせ、イエスとイエスが愛した弟子のホモエロティシズムがラザロとイエスとの間で先取りされているかのようでさえある[30]。そして、マリアが香油でイエスの足を濡らし、自らの髪で拭う場面は扇情的であり、マリアとイエスとのヘテロエロティシズムを読み取ることはさほど難しいことではない[31]。

このような「エロトフォビア」や「ホモフォビア」から自由な解釈を試みれば、イエスがマルタとマリアとラザロの三姉弟とヘテロエロティシズムやホモエロティシズムの関係にあったということをクィアに読み取ることも決して不可能ではない。

三・四　ヨハネ一一・三六の読解

最後に、ヨハネ一一・三六の翻訳（私訳）を提示する。

【ヨハネ一一・三六】［私訳］
[36]それゆえ、ユダヤ人たちが言った、「見よ、彼（＝イエス）は彼（＝ラザロ）をどれほど熱愛（＝愛）していたことか」。

ヨハネ一一・三六は、ラザロの死を悼んでいた者たちがラザロの死を実感して取り乱したイエスの姿を目の当たりにして吐露した科白である。このテクストはイエスがラザロを深く愛していたことをストレートに表現しており、その場にいた人々がイエスのラザロに対する深い愛を感じ取っていたことをクィアに読み解くと、イエスとラザロとの間の恋愛関係（ホモエロティシズム）を読み取ることが可能である。

このテクストがこのようなクィアな読解に対しても開かれていると見なしうるのは、――ヨハネ一一・三の読解の繰り返しになるが――この場面がもし男性のラザロではなく、マグダラのマリアといった女性の死を実感して取り乱すイエスに向かって、「見よ、彼は彼女をどれほど愛していたことか」との科白が吐露されていたとすれば、現代的な異性愛のフィルターを通して、イエスとその女性との間に恋愛関係（ヘテロエロティシズム）を容易に読み取っていたと考えられるからである(32)。

三・五　クィア理論によるヨハネ一一・三、五、三六の読解

ここまで論じてきたことからも分かるように、ヨハネ一一・三、五、三六のテクストをクィアに読み解けば、イエスとラザロとの間にホモエロティシズムを読み取ることは十分に可能である。だが、このようなクィア理論による読解では、イエスのラザロに対する「愛」（ホモエロティシズム）がなぜラザロの復活

の物語において強調されているのかを説明することができないというアポリアに行き当たってしまう。そこで、「歴史批評学による読解」と「クィア理論による読解」を有機的に結びつけることを可能とする「ホモソーシャリティ理論による読解」へと議論を進めたい。[33]

四　ホモソーシャリティ理論によるヨハネ一一・一‐四四の読解[34]

四・一　古代ギリシャの哲学者の師弟愛——ホモソーシャルな連続体

ここではホモソーシャリティ理論のモデルとして、古代ギリシャ・ローマ世界に通底する古典期ギリシャの哲学者に表象される師弟愛を措定し、イエスとラザロの関係を古代ギリシャ世界の「ホモエロティシズム」として知られる「少年愛」に社会史的に位置づけて再読することによって、歴史批評学による読解のアポリアとクィア理論による読解のアポリアから抜け出すことを試みたい。

すでに論じたように、歴史批評学による読解のアポリアとクィア理論による読解のアポリアは、「マルタの信仰告白」によってクライマックスを迎える死者蘇生の奇跡物語である「ラザロの復活」の物語において、イエスの復活を予示するために甦らされるラザロに対して、イエスの「愛」（ホモエロティシズム）がこれほどまでに強調されていることの意味を説明できないことにある。だが、ホモソーシャリティ理論を援用して、イエスとラザロの関係性を再読すれば、このふたりの男性がギリシャ哲学者の師弟愛が体現する「ホモソーシャリティ」（homosociality）と「ホモエロティシズム」（homoeroticism）を共存させる「ホモソーシャルな連続体」（homosocial continuum）を構成していることは明らかである。[35]つまり、プラトンの『饗宴』においてアリストデモスが紹介するパウサニアスのエロース讃美の演説のなかで、「少年愛」（παιδεραστία［パイデラスティア］）と「哲学／愛智」（φιλοσοφία［フィロソフィア］）とが結び合わされていることからも明らかなように、(36)古代ギリシャの哲学者の師弟愛においては、哲学的真理の授与と恋愛の受諾とが一体化し、「恋愛する者」（ἐραστής［エラステース］）と「恋愛される者」（ἐρώμενος／παιδικά［エローメノス／パイディカ］）が「真理」と「愛」（恋愛）を共有し、(37)「ホモソーシャルな連続体」を構成していたからである。(38)

四・二　ホモソーシャリティ理論によるヨハネ一一・一-四四の読解

そして、「ホモソーシャルな連続体」はヨハネ福音書が成立したと目される一世紀末から二世紀前半のローマ時代にも存在していたのであり、(39)ヨハネ福音書もまた「ホモソーシャルな連続体」を共有していたと考えられるのである。(40)その意味では、ヨハネ一一・一-四四のラザロの復活の物語において、師であるイエスによって復活させられる弟子のラザロに対してイエスの「愛」が三度繰り返して強調されているのは、言わば自明の理だとさえ言えるのである。

四・三　ホモソーシャリティ理論によるヨハネ一一・三、五、三六の読解

では、ホモソーシャリティ理論を用いてヨハネ一一・三、五、三六のテクストを読み解いてみよう。

ヨハネ一一・三において、ラザロが「あなたが熱愛（＝愛）している者／あなたが熱愛（＝愛）している男」（ὃν φιλεῖς ＝ ὃς φιλεῖς［ホン・フィレイス＝ホス・フィレイス］）と呼ばれているのは、イエスとラザロが「少年愛」と「師弟愛」が結合した最高最善の愛の絆によって結び合わされていることを示している。また、ヨハネ一一・五において、マルタとマリアと並んでラザロが「イエスが愛（＝熱愛）してい

た」（ἠγάπα δὲ ὁ Ἰησοῦς［エーガパ・デ・ホ・イエースース］）と言われているのは、イエスとマルタ、マリアが「ヘテロエロティシズム」と「師弟愛」とで結び合わされているように、イエスとラザロは「少年愛」（ホモエロティシズム）と「師弟愛」が結合した最高最善の愛の絆で結び合わされているということである。そして、ヨハネ一一・三六において、ラザロの死を実感して取り乱したイエスに向かって、その場にいた人々が「彼〔＝イエス〕は彼〔＝ラザロ〕をどれほど熱愛〔＝愛〕していたことか」（ἔλεγον οὖν οἱ Ἰουδαῖοι ἴδε πῶς ἐφίλει αὐτόν［エレゴン・ウーン・ホイ・イウーダイオイ・イデ・ポース・エフィレイ・アウトン］）と吐露し、イエスのラザロに対する深い愛を感じ取っているのは、イエスとラザロが「少年愛」（ホモエロティシズム）と「師弟愛」が結合した最高最善の愛の絆によって結び合わされていることを如実に示していると言えるのである。

このようにホモソーシャリティ理論を援用してヨハネ一一・三、五、三六のテクストを読解すれば、これらの三テクストにおいてイエスのラザロに対する「愛」が三度繰り返して強調されているのは、このふたりの男性がギリシャ哲学者の師弟愛が体現する「ホモソーシャリティ」と「ホモエロティシズム」を共存させる「ホモソーシャルな連続体」を構成していたからにほかならないと言いうるのである。

五　結論

以上の考察の結果、ヨハネ一一・一-四四のラザロの復活の物語において、イエスとラザロは「復活」と「愛」というキリスト教の「秘儀（ミューステーリオン）」を共有する最高最善の師弟愛で結び合わされているということが明らかとなった。つまり、イエスを信じてイエスの愛に与る者がイエスの愛に与るのは、ギリシャ哲学者の師弟愛をイエスと弟子の師弟愛の最高最善のモデルとするヨハネ福音書においては、イエスとラザロが最高最善の愛を共有する師弟の絆で結ばれていることを表しているということである。

そのように考えると、ヨハネ一一・一‐四四のラザロの復活の物語において、ヨハネ一一・三、五、三六でイエスがラザロを愛していることが三度繰り返され、それがとりわけ一一・三六において「見よ、彼〔＝イエス〕は彼〔＝ラザロ〕をどれほど熱愛〔＝愛〕していたことか」というイエスのラザロに対する深い愛に対する讃嘆として吐露されているのも決して不思議なことではない。

（１）「ラザロの復活」はドストエフスキー『罪と罰』第四部第四章において、ソーニャがラスコーリニコフに読み聞かせる聖書テクストとしても知られている。フョードル・ミハイロヴィチ・ドストエフスキー『罪と罰２』（光文社古典新訳文庫）亀山郁夫訳、光文社、二〇〇九年、二九五‐三三五頁参照。

（２）「ラザロの復活」に関する一連の物語は、ヨハネ一一章全体（一一・一‐五七）——ないし一一章から一二章前半（一一・一‐一二・一一）——にまで及んでいるが、クィア理論とホモソーシャリティ理論を用いた「ラザロの復活」の物語の読解を試みる本章にとって重要なのは、一一・一‐四四であることから、一一・四五‐五七——ないし一一・四五‐一二・一一——には言及しないことをあらかじめ断っておく。

（３）大枠での構成と断っているように、ここではKlaus Wengst, *Das Johannesevangelium*, ThKNT 4, Neuausgabe in einem Band, Stuttgart: Kohlhammer, ^{4}2019, 333–351が示す大枠の構成を参考にした。

（４）Jean Zumstein, *Das Johannesevangelium*, KEK 2, Göttingen: Vandenhoeck & Ruprecht, 2016, 413参照。なお、上注三で参考にしたヴェングストの注解書では、このテクストは一‐三節「ラザロの病気とその姉妹たちの助けを求める訴え」と四‐一六節「病人の死による状況の悪化」に区分されている（Wengst, *Johannesevangelium*, 334–340）。

（5）Wengst, *Johannesevangelium*, 340f.参照。

（6）Wengst, *Johannesevangelium*, 346f.参照。

（7）ベタニアのマリアの名は厳密には「マリア」（Μαρία）ではなく、「マリアム」（Μαριάμ）と綴られており、これはヘブライ語名の「ミリヤム／ミリアム」（מִרְיָם）のアラム語形「マルヤム」（מַרְיָם）をギリシャ語化したものである（Wengst, *Johannesevangelium*, 334 Anm. 614）。なお、マリアムの名前については、田川建三『新約聖書　訳と註5――ヨハネ福音書』作品社、二〇一三年、四九五頁、同『新約聖書　訳と註2上――ルカ福音書』作品社、二〇一一年、一〇一‐一〇二頁を参照。

（8）一節は「ある病人がいた。ベタニア出身のラザロであり、マリアと彼女の姉妹であるマルタの村〔であるベタニア〕の出であった」（Ἦν δέ τις ἀσθενῶν, Λάζαρος ἀπὸ Βηθανίας, ἐκ τῆς κώμης Μαρίας καὶ Μάρθας τῆς ἀδελφῆς αὐτῆς［エーン・デ・ティス・アステノーン・ラザロス・アポ・ベータニアス・エク・テース・コーメース・マリアス・カイ・マルタス・テース・アデルフェース・アウテース］）というテクストである。ギリシャ語の原文では、最初に病人であるラザロがベタニア出身であることが説明され、その後でベタニアがラザロの姉妹であるマリアとマルタの村であるとの説明が付加されているのだが（口語訳、新改訳２０１７参照）、新共同訳と協会共同訳はラザロの名を最後に訳出している。新共同訳と協会共同訳の翻訳の方が日本語としては読みやすいのだが、このような訳ではこの物語がラザロの復活をテーマにしていることがいささかぼやけてしまう。

（9）Michael Theobald, *Das Evangelium nach Johannes, Kapitel 1–12*, RNT, Regensburg: Pustet, 2009, 712の要約を参考にした。

（10）Chrsitian Dietzfelbinger, *Das Evangelium nach Johannes, 1–2*, ZBK 4/1–2 in einem Band, Zürich: Theologische Verlag, ^{2}2004, Bd. 1, 341.

（11）「昼と夜」の隠喩(メタファー)は、すでにヨハネ九・四‐五でも語られており（Dietzfelbinger, *Das Evangelium nach Johannes*, Bd. 1, 341f.; Theobald, *Das Evangelium nach Johannes*, 726; Zumstein, *Das Johannesevangelium*, 421; Wengst, *Johannesevangeliu*, 337）、このテクスト（一一・七‐一〇）の後では、一二・三五‐三六においても「昼と夜」の隠喩(メタファー)が繰り返されていることからも分かるように（Dietzfelbinger, *op. cit.*, 341f.; Theobald, *op. cit.*, 728）、「昼と夜」という表現はイエスの受難へと至る危

機が切迫していることを示す表象である。

(12) Dietzfelbinger, *Das Evangelium nach Johannes*, Bd. 1, 343参照。

(13) Zumstein, *Das Johannesevangelium*, 424参照。

(14) Theobald, *Das Evangelium nach Johannes*, 733参照。

(15) 大貫隆『世の光イエス――福音書のイエス・キリスト④ヨハネによる福音書』講談社、一九八四年、八四‐八五頁＝『ヨハネによる福音書――世の光イエス』日本基督教団出版局、一九九六年、九三‐九五頁参照。

(16) ヨハネ六・六八‐六九には共観福音書の「ペトロの信仰告白」を彷彿とさせる内容が記されており、おそらくヨハネ福音書は共観福音書の「ペトロの信仰告白」を知っていたと思われる。なお、大貫隆「ヨハネによる福音書」、大貫隆／山内眞監修『新版　総説　新約聖書』日本キリスト教団出版局、二〇〇三年、再版：二〇一〇年［一三四‐一五九頁］一三九‐一四一頁によれば、ヨハネ福音書はマルコ福音書を前提にする文書だと見なされており、したがって大貫はヨハネの「ペトロの信仰告白」の記述はマルコ福音書から採られたものだと見なしているものと思われる（大貫『世の光イエス』九四頁＝『ヨハネによる福音書』九四頁をも参照）。

(17) Zumstein, *Das Johannesevangelium*, 429参照。

(18) 田川『新約聖書　訳と註5』五一二‐五一六頁、東よしみ「ラザロ復活物語がもつ意味――物語批評による解放」『新約学研究』四五号、日本新約学会、二〇一七年、［七‐二五頁］一三‐一四頁参照。

(19) Theobald, *Das Evangelium nach Johannes*, 712, 740参照。

(20) Theobald, *Das Evangelium nach Johannes*, 740; Zumstein, *Das Johannesevangelium*, 431参照。

(21) 大貫『世の光イエス』八四‐八五頁＝『ヨハネによる福音書』九三‐九五頁、Theobald, *Das Evangelium nach Johannes*, 733; 田川『新約聖書　訳と註5』五〇三‐五〇七頁参照。

(22) Zumstein, *Das Johannesevangelium*, 418, 419f., 431参照。

(23) 伊吹雄『ヨハネ福音書注解Ⅱ』知泉書房、二〇〇七年、三五二、三五三‐三五四、三六七頁参照。

(24) クィア理論および同理論を用いた聖書解釈については、拙論「クィア化する家族――マルコ三・二〇‐二一、三一‐三五におけるイエスの家族観」『神学研究』六〇号、関西学院大学神学研究会、二〇一三年、一三 - 二四頁（＝本書第五章）、同「『わたしを愛しているか』――クィア理論とホモソーシャリティ理論によるヨハネ二一・一五 - 一七の読解」『日本の神学』五五号、日本基督教学会、二〇一六年、三九 - 六六頁（＝本書第一章）、同「『イエスとクィア』から『クィアなイエス』へ――クィア理論を用いた聖書解釈の新たな地平」『福音と世界』七三巻七号、新教出版社、二〇一八年七月号、一八 - 二三頁（＝本書第六章）、同「イエスの胸に横たわる弟子――クィア理論とホモソーシャリティ理論によるヨハネ一三章二一 - 三〇節の読解」、日本新約学会編『イエスから初期キリスト教へ――新約思想とその展開（青野太潮先生献呈論文集）』リトン、二〇一九年、一八九 - 二一〇頁（＝本書第二章）参照。

(25) Theodore W. Jennings, Jr., *The Man Jesus Loved: Homoerotic Narratives from the New Testament*, Cleveland, Ohio: Pilgrim Press, 2003, 51f.; Dale B. Martin, *Sex and the Single Savior: Gender and Sexuality in Biblical Interpretation*, Louisville/ London: Westminster John Knox Press, 2006, 99f.参照。

(26) これらの三テクストにおいて、「愛する」を意味する動詞として、φιλέω（フィレオー）とἀγαπάω（アガパオー）の二種類が使われている。つまり、三節にはφιλέω（フィレオー）、五節にはἀγαπάω（アガパオー）、三六節にはφιλέω（フィレオー）が用いられているということである。だが、ヨハネ福音書では同じ意味を表す動詞を入れ替えて使うことが多く（「知る／分かる（οἶδα / γινώσκω［オイダ／ギノースコー］）」「小羊／羊（ἀρνίον / πρόβατον［アリオン／プロバトン］）」「飼う／牧する（βόσκω / ποιμαίνω［ボスコー／ポイマイノー］）」）、このテクストにおいてφιλέω（フィレオー）とἀγαπάω（アガパオー）は交換可能な語として用いられていると見なして差し支えない。詳しくは、本書第一章の注一六と注二五参照。

(27) ヨハネ一一・二では、マルタはラザロを「わたしの兄弟」（ὁ ἀδελφός μου［ホ・アデルフォス・ムー］）と呼んでおり、同様にヨハネ一一・三二においてマリアはラザロを「わたしの兄弟」（μου ὁ ἀδελφός［ムー・ホ・アデルフォス］）と呼んでいることを考えると、ヨハネ一一・三の「あなたが熱愛〔＝愛〕している者」（ὃν φιλεῖς ＝ ὃς φιλεῖς［ホン・フィレイス＝ホス・フィレイス］）はイエスのラザロに対する「愛」がことさらに強調されていると理解することが可能である。

(28) Jennings, Jr., *The Man Jesus Loved*, 50; Martin, *Sex and the Single Savior*, 99f.参照。詳しくは、本書の序章を参照。

(29) むろん、女性に男性に対する「給仕」や「世話」を読み取ることは、ジェンダー・バイアスでもあるのだが、「エロトフォビア」（性嫌悪／性愛嫌悪／恋愛嫌悪）によって、イエスに「精神的・肉体的な情動を伴うエロース（恋愛）」を読み取ることを嫌悪することによって、イエス・聖書・キリスト教は「聖なるもの」でなければならないとして、恋愛や性とは一切関係のない無菌室のような空間にイエス・聖書・キリスト教を置こうとする流れに対する批判から、あえてイエスの世話をするマルタを強調することを試みた。なお、エロトフォビアの問題に関しては、拙論「『イエスとクィア』から『クィアなイエス』へ」二一-二二頁（＝本書第六章）参照。

（30）ラザロがイエスと一緒に食事の席に横たわっていることから、ラザロとイエスが愛した弟子を同一視しようとする意見も見られる（山口里子『虹は私たちの間に――性と生の正義に向けて』新教出版社、二〇〇八年、二六七-二七三頁参照）。

（31）なお、ユダヤ教聖書（旧約聖書）では、ヘブライ語の「足」（רֶגֶל［レゲル］）が「男性器」の婉曲表現として使われていることからすると（士師三・二四、サムエル上二四・四、列王下一八・二七＝イザヤ三六・一二）、この物語はより扇情的な意味合いを帯びてくると言えるだろう。同様に、ヨハネ一三・一-二〇の「洗足物語」において、男性弟子たち――特にペトロ――の足を洗うイエスの姿からも扇情的なホモエロティシズムを感得できると言えるだろうか。なお、ヘブライ語のרֶגֶל（レゲル）が「男性器」および「女性器」の婉曲表現として用いられることについては、Francis Brown/ Samuel R. Driver/ Charles A.Briggs, *A Hebrew and English Lexicon of the Old Testament: With an Appendix containing the Biblical Aramaic, based on the Lexicon of William Gesenius*, Oxford: At the Claredon Press, 1907, 1952, 920参照。

（32）Jennings, Jr., *The Man Jesus Loved*, 50; Martin, *Sex and the Single Savior*, 99f.参照。詳しくは、本書の序章を参照。

（33）なお、近年のクィア理論を用いた聖書解釈では、ラザロの復活の物語はイエスに呼びかけられて墓から出てきて生命を取り戻すラザロの姿をゲイ男性がイエスに呼びかけられて「カミングアウト」して生命を取り戻す姿になぞらえて再読することが試みられている（Chris Glaser, *Coming our as Sacrament*, Louisville: Westminster John Knox Press, 1998, 10f.; Benjamin Perkins, Coming Out, Lazarus's and Ours: Queer Reflections of a Psychospiritual, Political Journey, in: Robert E. Goss/ Mona West (eds.), *Take Back the Word. A Queer Reading of the Bible*, Cleveland, OH: The Pilgrim Press, 2000, 196–205; Robert E. Goss, John, in: Deryn Guest/ Robert E. Goss/ Mona West/ Thomas Bohache (eds.), *The Queer Bible Commentary*, London: SCM Press, 2006, [548–565] 554f.）。

（34）ホモソーシャリティ理論および同理論を用いた聖書解釈については、拙論「『わたしを愛しているか』」三九-六六頁（＝本書第一章）、同「イエスの胸に横たわる弟子」一八九‐二一〇頁（本書第二章）参照。

（35）イヴ・コゾフスキー・セジウィック『男同士の絆――イギリス文学とホモソーシャルな欲望』上原早苗／亀澤美由紀訳、名古屋大学出版会、二〇〇一年、五‐七頁（Eve Kosofsky Sedgwick, *Between Men: English Literature and Male Homosocial Desire*, Gender and Culture, New York: Columbia University Press, 1985, thirtieth anniversary edition, 2016, 4f.）参照。

（36）プラトン『饗宴』一八四D‐E。

（37）ケネス・J・ドーヴァー『古代ギリシアの同性愛 新版』中務哲郎／下田立行訳、青土社、二〇〇七年、二九頁（Kenneth J. Dover, *Greek Homosexuality*, Cambridge, MS: Harvard University Press, 1978, updated and with a new postscript, 1989, 12）、セジウィック『男同士の絆』五頁（Sedgwick, *Between Men*, 4）参照。

（38）拙論「イエスの胸に横たわる弟子」一九七‐二〇一頁（＝本書第二章〔六八‐七二頁〕）参照。

（39）Eva Cantarella, *Bisexuality in the Ancient World*, translation from Italian by Cormac Ó Cuilleanáin, New Heaven: Yale University Press, 1992, with a preface to second edition, 2002, 97–119, 149–154, 217–222, et. al.; Craig A. Williams, *Roman Homosexuality: Ideologies of Masculinity in Classical Antiquity*, Ideologies of Desire, New York/ Oxford: Oxford University Press, 1999, 15–61, 96–124; 本村凌二「ローマ帝国における『性』」一九八八年、〔二七五‐三〇〇頁〕二八七‐二九六頁、同『ローマ人の愛と性』（講談社現代新書一四七六）講談社、一九九九年、七七‐一一七頁参照。

（40）拙論「『わたしを愛しているか』」三九‐六六頁（＝本書第一章）、同「イエスの胸に横たわる弟子」一八九‐二一〇頁（本書第二章）参照。

第二部　クィアな新約聖書

第四章　異性愛主義と聖書解釈
――フィレモン書一b‐二節におけるフィレモン、アプフィア、アルキッポスの関係性

一　問題の所在

フィレモン書には三人の共同受信人がいる。フィレモンという男性、アプフィアという女性、そしてアルキッポスという男性の三人である。受信人のテクスト（一b‐二節）には、この三者の関係性を明示する記述は見当たらない。にもかかわらず、古代から現代に至るまで、フィレモンとアプフィアは「夫婦」と見なされてきており、さらにはアルキッポスをこのふたりの「息子」と考え、この三者が一つの「家族」であるとの想定さえもなされてきたのである。むろん、この三者の関係性に思いを馳せることは自由であり、そこに歴史的想像力を働かせることも必要ではあろう。しかし、なぜ「夫婦」や「家族」といった想定が繰り返されてきたのであろうか。また、そもそもこのような想定を支える根拠とはいったい何なのか。そして、このような想定に何の疑問を抱くこともなく、その想定を信用し、受け入れてしまうのはいったいどうしてなのか。私見では、この背後には「異性愛主義」（heterosexism）の問題が潜んでいるも

のと考えられるのである。

そこで、本章において、フィレモン一b‐二を通して知られるフィレモン、アプフィア、アルキッポスの関係性を釈義的に考察することによって、この三者の関係性をめぐる従来の解釈に内包する問題性、すなわち聖書の読み手（解釈者）の側が無自覚に抱え込んでいる「異性愛主義」の問題を浮かび上がらせたうえで、この三者の関係性を捉え直してみたい。

二　三者の関係性の考察――フィレモン一b‐二の釈義的考察

【翻訳】［私訳］

1b わたしたちの愛する者、同労者フィレモン、2 ならびにわたしたちの姉妹アプフィアおよびわたし
たちの共闘者アルキッポス、そしてあなたの家にある教会に。

一節bにおいて、フィレモンが第一の受信人としてその名をあげられている。フィレモン（Φιλήμων［フィレーモーン／ピレーモーン］）という名は、一世紀のローマの詩人オウィディウスが「フィレモンとバウキスの物語」を伝えていることからも知られるように、[1] フリュギアでは普通に見られた名前だったようである。[2] 語源的には「愛する」を意味するφιλέω（フィレオー）と関係し、「愛すべき人」「好意的な人」「親切な人」といった意味がこの名前に含まれている。[3] したがって、パウロが彼に「愛する者」（ἀγαπητός［アガペートス］）という呼び名を付しているのは、一種の言葉遊びとも解されるのだが、[4] ここにはフィレモンに対するパウロの親愛の情が表白されているだけではなく、愛をことさらに強調することによって（一、

五、七、九、一六節）、愛のゆえにフィレモンがパウロの要求を自発的に受け入れざるをえない状況を演出する修辞的技法の一種だとも考えられるのである。(5)

もう一方の「同労者」（συνεργός［シュネルゴス］）という呼び名はフィレモン以外の人物にも数多く使われており、テモテ（ローマ一六・二一、Ⅰテサロニケ三・二）、テトス（Ⅱコリント八・二三）、プリスカとアキラ（ローマ一六・三）、ウルバノ（ローマ一六・九）、エパフロデト（フィリピ二・二五）、クレメンス（フィリピ四・三）が、パウロによって「同労者」と呼ばれている。また、フィレモン書との関係でも特に重要な擬似パウロ書簡(6)のコロサイ四・一一では、アリスタルコ、マルコ、ユスト・イエスという三者が「同労者」と呼ばれている。これらの人物が「宣教者」として活動していたことから考えると、第一の受信人であるフィレモンは、この家の教会の「主人」であるのみならず、この家の教会の「宣教者」の働きをも担っていたと考えることが可能である。(7) もっとも、フィレモンは新約聖書においてこの書簡にしか登場しないゆえに、その具体的な人物像は不明である。(8)

二節にはフィレモンに続いてアプフィアが第二の受信人としてその名をあげられている。アプフィア(9)（Ἀπφία［アプフィア］）という名は小アジアでは良く知られた名前だったようであり、(10) コロサイ出土の墓碑(11)やフリュギア周辺の数多くの都市から発見された碑文(12)にこの名前が確認されている。アプフィアはパウロから「姉妹」（ἀδελφή［アデルフェー］）と呼ばれている。この呼び名はアプフィアが女性のキリスト教徒であったゆえに付されたものだと考えられている。(13) アプフィアもフィレモン同様に本書簡にしか現れないゆえに、彼女についてもその人物像は不明である。

アプフィアに続けて第三の受信人としてアルキッポス（Ἄρχιππος［アルキッポス］）がその名をあげられている。パウロはアルキッポスに「共闘者」（συστρατιώτης［シュストラティオーテース］）という呼び名を付している。この語は「戦友」や「共闘者」を意味するが[14]、フィレモン二以外では、新約聖書でのこの語の用例はフィリピ二・二五のみであり、そこではエパフロデトにこの呼び名が付されている。しかも、そのテクストにおいて、エパフロデトには、フィレモン書の共同受信人アプフィアに対する「姉妹」（＝兄弟）――ないし共同発信人テモテに対する「兄弟」――、フィレモンに対する「同労者」、そしてアルキッポスに対する「共闘者」という三つの呼び名が同時に与えられている。このことは「共闘者」という呼び名が「同労者」と相互に交換可能な用語としてパウロによって理解されていたことをも示しており[15]、アルキッポスがこの家の教会の宣教者であることは間違いないであろう。

なお、アルキッポスはコロサイ四・一七に登場する同一名称の人物と同一視されることも多いのだが[16]、もしこの推定が正しいとすれば、パウロの死後にコロサイ書が書かれたとき、彼は――おそらくフィレモンの家の教会が地域教会へと展開した――コロサイ教会の指導的立場にあったということになる。その是非は定かではないが、少なくとも本書簡が宛てられたフィレモンの家の教会において、アルキッポスが「宣教者」として特別な存在であったことに疑いの余地はない。

そして、最後に「あなたの家にある教会」（ἡ κατ᾽ οἶκόν σου ἐκκλησία［ヘー・カトイコン・スー・エックレーシア］）がこの三人の受信人に続けてその名をあげられている。「家にある教会」とは一般的には「家の教会」と呼ばれるが[17]、この表現はパウロ書簡（ローマ一六・五、Ⅰコリント一六・一九、フィレモン二）と擬似パウロ書簡（コロサイ四・一五）にしか見出されないものである[18]。むろん、これは家の教会のメンバーに対する呼びかけであり、その意味では、この家の教会のメンバーを第四の受信人として理解することが可能である。

ここで釈義上問題となるのは、「あなたの家にある教会」の「あなたの」（σοῦ［スー］）が単数形だということである。可能性としては、フィレモン、アプフィア、アルキッポスという三者の誰を指すと考えてもいいわけだが、[19]すでにその『フィレモン書注解』において、ヒエロニムス（三四七頃‐四二〇年頃）はこの「あなた」がフィレモンとアルキッポスのいずれを指すとも理解できるとしつつも、[20]本書簡の第一の受信人であるフィレモンを指していると指摘し、この家の教会がフィレモンの家の教会であると結論づけており、[21]この理解に関しては、ジョン・ノックスを唯一の例外とすれば、[22]現代においても意見の一致が見られるものである。[23]

以上が共同受信人のテクストに関して通常の釈義において扱われる内容である。ここではフィレモン、アプフィア、アルキッポスの関係性にはあえて言及することはしなかったのだが、それは通常の釈義によってはこの三者の関係性については何も知ることができないということをも意味する。すなわち、第一の受信人であるフィレモンの「愛する者」や「同労者」、第二の受信人であるアプフィアの「姉妹」、そして第三の受信人であるアルキッポスの「共闘者」という呼び名は、この三者に個人的に付されたものでしかなく、このテクストから「夫婦」や「家族」といった三者の関係性を釈義的に読み取ることはできないということである。

三　解釈史――三者の関係性をめぐる研究史

本章の主題である三者の関係性を再考する前に、これまでこの三者の関係性についてどのような想定がなされてきたのかを研究史を兼ねて追っておきたい。そのさい、アプフィアをフィレモンの「妻」とする見解を「夫婦説」、アルキッポスをフィレモンとアプフィアの「息子」とする見解を「家族説」、家族説と夫婦説の中間を示す見解を「中間説」、三者に婚姻関係や家族関係を認めない見解を「独立説」、そしてこれらの説とは異なる独自の考えを打ち出す見解を「独自説」と呼ぶことにする。また、従来の想定が内包するジェンダー・バイアスの問題を明確にするために、古代の男性、宗教改革期の男性、現代の男性、現代日本の男性、現代の女性にあえて区分して、この順番で紹介する。

三・一　古代の男性

古代において夫婦説を表明しているのは、ヨハネス・クリュソストモス[24]（三四七頃‐四〇七年）とテオドレトス[25]（三八六頃‐四五七年頃）である。アルキッポスに関しては、クリュソストモスはパウロの友人であり聖職者でもあると述べており、テオドレトスは宣教者と見なしている。また、ペラギウス（三六〇頃‐四二〇年頃）はアプフィアがフィレモンの姉妹ないし妻と信じられていると述べ、アルキッポスに関しては、コロサイ四・一七に基づいて、この教会の執事と見なしている[26]。同様にヒエロニムス（三四七頃‐四二〇年）もアルキッポスをコロサイの教会の監督として理解している[27]。そして、家族説はモプスエスティアのテオドロス（三五〇頃‐四二八年）において初めて確認されるものである[28]。

三・二　宗教改革期の男性

宗教改革期では、夫婦説はデジデリウス・エラスムス[29]（一四六五／六六‐一五三六年）とジャン・カルヴァン[30]（一五〇九‐一五六四年）によって表明されている。マルティン・ルター（一四八三‐一五四六年）はアプフィアには言及していない[31]。アルキッポスに関しては、エラスムスは宣教者、カルヴァンは教職者、そしてルターはコロサイ教会の監督だと指摘している。

三・三　現代の男性

(1)夫婦説

現代において夫婦説を表明しているのは、エルンスト・ローマイヤー[32]（一九三〇年、一九五六年）、ゲルハルト・フリードリヒ[33]（一九六五年、一九七六年、日本語訳一九七九年）、エドゥアルト・ローゼ[34]（一九六八年）、ヨーゼフ・エルンスト[35]（一九七四年）、ペーター・シュトゥールマッハー[36]（一九七五年、日本語訳一九八二年）である。アルキッポスに関しては、ローマイヤーとフリードリヒは彼をふたりの息子と見なす古代の説を紹介したうえで、宣教者と理解しており、ローゼも彼をふたりの息子と見なす古代の説を紹介しつつ、――下記で紹介するディベリウス／グレーフェンに従い――彼について詮索することは無駄であると述べている。シュトゥールマッハーは息子か教会の責任者かは決定することができないとしつつも、フリードリヒ説に与している。エルンストはアルキッポスを宣教者と見なしている。

(2)家族説

家族説を唱えるのは、ジョセフ・B・ライトフット[37]（一八八五年）、マーヴィン・R・ヴィンセント[38]（一八九七年）、アーネスト・F・スコット[39]（一九三〇年）、フレデリック・F・ブルース[40]（一九八四年）、ラルフ・P・マーティン[41]（一九九一年、日本語訳一九九五年）、ケイン・H・フェルダー[42]（二〇〇〇年）、ジョン・G・ノードリング[43]（二〇〇四年）である。これらの学者は本書簡がフィレモンとその家族に宛てられているということを前提にしており、当然のように家族説を採用している。

(3)中間説

夫婦説と家族説の中間に位置づけられるのは、アルフレート・ズール[44]（一九八一年）、ピーター・T・オブライエン[45]（一九八二年）、ヨアヒム・グニルカ[46]（一九八三年）、ジェームズ・D・G・ダン[47]（一九九九年）である。ズールはアプフィアをフィレモンの妻であろうと推察するに留めており、アルキッポスに関しても、ふたりの息子かどうかは疑問のままであると説明しているのだが、家族説に傾いているものと見受けられる。オブライエンは夫婦説に至当性を感じており、アルキッポスに関しても、確かなことは分からないと断ってはいるが、彼がふたりの息子である可能性を認めてはいる。グニルカは夫婦説に蓋然性を見出しており、アルキッポスに関しては、息子との古代の説を紹介しつつ、いずれにせよこの夫婦と何らかの血縁関係にあったとの見解を言い表している。ダンは明確に夫婦説に立ってはいるのだが、アルキッポスに関しては、彼が共同受信人として言及されているのは、フィレモンの家族の一員ないし宣教活動に携わるこの家の教会の他の唯一のメンバーであるからかのいずれかであろうと見なしている。

(4)独立説

独立説はジェームズ・L・ホウルデン[48]（一九七〇年）、マルクス・バルト／ヘルムート・ブランケ[49]（二〇〇〇年）、クラウス・ヴェングスト[50]（二〇〇五年）によって表明されている。ホウルデンは三人を夫、妻、息子とする考えは時間の経過によって歴史が通じなくなるときに活発になる伝説の実例であり、「あなたの家」という表現によって、この三者がひとつの家庭を営んでいるということが必ずしも含意されるわけではないと指摘している。同様に、バルト／ブランケもフィレモンが結婚していたかどうかなどのことを誰も知ることはできないと断ったうえで、フィレモンがアプフィアやアルキッポスと近しい関係にあったなどと見なす必要はないと語っており、ヴェングストもアプフィアとアルキッポスがフィレモンの妻と息子として理解されているのはまったく勝手な推測であると述べている。

(5)独自説

これ以外の独自の見解を言い表しているのは、マルティン・ディベリウス／ハインリヒ・グレーフェン[51]（一九二七年、一九五三年）、ジョン・ノックス[52]（一九五五年）、ヴェルナー・G・キュンメル[53]（一九六三年、一九七三年、一九八三年）、ウェイン・A・ミークス[54]（一九八三年、日本語訳一九八九年）、ニコラス・T・ライト[55]（一九九八年、日本語訳二〇〇八年）、ジョセフ・A・フィッツマイヤー[56]（二〇〇〇年）、ロバート・McL・ウィルソン[57]（二〇〇五年）である。

ディベリウス／グレーフェンはアプフィアについては推測することしかできないと言いつつも、テオドロスを引き合いに出しており、夫婦説に傾いているものと見受けられるのだが、アルキッポスに関しては、彼がふたりの息子であるとの古代の説を紹介しつつも、フィレモンの教会における彼の立場を詮索することは無駄であると述べている。ノックスはこの三者を夫、妻、息子と推測する確かな証拠は何もないと指摘しつつも、その独自のテーゼに基づき、アプフィアがアルキッポスの妻であったかもしれないとの意見を表明している。キュンメルはアプフィアとアルキッポスは十分な理由もないままにたびたびフィレモンの妻と息子と呼ばれてきたと指摘したうえで、アプフィアを文字通りフィレモンの姉妹と見なし、アルキッポスを――おそらく宣教のための――同居者と理解している。ミークスはフィレモンがキリスト教のパトロンとして自分の家を教会のために開放していたと考えており、アプフィアに関しては、フィレモンの妻と見なされることが多いと指摘してはいるが、ひとりの独立した存在としても認識している。ライトは夫婦説が一般に受け入れられているとしつつも、アプフィアがフィレモンの母、姉妹、女性の親戚である可能性をも考慮に入れており、アルキッポスをパウロの同労者と見なしている。フィッツマイヤーはアプフィアをフィレモンの妻かもしれないとしつつも、姉妹との説をも紹介することによって、夫婦説に一定の留保を設けており、アルキッポスに関しては、突出した教会員と説明している。ウィルソンはこの三人が夫、妻、息子であるということはテクストには明示されていないと指摘し、例えばアプフィアはフィレモンの姉妹であり、アルキッポスは弟であるといった想定をすることも可能であると述べることによって、三者の関係性をめぐる解釈にテクストが開かれているということを強調する。

三・四　現代の日本の男性

現代の日本において、夫婦説を明瞭に表明しているのは山谷省吾（一九七五年）であり[58]、石川康輔[59]（一九九一年）と青野太潮[60]（一九九六年）は夫婦であろうとの推定に留めている。アルキッポスに関しては、山谷はコロサイ教会の責任者と推定し、石川と青野は宣教者として理解しているものと思われる。

家族説に立つのは、フランシスコ会訳[61]（一九七八年）、松永晋一[62]（一九八一年）、永田竹司[63]（二〇〇〇年）である。フランシスコ会訳と松永は家族説を当然のものと見なしており、永田は推定するに留めている。

独立説は原口尚彰（二〇〇四年）が表明しており、原口はこの三者をこの家の教会の指導者として理解している[64]。

これ以外の独自説は田川建三（二〇〇九年）によって示されている[65]。田川は諸説を偏りなく紹介しており、アプフィアに関しては、フィレモンの妻の可能性だけではなく、姉妹の可能性にも言及し、さらには家族に限定されないひとりの女性信者である可能性にも触れ、断定は避けつつも、フィレモンの家族、特に妻である可能性が大きいと見なしている。また、アルキッポスに関しては、「若い息子？」と疑問符を付すことによって、その可能性を指摘するに留めている。

三・五　現代の女性

現代の女性たちは主として独立説を採用している。フィーム・パーキンス（一九九二年、日本語訳一九九八年）は三者が独立したパトロン／パトローナであり、かつ宣教者でもあると見なしている。[66] セイラ・C・B・ウィンター（一九九四年、日本語訳二〇〇二年）はフィレモンとアプフィアが夫婦であるという見方やアルキッポスが彼らの成人した息子だという考えは作り話であり、注解者は現代の家庭の意識を持ち込んでいると批判し、フィレモンをパトロン、アプフィアを指導者と見なし、アルキッポスには疑問符を付したうえでパトロンと想定している。[67] また、エリザベス・シュスラー・フィオレンツァ（一九八三年、日本語訳一九九〇年）は三者を独立した指導者と見なし、アプフィアがフィレモンとアルキッポスと共にコロサイの家の教会の指導者であると指摘しているが、[68] それと同時に多くの釈義家の推定に従って、アプフィアをフィレモンの妻とする見解を受け入れている。[69]

四　異性愛主義と聖書解釈

二の釈義において明らかにしたように、フィレモン二の受信人のテクストからフィレモン、アプフィア、アルキッポスの三者に「夫婦」や「家族」といった関係性を読み取ることは不可能である。にもかかわらず、三の解釈史において確認したように、古代から現代に至るまで夫婦説や家族説が繰り返し表明されてきたのである。そのさい、両説を提唱する学者がその根拠としているのは名前の並び順である。すなわち、この家の「主人」（夫／父）であるフィレモンに続いて、アプフィアという女性の名前が並んでいるのだから、彼女はフィレモンの妻であり、このふたりが夫婦であるのは当然だというのである[70]（夫婦説）。そして、夫婦の直後にアルキッポスという男性の名前が並んでいるのだから、彼はこの夫婦の息子であり、この三人が家族（父、母、子）であるのも当然だというのである[71]（家族説）。また、この延長線上に位置する意見でもあるのだが、オネシモスの処遇は家庭内の事情であるゆえに、家の「主人」であるフィレモンにだけではなく、この家の「主婦」（妻／母）であるアプフィアにも伝えておく必要があるのは当然だという根拠もあげられている[72]（夫婦説、家族説）。

以上の点から考えると、夫婦説や家族説とは、フィレモン書が家の教会というひとつの――「教会」にではなく――「家」「家庭」「家族」に宛てられているという先入観によって[73]、この三者を「夫と妻」や「父と母と子」であると思い込んでしまっているということが理解できる。この点にいち早く気づいたのはキュンメルやホウルデンといった男性聖書学者ではあるが、この思い込みが「性差別／女性差別」（sexism）に基づくものであることを明らかにしたのはパーキンスやウィンターといった女性聖書学者である。彼女たちはフェミニズムが構築したジェンダーという新たな批評装置を通して、客観性や中立性を謳ってきた聖書学が、この三者の関係性をめぐる解釈に関して、性差別に基づくジェンダー・バイアスを無自覚・無意識に――あるいは自覚的・意識的に――抱えてテクストを読解（解釈）していることを白日のもとに曝したのである。

そして、わたし自身は同様の問題意識を日本のフェミニスト社会学者の上野千鶴子、米国のフェミニスト新約聖書学者のティナ・ピッピン、そして日本の男性新約聖書学者の荒井献の次のような発言によって気づかされてきた。

これまで他のすべての学問は「人間学」の名において実際は「男性学」（男性がする学問）だったのだから。そしてそこには女の場所はなかったのだから。ようやく女が研究の客体から主体になったとき、そこに「男の居場所がない」というのは、たんに男性支配の遍在と、男が普遍的人間である、という神話をふたたび再生産する結果に終わる。男は「客観的・中立的」でありうるから、「女性の視点にも立てる」というわけだ。ブラック・スタディズなら、白人の研究者のこのような態度を許すだろうか？　そしてレズビアン／ゲイ・スタディズも。[74]

（上野千鶴子）

もはや新約聖書を読むことは中立的な行為やイノセントな行為ではない。[75]

（ティナ・ピッピン）

しかし、私の聖書の読み方は、あくまで「男の読み方」であって、これとは異なる「女の読み方」があること、この男女の「読み方」の「差」と、その「差」が出てくる原因に対し、私は自覚的ではなかった。そのために、私は聖書記者（男性！）や聖書に登場する男性に――無自覚に――自らを重ね、その結果出てくる解釈をあたかも「客観的」であるかのごとくに主張してきたことには、現在反省を迫られている。[76]

（荒井献）

上野は女性学やジェンダー研究をイデオロギーとして片づけようとする批判に対して、客観性や中立性を装う従来の学問（人間学＝男性学＝男性がする学問）もまた男性による偏った学問でしかないということを明らかにし、ピッピンは聖書の読み手（解釈者）が白紙の状態で聖書テクストに向かい合っているのではなく、自らの立場や視点を前提にしているということを自覚する必要があると指摘しているのである。そして、荒井はフェミニスト聖書学者の批判を受け入れ、自らの聖書の読みが客観的なものではなく、あくまで「男の読み方」であったということを反省しており、「男性」である荒井のこのような自己省察は、「女性」である上野やピッピンの批判と並んで、わたし自身の学問の出発点でもある。[77]

そして、このような出発点に立ち、本章の主題である三者の関係性を考えるとき、上述の女性聖書学者のジェンダーの視点を導入した新たな読み（解釈）に多くを教えられ、反省を迫られ続けているひとりの「男性」として、わたしはこの三者の関係性をジェンダーの視点からだけではなく、セクシュアリティの観点からも新たに読み直す必要性を感じるのである。[78] すなわち、夫婦説や家族説には、――荒井の表現を借りれば――「無自覚に」男と女をカップリングする考えが潜んでおり、さらに「無自覚に」そこに子どもがいることをも当然とする発想が隠されていると考えられるのである。そして、私見ではこの背後にはジェンダー・バイアスと重なり合うようにして、セクシュアリティによるバイアスが横たわっていると考えられるのである。すなわち、それが「異性愛主義」である。

「異性愛主義」（heterosexism）とは「性的指向に関するバイアスから推論されたシステム[79]」と定義されるが、その前提には「異性愛が人間のセクシュアリティに関する規範となる形式[80]」であるとの考えが横たわっている。すなわち、米国のレズビアン詩人のアドリエンヌ・リッチが、社会的・文化的に異性愛が強制されている実態を「強制的異性愛」（compulsory heterosexuality）と概念規定したことからもうかがわれるように[81]、異性愛主義とは、異性愛が規範とされ、強制されている社会の構造を言い表しているのである。[82] したがって、「性差別／女性差別」（sexism）が「女性嫌悪」（misogyny）と「男性至上主義」（masculinism）

とが表裏一体をなす社会の構造を言い表しているように[83]、異性愛主義とは「同性愛嫌悪」（homophobia）と「異性愛規範」（heteronormativity）とが表裏一体をなす社会の構造を言い表している[84]。そして、聖書の「読み手」（解釈者）もまたこの社会の構造を無自覚に前提としているために、異性愛主義が「先入観」として聖書解釈を規定する役割を果たしており[85]、その実例のひとつがフィレモン、アプフィア、アルキッポスという三者の関係性をめぐる解釈において夫婦説や家族説として立ち現れているのである。

五　フィレモン、アプフィア、アルキッポスの関係性の捉え直し

五・一　代名詞の用法――「あなた」と「あなたたち」

すでに明らかにしたように、二節の「あなたの家にある教会に」（τῇ κατ᾽ οἶκόν σου ἐκκλησίᾳ［テー・カトイコン・スー・エックレーシア］）の「あなたの」（σοῦ［スー］）はフィレモンを指し、「あなたの家にある教会」とはフィレモンの家の教会を指す。三者の関係性を捉え直すうえで、決定的に重要なことは、この「あなたの」が単数形だということである。もしフィレモンとアプフィアが夫婦だとすれば、そしてもしこのふたりにアルキッポスを加えた三者が家族だとすれば、いくら家の所有者が「男性主人」であったとはいえ、「あなたの」（σοῦ［スー］）ではなく、「あなたたちの」（ὑμῶν［ヒューモーン］）という代名詞が使われて然るべきである。

参考までにフィレモン書における二人称の用法を概観しておくと、フィレモン書には二人称の代名詞が二十五回使われており、その内訳は単数形が二十一回[86]、複数形が四回である[87]。単数形の二十一回の用例は、二節の用例を含めて、すべてフィレモン個人に向けられている[88]。それに対して、二人称複数形の四

回の用例は、「あなたたち」という言い回しによって、フィレモン、アプフィア、アルキッポスの三者――および家の教会のメンバーの全員――に向けられている。当たり前すぎることをあえて言えば、パウロは二人称の単数形と複数形とを截然と区別して用いているのである。[89]

　また、その傍証として、パウロ書簡のローマ一六・五とⅠコリント一六・一九および擬似パウロ書簡のコロサイ四・一五をあげることができる。ローマ一六・五では、プリスカとアキラの家の教会が「彼らの家にある教会に〔を〕」（τὴν κατ᾽ οἶκον αὐτῶν ἐκκλησίαν〔テーン・カトイコン・アウトーン・エックレーシアン〕）と複数形で呼ばれており、Ⅰコリント一六・一九でも同様に、アキラとプリスカの家の教会が「彼らの家にある教会とともに」（σὺν τῇ κατ᾽ οἶκον αὐτῶν ἐκκλησίᾳ〔シュン・テー・カトイコン・アウトーン・エックレーシア〕）と複数形で言い表されている。両テクストに用いられている「彼らの」（αὐτῶν〔アウトーン〕）という代名詞から、プリスカとアキラが同じひとつの家の教会を営んでいることがうかがえるゆえに、ふたりが夫婦であることが認められるのである。[90] また、コロサイ四・一五では、ニュンファの家の教会が「ニュンファと彼女の家にある教会に〔を〕」（Νύμφαν καὶ τὴν κατ᾽ οἶκον αὐτῆς ἐκκλησίαν〔ニュンファン・カイ・テーン・カトイコン・アウテース・エックレーシアン〕）と呼ばれており、単数形の「彼女の」（αὐτῆς〔アウテース〕）という表現から、この家の教会がニュンファ個人の家の教会であることが知られるのである。

　このようにパウロおよび擬似パウロ書簡が「夫婦」の家の教会に触れる場合には「彼らの」と複数形を用い、個人の家の教会に触れる場合には「彼女の」と単数形を用いており、これらの単数形と複数形――というごく当たり前――の用法を勘案すれば、フィレモン二の「あなた」はフィレモン個人を指しているとしか考えようがなく、「あなたの家の教会」とはフィレモン個人の家の教会でしかありえないのである。つまり、フィレモンとアプフィアを夫婦と見なすことは無理であり、あまつさえアルキッポスがこのふたりの息子だなどとは考えられないのである。[91]

また、オネシモスがパウロのもとで改宗したという一〇節の記述に従えば、いくら必ずしも家父長に従って家に属する者がみな改宗したわけではないとはいえ、[92]「夫と妻」ないし「父と母と息子」が揃って改宗した場合には、奴隷も一緒に改宗させられていたと考えられるゆえに、この三者を家族だと考えることやアプフィアやアルキッポスをフィレモンの姉妹や母、兄弟といったこの家に同居する血縁者だと考えることも無理だと言わざるをえない。加えて、二二節aにおいて、パウロは「また、同時に（あなたは）わたしのために宿を準備しなさい」（ἅμα δὲ καὶ ἑτοίμαζέ μοι ξενίαν［ハマ・デ・カイ・ヘトイマゼ・モイ・クスェニアン］）と命じているが、もしアプフィアがフィレモンの妻――ないし姉妹や母――であるとすれば、宿の準備は――あえて言うが――「主婦」の役割でもあるのだから、パウロはフィレモンだけにではなく、アプフィアにも願いを伝えたはずである。だが、このテクストでも「あなたは準備しなさい」（ἑτοίμαζε［ヘトイマゼ］）と二人称単数の命令法が使われており、この「あなた」もフィレモンを指すとしか考えられないゆえに、夫婦説や家族説――あるいは姉妹説や母親説――に至当性はなく、三者に夫婦関係、家族関係および何らかの血縁関係を想定することには無理があり、三者を独立した存在として認識する独立説を採用することが至当だと言えるのである。

五・二　フィレモン、アプフィア、アルキッポスの関係性

(1) 基本的認識

では、この三者の関係性とはいったいどのようなものだったのであろうか。正確には何も分からないとしか言いようがない。だが、歴史的想像力を働かせて、いちおう以下のような想定をしておきたい。まず、

基本的認識として確認しておきたいことは、フィレモン書の受信人としてフィレモン、アプフィア、アルキッポスの三者の個人名があげられているのは、他のパウロ書簡同様、この三者がこの家の教会の代表者や指導者であることを示しているということである。

(2)フィレモン

フィレモンに関しては、すでに述べたように、この家の教会がフィレモンの家の教会である以上、彼はこの家の教会が置かれている家の主人であり、「同労者」という呼び名から、彼が宣教者としての役割をも担っていたと考えられる。また、彼が自らの家を教会のために開放し、集会を営んでいたことから考えると、ミークスが指摘するように、フィレモンは社会的・経済的にキリスト教の宣教を支えていたパトロンであったと考えることができるであろう[93]。そして、パウロの共闘者であるアルキッポスがこの家の教会において宣教に従事することができたのは、フィレモンがパトロンとして彼を自らの家に迎え入れ、その働きを全面的に支えていたからだと推察できるのである。

(3)アプフィア

アプフィアに関しては、これまであまり顧みられることがなかったゆえに、詳しい想定を試みることにする。パウロがその書簡において「姉妹」という呼び名を特別に付しているのは、アプフィア以外にはローマ一六・一‐二に登場するフォイベだけである。フォイベはパウロから「わたしたちの姉妹」（ἡ ἀδελφὴ ἡμῶν［ヘー・アデルフェー・ヘーモーン］）と呼ばれ、ケンクレアイの教会の「奉仕者」（διάκονος［ディアコノス］）であり、多くの者たちとパウロ自身の「保護者」（προστάτις［プロスタティス］）でもあると紹介されている。多くの女性たちの中で「姉妹」という呼び名が特別に付されている者がアプフィアとフォイベのふたりしかいないこと、そして両者が「わたしたちの姉妹」と特別に呼ばれていることを考えると、[94]アプフィアは単にひとりのキリスト教徒であったというだけではなく、フォイベと同じように何らかの特別な存在であったと考えることが可能である。

この点を前提に据え、アプフィアに付された「姉妹」という呼び名を理解するとき、テモテ（Ⅱコリント一・一、フィレモン一）やソステネ（Ⅰコリント一・一）が書簡前書きにおいて「兄弟」と呼ばれていることがひとつの示唆を与えてくれる。すなわち、テモテとソステネが書簡前書きにおいて「兄弟」と呼ばれているのは、単にキリスト教徒の意味としてではなく、パウロの宣教の同労者の意味として用いられている。[95]このことから類推すると、二節でアプフィアが「姉妹」と呼ばれているのは、一節でテモテが兄弟と呼ばれているように、彼女がこの家の教会においてフィレモンやアルキッポスとともに何らかの形で宣教に携わる同労者であったとの想定を可能にする。

だが、アプフィアがアルキッポスのように宣教者として宣教に従事していたと考えるのは適切ではない。それは――夫婦説や家族説とは違った意味において――名前の並び順と関係する。つまり、アプフィアの名がフィレモンに続けて第二の受信人としてあげられているのは、彼女が宣教に従事していたアルキッポスよりも重要な存在であったこと示していると考えられるからである。この関連で興味深いのは、パーキンスがアプフィアを宣教者としてのみならず、この家の教会のパトローナでもあったと想定していることである。[96]

パウロの時代の教会にパトローナがいたことは上述のフォイベの存在から証明されることではあるのだが、[97]アプフィアがパトローナであったかどうかについては、テクストからは知りようがないために、確実なことは言えない。しかしながら、私見ではアプフィアをパトローナと想定することは十分に可能だと考えられるのである。その傍証として次の二点をあげておきたい。第一点目は「姉妹」（わたしたちの姉妹）という呼び名である。先述したように、パウロから「姉妹」と呼ばれているのはフォイベとアプフィアのふたりだけであり、その一方のフォイベが宣教者であると同時にパトローナでもあることから、アプフィアをパトローナと見なすこともいちおう可能である。[98]第二点目はパウロが男性宣教者であるアルキッポスより先にアプフィアの名をあげているのは、――夫婦説や家族説が成り立たない以上――彼女がフィレモンの家の教会において、パトロンであるフィレモンと並び立つ重要な存在であったとの想定を可能にすることである。家の教会において、パトロンに次ぐ存在であり、宣教の従事者より重要な存在であるということは、アプフィアがこの家の教会の代表者や指導者のひとりであったということであり、その場合の代表者や指導者がどういうものであったのかを考えれば、アプフィアがフィレモンとともにパトローナとしてこの家の教会においてその手腕を振るい、フィレモンとともにアルキッポスを支えていたとの想定は十分に蓋然性があると言いうるからである。[99]

(4)アルキッポス

アルキッポスに関しては、すでに述べたように、「共闘者」という呼び名が示唆するように、パウロから特別の信頼を受けていたフィレモンの家の教会の宣教者だと見なしうる。なお、パーキンスとウィンターはアルキッポスがこの家の教会のパトロンであるとの想定をしているのだが、[100]「共闘者」という稀有な呼び名を付されているもうひとりの人物であるエパフロデトがパウロの宣教の同労者であったことから考えると（フィリピ二・二五‐三〇、四・一八）、アルキッポスはパトロンではなく、この家の教会の宣教に従事していた宣教者だったと考えられる。彼はフィレモンとアプフィアというふたりのパトロン／パトローナから社会的・経済的に保護されることによって、フィレモンの家の教会の宣教に従事することができたと考えられるのである。

(5)フィレモン、アプフィア、アルキッポスの関係性

フィレモン、アプフィア、アルキッポスの関係性について捉え直した内容をまとめる。フィレモンの家の教会において、フィレモンはこの家の主人およびパトロンとして自分の家を開放し、社会的・経済的に家の教会を支えつつ宣教にも携わり、アプフィアはパトローナとしてフィレモンを支えながら宣教をも行い、そしてアルキッポスはこのふたりから社会的・経済的な保護と援助を受けることによって、宣教者として宣教に従事し、三者がそれぞれ独立した自分の役割を担い、この家の教会を形成していたと考えられるのである。

六　結　論

フィレモン、アプフィア、アルキッポスの関係性についてこれまで繰り返されてきたふたつの想定、すなわちフィレモンとアプフィアを「夫婦」と見なす「夫婦説」、そしてアルキッポスをこのふたりの「息子」と考え、三者を「家族」と見なす「家族説」に何の疑問を抱くこともなく、何の根拠もないままにその想定を信用し続けてきたのは、ジェンダー・バイアスと重なり合うようにして、セクシュアリティによるバイアスがかけられることによって、聖書の読み手（解釈者）の側が「性差別」と「異性愛主義」を無

自覚に前提としてしまっていたからだと考えられる。パーキンス、ウィンターといったフェミニスト聖書学者は、ジェンダーの視点を通してこのバイアスの一方を明らかにし、従来の解釈がアプフィアを宣教者や指導者として認めることができず、家庭内の「主婦」（妻／母）の座に彼女を押し留めてきた性差別という名の桎梏から彼女を解き放ち、ひとりの独立した人格として、すなわちひとりの指導者、パトローナ、そして宣教者として理解することを可能にしたのである。このようなフェミニスト聖書学者の知見を受け入れ、本章はそこにセクシュアリティの視点を新たに導入し、バイアスのもう一方を明らかにし、従来の解釈がフィレモンという男性とアプフィアという女性をカップリングし、さらにそこにアルキッポスという子どもがいることを当然としてきた異性愛主義という名の桎梏から三者を解き放ち、夫婦説や家族説を生み出し、維持してきた従来の聖書解釈が異性愛主義を無自覚に前提とするものであったことを明らかにした。

聖書解釈において、ジェンダーの問題に留意することは、現在では徐々に増えてきていると思われるが、セクシュアリティの問題に留意することは、いまだほとんどないのが現状である。しかし、上野、ピッピン、荒井の発言が示唆するように、もはや聖書学が客観性や中立性を無自覚に前提とすることは不可能である。したがって、ジェンダーの問題（性差別）のみならず、セクシュアリティの問題（異性愛主義）に無自覚でいることもできない。本章での議論が聖書学の分野において異性愛主義と聖書解釈の問題に道を拓く端緒になるように願っている。

（1）オウィディウス『変身物語』Ⅷ・六一一‐七二四（オウィディウス『変身物語1』（西洋古典叢書Ｌ０３０）髙橋宏幸

訳、京都大学学術出版会、二〇一九年、三八八 - 三九四頁）。

（2）碑文の用例等を含めて、Joseph B. Lightfoot, *St. Paul's Epistles to the Colossians and to Philemon: A Revised Text with Introduction, Notes, and Dissertations*, London: Macmillan, 1875, 369f.; Joseph A. Fitzmyer, *The Letter to Philemon: A New Translation with Introduction and Commentary*, AB 34C, New York/ London/ Toronto/ Sydney/ Auckland: Doubleday, 2000, 86を参照。

（3）Joachim Gnilka, *Der Philemonbrief*, HThKNT X/ 4, Freiburg/ Basel/ Wien: Herder, 1982, 15 Anm. 15; Fitzmyer, *The Letter to Philemon*, 86.

（4）Fitzmyer, *The Letter to Philemon*, 86.

（5）Stephen J. Moore, Philemon, in: Deryn Guest/ Robert E. Goss/ Mona West/ Thomas Bohache (eds.), *The Queer Bible Commentary*, London: SCM Press, 2006, [693-695] 694; 田川建三『新約聖書 訳と註4——パウロ書簡 その二 擬似パウロ書簡』作品社、二〇〇九年、四三二、七九六 - 七九七頁参照。

（6）擬似パウロ書簡とは、新約聖書においてパウロの名を冠した十三の書簡の内で、実際にはパウロ自身が書いたものではない書簡、すなわちパウロの名を使った——あるいは騙った——六書の偽名書簡を表す（エフェソ書、コロサイ書、Ⅱテサロニケ書、Ⅰテモテ書、Ⅱテモテ書、テトス書）。擬似パウロ書簡やパウロの偽名書簡という呼び方には——ネガティヴな——インパクトがあるため、第二パウロ書簡などとも呼ばれる。なお、パウロ自身に帰される書簡は真正パウロ書簡と呼ばれる七書簡である（ローマ書、Ⅰコリント書、Ⅱコリント書、ガラテヤ書、フィリピ書、Ⅰテサロニケ書、フィレモン書）。詳しくは、辻学『偽名書簡の謎を解く——パウロなき後のキリスト教』新教出版社、二〇一三年参照。

（7）一七節において、パウロはフィレモンをκοινωνός（コイノーノス）としても理解している。この語は「仲間」や「協力者」の意である（BA, 893f.; BDR §190$_1$）。

（8）Markus Barth/ Helmut Blanke, *The Letter to Philemon: A New Translation with Notes and Commentary*, ECC, Grand Rapids/ Cambridge: Eerdmans, 2000, 137–141が、本書簡のテクストから知られるフィレモンの人物像、およびテクストからは知りえない教会史上の諸証言などをまとめている。

（9）Ἀφία（アフィア）やἈφφία（アッフィア）という形の名前も確認されている（Lightfoot, *St. Paul's Epistles to the Colossians and to Philemon*, 372f.; Martin Dibelius, *An die Kolosser, Epheser, an Philemon*, neu bearbeitet von Heinrich Greeven, HNT 12, Tübingen: Mohr Siebeck, ^{3}1953, 112）。

（10）Lightfoot, *St. Paul's Epistles to the Colossians and to Philemon*, 372; Fitzmyer, *The Letter to Philemon*, 87.

（11）Dibelius/ Greeven, *An die Kolosser, Epheser, an Philemon*, 111 (Beilagen 6)参照。

（12）Lightfoot, *St. Paul's Epistles to the Colossians and to Philemon*, 372f.参照。

（13）Eduard Lohse, *Die Briefe an die Kolosser und an Philemon*, KEK IX/2, Göttingen: Vandenhoeck & Ruprecht, $^{15(2)}$1977, 267; ペーター・シュトゥールマッハー『ピレモンへの手紙』（ＥＫＫ新約聖書註解Ⅷ）青野太潮訳、教文館、一九八二年、二五頁; Peter T. O'Brien, *Colossians, Philemon*, WBC 44, Waco: Word Books, 1982, 273ほか、ほとんどの注解者がそう理解している。

（14）LSJ, 1736; BA, 1586.

（15）Lohse, *Die Briefe an die Kolosser und an Philemon*, 268; シュトゥールマッハー『ピレモンへの手紙』二六頁、Fitzmyer, *The Letter to Philemon*, 86.

（16）Gnilka, *Der Philemonbrief*, 16参照。

（17）青野太潮『パウロ書簡』（新約聖書翻訳委員会訳『新約聖書Ⅳ』）岩波書店、一九九六年、二二三頁注六。

（18）荒井献『初期キリスト教の霊性——宣教・女性・異端』岩波書店、二〇〇九年、一九頁参照。

（19）James L. Houlden, *Paul's Letters from Prison: Philippians, Colossians, Philemon and Ephesians*, PNTC, Middlesex: Penguin Books, 1970, 228; セイラ・C・B・ウィンター「フィレモンへの手紙」（一色義子訳）、エリザベス・シュスラー・フィオレンツァ編『聖典の探索へ——フェミニスト聖書注解』絹川久子／山口里子日本語版監修、日本キリスト教団出版局、一九九四年、［二三六－二四四頁］二四二頁。ただし、下注二〇参照。

（20）二節の「あなたの」（σοῦ［スー］）のみを取り出して理解すれば、この「あなた」はフィレモン、アプフィア、アルキッポスの三者のいずれを指すと見なすこともできるのだが（上注一九参照）、一九節の「あなたはあなた自身をわたしに負っている」（σεαυτόν μοι προσοφείλεις）［セアウトン・モイ・プロソフェイレイス］というテクストに用いられている再帰代名詞の「あなた自身を」（σεαυτόν［セアウトン］）は男性単数形であり、したがって一九節を考慮に入れると、この二節の

「あなた」からは女性のアプフィアは除外され、この「あなた」がフィレモンかアルキッポスという男性のいずれかに限定されることは確かである。

（21）Hieronymus, Commentaria in epistolam ad Philemonem, 750D, in: *PL* 26 (1845), 607.. なお、上注二〇参照。

（22）ジョン・ノックスは——この「家の教会」の主人がパウロのもとに送った奴隷である——オネシモスの所有者がフィレモンではなく、アルキッポスであり、アルキッポスこそが本書簡の本来の受信人であるとの説を唱えており、その根拠として共同受信人の最後の人物が本来の受信人であると彼が理解する二書簡を引き合いに出し（ギーセン・パピルス一・五四、オクシリンコス・パピルス四・七四四）、さらに代名詞が直前の人物を指すということをも根拠にして、この「あなた」はアルキッポスを指し、この家の教会がアルキッポスの家の教会であると主張している（John Knox, *Philemon among the Letters of Paul: A New View of Its Place and Importance*, Chicago: Chicago University Press, 1935, 54 et. al.; idem, Philemon and the Authenticity of Colossians, *JR* 18,(1938), 144–160; idem, The Epistle to Philemon, in: *Interpreter's Bible*, XI, New York/ Nashville: Abingdon Press, 1955, [553-573] 562）。だが、オクシリンコス・パピルス四・七四四は第一の受信人が本来の受信人である書簡をノックスが誤読しているゆえに例示されているものであり、かえってノックス説の反証となる用例である。そして、ギーセン・パピルス一・五四は確かにノックス説を支持する根拠ではあるが、第一の受信人が本来の受信人であるという書簡定式から考えると、稀有な例外として理解するのが適切である。したがって、フィレモン書を同様の稀有な例外として捉えるよりも、通常の書簡定式に基づいて、この「あなた」は第一の受信人であるフィレモンを指していると考えることが至当であり、私見でもノックス説は成立しえないと結論づけられる。

（23）ノックスを除く上述のすべての学者および下記にあげるすべての学者が同意見という珍しい事例である。

（24）Iohannes Chrysostomus, Homiliae in epistolam ad Philemonem, Homilia I, in: *PG* 62 (1862), 703–708.

（25）Theodoretus, Interpretatio epistolae ad Philemonem, 711A–713A, in: *PG* 82 (1859), 871–874.

（26）Pelagius, Incipit ad Philemonem, in: Alexander Souter (ed.), *Pelagius's Expositions of Thirteen Epistles of St. Paul, II: Text and Apparatus Criticus*, Cambridge: At the University Press, 1926, 536.

（27）Hieronymus, op.cit., 748A- 749C, in: *PL* 26, 605- 606.

(28) Theodorus Mopsuestenus, In epistolam Pauli ad Philemona commentarii fragmenta, in: *PG* 66 (1864), 949–950.

(29) Desiderius Erasmus, *Paraphrases on the Epistles to Timothy, Titus, and Philemon, the Epistles of Peter and Jude, the Epistle of James, the Epistle of John, the Epistle to the Hebrews*, Collected Works of Erasmus Vol. 44: New Testament Scholarship, Toronto: University of Toronto Press, 1993, 71.

(30) ジャン・カルヴァン『カルヴァン新約聖書註解XII――テモテ・テトス・フィレモン書』堀江知己訳、新教出版社、二〇二一年、三一五頁。

(31) Martin Luther, Vorlesungen über Titus und Philemon, 1527, in: *WA* 25 (1902), 70f.

(32) Ernst Lohmeyer, *Die Briefe an die Philipper, an die Kolosser und an Philemon*, KEK IX, Göttingen: Vandenhoeck & Ruprecht, [11]1956, 171.

(33) ゲルハルト・フリードリヒ「ピレモンへの手紙」（杉山好訳）、パウル・アルトハウスほか『パウロ小書簡』（ＮＴＤ新約聖書註解8）ＮＴＤ新約聖書註解刊行会、一九七九年、［四七三 - 四九九頁］四八四頁。

(34) Lohse, *Die Briefe an die Kolosser und an Philemon,* 267f.

(35) Joseph Ernst, *Die Briefe an die Philipper, an Philemon, an die Kolosser, an die Epheser,* RNT 6/ 3, Regensburg: Pustet, 129.

(36) シュトゥールマッハー『ピレモンへの手紙』二五 - 二六頁。

(37) Lightfoot, *St. Paul's Epistles to the Colossians and to Philemon,* 369–376.

(38) Marvin R. Vincent, *The Epistles to the Philippians and to Philemon,* ICC, New York: Charles Scribner's Sons, 1897, 176.

(39) Ernest F. Scott, *The Epistles of Paul to the Colossians, to Philemon and to the Ephesians,* MNTC, London: Hodder & Stoughton, 1930, 101f.

(40) Frederick F. Bruce, *The Epistles to Colossians, to Philemon, and to the Ephesians,* NICNT, Grand Rapids: Eerdmans, 1984, 206.

(41) ラルフ・P・マーティン『エフェソの信徒への手紙・コロサイの信徒への手紙・フィレモンへの手紙』（現代聖書注解）太田修司訳、一九九五年、二二〇頁。以前、マーティンは新世紀聖書注解において夫婦説を表明していたが（Ralph P. Martin, *Colossians and Philemon,* NCBC, Grand Rapids: Eerdmans/ London: Morgan & Scott, 1973, 158f.）、現代聖書注解では家族説に意見を修正している。

(42) Cain H. Felder, The Letter to Philemon: Introduction, Commentary, and Reflections, in: *New Interpreter's Bible,* XI, Nashville: Abingdon Press, 2000, [883-905] 891f.

（43）John G. Nordling, *Philemon*, CC, Saint Louis: Concordia Publishing House, 2004, 15, 167–173.

（44）Alfred Suhl, *Der Philemonbrief*, ZBKNT 13, Zürich: Theologischer Verlag, 1981, 26.

（45）O'Brien, *Colossians, Philemon*, 266, 273.

（46）Gnilka, *Der Philemonbrief*, 16.

（47）James D. G. Dunn, *The Epistles of the Colossians and to Philemon: A Commentary in the Greek Text*, Grand Rapids: Eerdmans/ Carlisle: Paternoster, 1996, 311–313.

（48）Houlden, *Paul's Letters from Prison*, 125.

（49）Barth/ Blanke, *The Letter to Philemon*, 138, 255–257.

（50）Klaus Wengst, *Der Brief an Philemon*, ThKNT 16, Stuttgart: Kohlhammer, 2005, 27, 49f.

（51）Dibelius/ Greeven, *An die Kolosser, Epheser, an Philemon*, 102f.

（52）Knox, The Epistle to Philemon, 562; idem, *Philemon among the Letters of Paul*, 65 n. 2.

（53）Werner G. Kümmel, *Einleitung in das Neue Testament*, Heidelberg: Quelle & Meyer, ^{21}1983, 213.

（54）ウェイン・A・ミークス『古代都市のキリスト教――パウロ伝道圏の社会学的研究』加山久夫監訳、布川悦子／挽地茂男訳、ヨルダン社、一九八九年、一六一 - 一六二頁。

（55）ニコラス・T・ライト『コロサイ人への手紙、ピレモンへの手紙』（ティンデル聖書注解）岩下真歩子訳、いのちのことば社、二〇〇八年、一八六 - 一八七頁。

（56）Fitzmyer, *The Letter to Philemon*, 81, 86–89.

（57）Robert McL. Wilson, *A Critical and Exegetical Commentary on Colossians and Philemon*, ICC, London/ New York: T & T Clark International, 2005, 333f.

（58）山谷省吾『パウロ書簡・新訳と解釈――エペソ・ピリピ・コロサイ・ピレモン』新教出版社、一九七五年、三三七頁。

（59）石川康輔「フィレモンへの手紙」『新共同訳 新約聖書注解Ⅱ』日本基督教団出版局、一九九一年、［三三六 - 三四一頁］三三七頁。

(60) 青野『パウロ書簡』二二三頁注二。
(61) フランシスコ会聖書研究所『聖書 パウロ書簡Ⅲ――原文校訂による口語訳』中央出版社、一九七八年、二三八、二四一頁注二。フランシスコ会訳が家族説を表明していることについては、学会での研究発表後に今井誠二氏から口頭でご教示いただいた。
(62) 松永晋一「パウロの手紙」、荒井献ほか『総説 新約聖書』日本基督教団出版局、一九八一年、［二一五‐三一八頁］二六四頁。
(63) 永田竹司「フィレモンへの手紙」、山内眞編『新共同訳 新約聖書略解』日本基督教団出版局、二〇〇〇年、［六三〇‐六三四頁］六三一頁。
(64) 原口尚彰「フィレモン一‐七の修辞学的分析」『基督教論集』四五号、青山学院大学同窓会基督教学会、二〇〇二年、［三五‐四七頁］三六‐三七、四二‐四三頁、同『新約聖書概説』教文館、二〇〇四年、一一四‐一一五頁。
(65) 田川『新約聖書 訳と註４』四二九頁。
(66) フィーム・パーキンス「フィレモン書」、キャロル・ニューサム／シャロン・Ｈ・リンジ編『女性たちの聖書注解――女性の視点で読む旧約・新約・外典の世界』荒井章三／山内一郎日本語版監修、加藤明子／小野功生／鈴木元子訳、新教出版社、一九九八年、六一一‐六一二頁。
(67) ウィンター「フィレモンへの手紙」二四一‐二四三頁。
(68) エリザベス・シュスラー・フィオレンツァ『彼女を記念して――フェミニスト神学によるキリスト教起源の再構築』山口里子訳、日本基督教団出版局、一九九〇年、二六六頁。
(69) フィオレンツァ『彼女を記念して』三五一頁。
(70) 上述した夫婦説を採用する注解書等の当該箇所参照。
(71) 上述した家族説を採用する注解書等の当該箇所参照。
(72) 上述したクリュソストモス、ライトフット、ヴィンセント、ローゼ、フリードリヒ、エルンスト、シュトゥールマッハー、オブライエン、グニルカ、ライト、ダン、フィッツマイヤー、ノードリング、田川などの注解書等の当該箇所参照。

（73）この先入観の背後には、古代地中海世界の「オイコスの経済」（大貫隆『マルコによる福音書Ⅰ』（リーフバイブル・コメンタリーシリーズ）日本基督教団宣教委員会／日本基督教団出版局、一九九三年、五六・六一頁参照）と「現代の家庭の意識」（ウィンター「フィレモンへの手紙」二四一・二四三頁参照）の双方が相乗効果を伴って横たわっているものと思われる。

（74）上野千鶴子『発情装置――エロスのシナリオ』筑摩書房、一九九八年、二四八・二四九頁。なお、本章のもとになっている学会の研究発表では、「人間学」が「男性学」、すなわち「男性がする学問」であったという論点を強調しようとするあまりに、「人間学」（anthropology）の基にあるἄνθρωπος（アントゥローポス）の語が専ら「男性」を意味すると一意的に指摘してしまったことに対して、青野太潮氏はこの語が「男性」だけではなく、「人間」を意味するということを的確にご指摘くださった。

（75）Tina Pippin, Ideological Criticism, Liberation Criticism, and Womanist and Feminist Criticism, in: Stanley E. Porter (ed.), *Handbook to Exegesis of the New Testament*, NTTS XXV, Leiden/ New York/ Köln: Brill, 1997, [267-275] 267.

（76）荒井献「新約聖書の女性観――書評に応えて」『聖書と教会』日本基督教団出版局、一九八九年十二月号、［一四・一九頁］一五頁＝『荒井献著作集８――聖書のなかの女性たち』岩波書店、二〇〇一年、［三八七・三九六頁］三八九頁。

（77）このような自己省察が絶えざる新たな聖書の読みとして展開されている適例が、荒井『初期キリスト教の霊性』七七・九三頁所収の「使徒『ユニア（ス）』」（ローマ人への手紙一六章七節）をめぐって」における読み手の視座に表れており、同書九二頁が指摘するように、同様の自己省察は、青野『パウロ書簡』六九頁註九が「ユニア」（女性名）の表記を採用することによって、すでに示している。なお、種々の可能性を考慮し、田川『新約聖書　訳と註４』三四九・三五〇頁は「ユニアス」（男性名）の表記を採用している。

（78）むろん、セクシュアリティは十九世紀後半に新たに誕生した概念であり、セクシュアリティの観点をそのまま古代世界に持ち込むことは不可能である（本書の序章参照）。したがって、ここでは現代の「読み手」（解釈者）の側が抱える異性愛主義や異性愛規範の問題を炙り出すために、現代的なセクシュアリティの観点が必要だということを言いたいのである。

（79）Patricia B. Jung/ Ralph F. Smith, *Heterosexism: An Ethical Challenge*, Albany: SUNY Press, 1993, 13.

（80）Jung/ Smith, *Heterosexism*, 14.

(81) Adrienne Rich, Compulsory Heterosexuality and Lesbian Existence, in: idem, *Blood, Bread and Poetry: Selected Prose 1979–1985*, New York: W.W. Norton & Co, 1987, 23–75.

(82) この問題については、拙論「当事者性の回復――ヘテロセクシュアルの応答」『アレテイア』二四号、日本基督教団出版局、一九九九年、一六‐二一頁を参照。

(83) この社会構造を表象するのが、まさに本書第一部（一章〜三章）で論じた「ホモソーシャリティ」の問題でもある。

(84) 詳しくは、拙論「『聖書に書いてあるから』というのが本当の理由なのだろうか――同性愛を罪とする聖書テクスト読む」、樋口進編著『聖典と現代社会の諸問題――聖典の現代的解釈と提言』キリスト新聞社、二〇一一年、九‐六五頁、拙著『同性愛と新約聖書――古代地中海世界の性文化と性の権力構造』風塵社、二〇二一年参照。

(85) この問題について、詳しくはDale B. Martin, Heterosexism and Interpretation of Roman 1:18–32, *BibInt* 3(1995), 332–355 = idem, *Sex and the Single Savior: Gender and Sexuality in Biblical Interpretation*, Louisville/ London: Westminster, 2006, 51–64を参照。

(86) 二、四、五、六、七（二回）、八、一〇、一一（二回）、一二、一三、一四（二回）、一六、一九（二回）、二〇、二一（二回）、二三節。

(87) 三、二二（二回）、二五節。

(88) Houlden, *Paul's Letters from Prison*, 125参照。

(89) なお、上注二〇で触れたように、一九節の男性単数形の再帰代名詞の「あなた自身を」（σεαυτόν［セアウトン］）もまたフィレモン個人に向けられた用例である。

(90) ローマ一六・五に関しては、学会の席上において、須藤伊知郎氏がギリシャ語の文法的見地から私見の至当性を補強する見解をご教示くださった。

(91) ウィンター「フィレモンへの手紙」二三六‐二四四頁参照。なお、idem, Paul's Letter to Philemon, *NTS* 33 (1987), 1–15は、この問題については不明瞭である。

(92) ミークス『古代都市のキリスト教』二〇九頁。

(93) ミークス『古代都市のキリスト教』一六一‐一六二頁参照。

(94) 私訳では、アルキッポスの後ろにある代名詞の「わたしたちの」（ἡμῶν［ヘーモーン］）がアプフィアにも掛かっていると解し、「わたしたちの姉妹アプフィア」と訳出したが（ＲＳＶ、ＮＥＢ、エルサレム聖書、ＴＯＢおよび主として英語圏の注解書）、この代名詞がアプフィアに掛からないと解するとしても（ルター訳、ドイツ語共同訳、口語訳、新共同訳、青野訳＝岩波訳、田川訳および主としてドイツ語圏の注解書）、ここでの議論の中心は「姉妹」という語の用法にあるゆえに、基本的な解釈に影響するものではない。

(95) 拙論「ガラテヤ書一章一‐一‐五節の文学的・心理学的分析――ガラテヤ書前書きにおけるパウロの修辞的戦略と心理的葛藤」『神学研究』五八号、関西学院大学神学研究会、二〇一一年、［四五‐五六頁］四七頁注九参照。

(96) パーキンス「フィレモン書」六一一‐六一二頁。

(97) フィオレンツァ『彼女を記念して』二七二‐二七五頁、ミークス『古代都市のキリスト教』一六二‐一六三頁、田川『新約聖書 訳と註4』三四七‐三四八頁。なお、エルンスト・ケーゼマン『ローマ人への手紙』岩本修一訳、日本基督教団出版局、第三版：一九九〇年、七五八頁は、女性が法的権利を有するパトローナにはなれなかったとの理由をあげ、フォイベはパトローナではないと結論づけているのだが、彼のこの判断は釈義的客観性を装ってはいるが、実際には端から女性には法的な権利はないと決めつけており、上記で論じたジェンダー・バイアスがかけられた聖書解釈の典型を示している。

(98) Winter, *NTS* 33, 2; 同「フィレモンへの手紙」二四一頁は、パウロがアプフィアに「姉妹」と呼び掛けて挨拶していることから、彼女を教会の指導者であると推定しているのだが、Fitzmyer, *The Letter to Philemon*, 87f. は、「姉妹」という語が教会の指導者を意味するというようなことはどこにも証明されてはいないとの理由をあげて、ウィンターに反対の意を表明している。確かに、「姉妹」――および「兄弟」――という語そのものには教会の指導者の意味はないが、すでに指摘したように、「姉妹」という呼び名は、「兄弟」という呼び名と同じように、文脈によっては重要な働きを担う者にも用いられており、アプフィアがフィレモンの妻ではない以上、第二の受信人として彼女の名前があげられているのは、彼女がこの家の教会においてきわめて重要な存在であったことの証左である。パウロ書簡のなかでフォイベとアプフィアのふたりだけが「姉妹」という呼び名が付されており、このふたりの「姉妹」はそれぞれの教会の指導者や代表者でもあったと考えることは何も突飛なことではない。新約聖書には数多くの女性の宣教者の存在が記されていることは疑いようがなく、男女による宣教チームの女性側の宣教者が「姉妹」と呼ばれていたことが指摘されており（Mary D'Angelo, Women Partners in the New Testament, *JFSR* 6, (1990), [65-86] 79）、そしてアプフィアがそのような宣教チームをフィレモンと組んでいたとの想定もなされている（Rose S. Kraemer, Art. Apphia, in: Carol Meyers, et al. (eds.), *Women in Scripture: A Dictionary of Named and Unnamed Women in the Hebrew Bible, Apocrypha/ Deutero Canonical Books, and the New Testament*, Grand Rapids/ Cambridge: Eerdmans, 2000, 52-53）。むろん、ダンジェロとクレーマーの意見はあくまでも推定ではあるのだが、アプフィアをフィレモンの妻と見なす推定に比すれば、はるかに蓋然性の高い推定だと言いうるのである。アプフィアを宣教者や指導者ではないとする考えは、初期教会に女性の指導者や宣教者がいたことを認めたくないがゆえに、そこから女性を排除しようとする発想であり、この背後には女性が宣教者や指導者であったはずはないというジェンダー・バイアスがかけられている。フィオレンツァ『彼女を記念して』二四〇 - 二九九頁が、このような問題意識を鮮明に打ち出し、初期教会における女性の存在や活動の重要性を説得的に捉え直している。

(99) なお、Barth/ Blanke, *The Letter to Philemon*, 138は、奴隷の共同所有権が常に婚姻に基づいているわけではないとの理由をあげ、アプフィアがフィレモンとともにオネシモスの共同所有者であったとの興味深い仮説を立てているが、オネシモスの処遇に関しても、パウロはフィレモンにのみ語りかけていることから考えると、アプフィアを共同所有者とする説は成り立たない。

(100) パーキンス「フィレモン書」六一一 - 六一二頁、ウィンター「フィレモンへの手紙」二四二頁。

第五章　クィアな家族観
――マルコ福音書三章二〇－二一、三一－三五節におけるイエスの家族観

一　問題設定

まずは、マルコ福音書三章二〇－二一、三一－三五節の翻訳（私訳）を提示する。

【イエスの家族⑴】（マルコ福音書三章二〇－二一節〔私訳〕）

[20]そして、彼はある家に来る。すると、また群衆が集まって来るので、彼らはパンを食べることさえできないほどである。[21]すると、彼の身内の者たちが〔このことを〕聞いて、彼を捕まえようとしてやって来た。なぜなら、彼ら〔＝身内の者たち〕は彼〔＝イエス〕がおかしくなったと言っていたからである。

【イエスの家族⑵】（マルコ福音書三章三一 - 三五節［私訳］）
31そして彼の母と彼の兄弟たちとがやって来て、外に立ち、彼のもとに人を遣わして彼を呼ばせ
た。32さて、彼の周りには群衆が座っており、そこで彼らは彼に言う、「ご覧なさい、あなたのお母さん
とあなたのご兄弟たちとが外であなたを探しています」。33すると、彼は彼らに答えて言う、「わたしの
母、わたしの兄弟たちとはいったい誰のことなのか」。34そして、彼は自分の周りを囲んで座っている
人たちを見回して言う、「ご覧なさい、わたしの母、わたしの兄弟たちを。35なぜなら、神の意志を
行う者は誰でも、その者がわたしの兄弟、姉妹、そして母なのだから」。

イエスはその活動を始めるに当たって、その母や姉妹兄弟という肉親を棄てるかのような振る舞いを見せている。そのことをうかがわせるテクストとして、冒頭で引用したマルコ三・二〇 - 二一、三一 - 三五があげられるが、確かにこのテクストにはイエスとその家族の間に渦巻く葛藤が描かれている。そして、このテクストが描くイエスの家族に対する冷ややかな態度は、伝統的な家族観や家族制度からすれば、常軌を逸したものにさえ映るかもしれない。

イエスが身を置いていた古代ユダヤ世界では、「産めよ、増えよ」（創世一・二八）という戒命に基づき、子孫繁栄を目的とする異性間の婚姻制度が絶対視されていた[1]。本書の序章と第一部（第一章〜第三章）で触れたように、イエスはその三十年ほどの生涯において――男性とも女性とも――多くの恋愛をしたのだと思う。しかし、イエスは婚姻の制度や子孫繁栄の戒命に背を向け、その生涯を独身で通したものと思われる。マタイ一九・一〇 - 一二の宦官のロギオンからは、イエスが独身であったことを揶揄する状況が予想されるのだが、本章で取り上げるマルコ三・二〇 - 二一、三一 - 三五のイエスの家族を描写するテク

ストには、イエスの「妻」や「子ども」と思しき人物が登場することはない。また、婚姻や子孫繁栄を当然視していた古代地中海世界を舞台とする新約聖書には、イエスの妻や子どもの存在をわずかでも感じさせるようなテクスト も伝承も存在しない。キリスト教の独身制度は古代キリスト教で生まれたものであり、イエスの時代には——パウロという大きな例外はあるとはいえ——Ⅰコリント九・五において、使徒たち、イエスの兄弟ヤコブ、ペトロに妻がいたことをパウロが証言していることからも明らかなように、そもそもイエスや弟子たちに独身を求める空気など微塵も存在してはいなかった。その意味でも、イエスは古代ユダヤ世界においてクィアな生き方をしたと言えるのではないだろうか。[2]

マルコ三・二〇‐二一、三一‐三五に議論を戻すと、そこで描かれているイエスは伝統的な家族観や家族制度とは一線を画し、自分の周りにいる者たちとの新たな人間関係に生きようとしていたと感じられる。このようなイエスの姿とその家族観は、現代のジェンダー論およびセクシュアリティ研究において、伝統的な家族観や家族制度を脱構築し、新たな人間相互の関係性を模索する議論と重なり合うような問題意識を持っている。その問題意識とは、河口和也が異性愛規範を脱構築する新たな家族観として提示する「クイア化する家族」[3]の視点や竹村和子が異性間の終身的な単婚制度の規範を批判するために編み出した「〔ヘテロ〕セクシズム」[4]の視点とクロスする。そして、このようなイエスの「クィアさ」（queerness）は、現代世界の異性愛規範から零れ落ちざるをえない「クィアな者たち」（queers）の生きづらさと重なり合うかのようでさえある。そこで、本章では「クイア化する家族」と「〔ヘテロ〕セクシズム」の視点を用いて、クィア理論に基づいてマルコ三・二〇‐二一、三一‐三五におけるイエスの家族観を考察することによって、イエスの家族観のクィアさを明らかにすることを試みたい。

二　テクストの文学的構造

二・一　物語の構成——共観福音書との比較

マルコ三・二〇 - 二一、三一 - 三五はその間に挟み込まれた三・二二 - 三〇と一体を成すテクストとしてマルコによって編まれている。[5] これはマルコを精読することによって得られる知見だが、それと同時に共観福音書の並行記事との比較によっても確証されることである。すなわち、マルコではイエスの身内（家族）の者たちがイエスはおかしくなったと言って、イエスを取り押さえに来る物語（三・二〇 - 二一）が最初にあり、それに続けて律法学者たちとのベエルゼブル論争（三・二二 - 三〇）へと物語が移行し、そこから再びイエスの身内（母と兄弟姉妹）が登場し、イエスはそのとき自分の周りにいた群衆こそが自分の兄弟、姉妹、そして母であると宣言する（三・三一 - 三五）という一連の物語の構成になっている。

それに対して、並行記事のマタイとルカではそれぞれマルコとはまったく異なった順序で物語が構成されている。まず、マルコ三・二〇 - 二一の身内の者たちがイエスはおかしくなったと言って、取り押さえに来る物語は、マタイとルカの両福音書には存在しない。次に、マルコ三・二二 - 三〇のベエルゼブル論争は、マルコの物語とはまったく別の場所に独立した物語として、Q資料を用いて描かれている[6]（マタイ一二・二二 - 三二、ルカ一一・一四 - 二三）。そして、マルコ三・三一 - 三五のイエスによる新しい家族の宣言に関しても、マタイとルカはベエルゼブル論争とイエスの家族の逸話を一続きの物語として描き出してはいない。マタイはベエルゼブル論争とイエスの家族の逸話の間に三つの物語を挟み込んでおり（マタイ一二・四六 - 五〇）、ルカに至ってはベエルゼブル論争よりも三章も前の場面にイエスの家族の逸話を置いている（ルカ八・一九‐二一）。したがって、イエスの家族の逸話とベエルゼブル論争というふたつの物語は、共観福音書の著者それぞれが三者三様の位置づけを与えており、このような差異のなかに共観福音書の著者たちの明確な意図を認めることができるであろう(7)。

二・二　文学的構造——サンドウィッチ手法

マタイとルカがQ資料を用いてベエルゼブル論争を描いていることからも知られるように、イエスの家族の逸話とベエルゼブル論争とは、もともと一続きの物語だったのではなく、まったく別の物語であったものと考えられる。そして、このふたつの物語をひとつにまとめたのがほかならぬマルコであり、そのことは三・二〇‐三五にマルコに特徴的な「サンドウィッチ手法」と呼ばれる編集手法が認められることからも明らかである(8)。

サンドウィッチ手法とは、ひとつの物語をふたつに分割し、その間に別の物語を挟み込み、「^{1}A＋B＋^{2}A」という新たな物語として構成するマルコの編集手法である(9)。

このようなマルコの編集手法は以前から指摘されてきたが、ひとつの物語に別の物語が差し込まれているところから、「間に入れること(10)」（intercalations）、「差し込んで改変すること(11)」（interpolation）、「挿入(12)」（insertion）などと呼ばれ、また挿入と同じような意味で、間に差し込まれている物語が「押しやるもの(13)」（Schiebung）と呼ばれることもあった。あるいは、ひとつの物語の間に別の物語が挿入され、ふたつの物語が混じり合って構成されているところから、「混成(14)」（Ineinanderschachtelung）、「融合(15)」（Verschmelzung）、「複合(16)」（Verschachtelung）などと呼ばれてもいた(17)。そして、このような編集手法を「^{1}A＋B＋^{2}A」というマルコが繰り返し用いる文学手法として明示し、「サンドウィッチ手法」（sandwich technique）という呼び名がつけられたのである。[18] すなわち、ここにはサンドウィッチと呼ばれる手法が、単なる物語の挿入ではなく、マルコによってしっかりと構成された文学的枠組みであるとの認識があり、[19] さらにマルコの思想的・神学的な意図が明瞭に表されていると考えられているからである。[20]

そして、本テクストを例に取れば、以下のようなサンドウィッチ手法が認められる。

A[1]「イエスの家族(1)」（二〇－二一節）
B「ベエルゼブル論争」（二二－三〇節）
A[2]「イエスの家族(2)」（三一－三五節）

この手法から理解されることは、マルコは伝承で得たイエスの身内の物語をふたつに分割し、その間にベエルゼブル論争を挟み込み、両方の物語が同じ意味内容を持っていることを示し、双方の物語が相互に解釈されるよう物語を配列したということである。

マルコの意図は、イエスの身内がイエスはおかしくなったと言っていたことを（二〇－二一節）、エルサレムの律法学者がイエスはベエルゼブルに取り憑かれていると言っていたことと並べ（二二－三〇節）、そこから神の意志を行う者こそがイエスの家族であるとの宣言によって（三一－三五節）、イエスの新しい家族として表象されるイエスの真の理解者がイエスの周りにいた群衆であるということを示しつつ、イエスの母や兄弟姉妹の行動と律法学者の行動とが同じレベルの問題であると批判しているのである。

三　テクストの歴史批評的考察——イエスの家族

三・一　イエスの家族(1)——マルコ三・二〇‐二一の歴史批評的考察

次に、マルコ三・二〇‐二一、三一‐三五のテクストを取り上げ、本章の主題であるイエスとその家族との関係に議論を移したい。ここからは歴史的想像力を働かせつつ、歴史批評的考察を試みる。まずは、今一度マルコ三・二〇‐二一のテクストの翻訳を示す。

【翻訳】［私訳］

20そして、彼はある家に来る。するとまた群衆が集まって来るので、彼らはパンを食べることさえできないほどである。21すると、彼の身内の者たちが〔このことを〕聞いて、彼を捕まえようとしてやって来た。なぜなら、彼ら〔＝身内の者たち〕は彼〔＝イエス〕がおかしくなったと言っていたからである。

サンドウィッチの中身を取り出せば、いちおうそこに一続きの物語が現れる。二〇節は全体としてマルコの編集である。「そして彼が家に来る」という書き出しは、イエスおよびその弟子たちとの行動によって新たな物語が始まるさいのマルコの常套的表現であり、[21] 続く「するとまた群衆が集まって来るので」と「彼らはパンを食べることさえできないほどである」という表現も、イエスの人気のほどを描写するマルコに特徴的な編集である。[22] 特に、「また」（πάλιν［パリン］）という表現はマルコがひとつの物語から次の物語に移行するさいに繰り返し使っていることも知られている。[23]

二一節も全体としてはマルコによって現在のような物語に仕立て上げられたと考えられる。問題となるのは「身内の者たち」（οἱ παρ᾽ αὐτοῦ［ホイ・パラウトゥー］）と訳した表現である。直訳は「彼からの者たち」「彼のところの者たち」であり、その意味は幅が広く、[24]ここでは三一‐三五節にイエスの母と兄弟姉妹とが登場することから、「家族」の意味だと考えられる。ギリシャ語が曖昧な表現だということもあり、少し幅を持たせて「身内の者たち」と訳したが、[25]三一‐三五節とのサンドウィッチ手法から考えて、イエスの母と兄弟姉妹が意中にあることは疑いえない。[26]

二一節で重要なのは、次の「なぜなら彼ら（＝身内の者たち）は彼がおかしくなったと言っていたからである」（ἔλεγον γὰρ ὅτι ἐξέστη［エレゴン・ガル・ホティ・エクスェステー］）という文面である。「彼がおかしくなった」（ἐξέστη［エクスェステー］）とは、語本来の意味は「外に立つ」（ἐξίστημι［エクスィステーミ］）だが、新約聖書では通常は「驚く」という意味で用いられている。[27]「おかしくなる」と訳したように、ここでは「気が狂う」「正気を失う」の意である。[28]さて、問題はイエスがおかしくなったということを言ったのがいったい誰かということである。

解釈は二通りある。ひとつは「彼はおかしくなったと言われていた」とἔλεγον（エレゴン）を不特定の人々の意に取り、「言われていた」と受け身の形で訳す解釈である。[29]この場合には、イエスがおかしくなっていたという噂が人々の口に上っていたので、イエスがどこかの家に来たという話を聞いて、事実を確かめるという意味も込めて、家族がイエスを捕まえに来たという意味になる。

もうひとつは、私訳のように「彼ら（＝身内の者たち）は彼がおかしくなったと言っていた」と直訳し、この「彼らは言っていた」（ἔλεγον［エレゴン］）の主語を「イエスの身内の者たち」と同定する解釈である。(30) サンドウィッチ手法から考えると、こちらの解釈に至当性があると言えよう。つまり、ベエルゼブル論争では、イエスがベエルゼブルに取り憑かれていると言っていたのは、律法学者たちであり（二二、三〇節）、それに対応するとすれば、二一節は「身内の者たち」が当然のことながら主語になると考えられるからである。

マルコ三・二一、二二、三〇のギリシャ語テクストと翻訳（私訳）を以下に示しておこう。

二一節　ἔλεγον γὰρ ὅτι ἐξέστη（エレゴン・ガル・ホティ・エクスェステー）

なぜなら、彼らは彼がおかしくなったと言っていたからである。

二二節　ἔλεγον ὅτι Βεελζεβοὺλ ἔχει（エレゴン・ホティ・ベエルゼブール・エケイ）

彼らは彼がベエルゼブルに取り憑かれていると言っていたからである。

三〇節　ὅτι ἔλεγον· πνεῦμα ἀκάθαρτον ἔχει（ホティ・エレゴン・プネウマ・アカタルトン・エケイ）

彼らは彼が汚れた霊に取り憑かれていると言っていたからである。

これらの三テクストにおいて、二二節と三〇節の主語は「律法学者たち」である。マルコはサンドウィッチ手法によって、「イエスの身内の者たち＝家族」と「律法学者たち」とを対比させており、二二節と三〇節のἔλεγον（エレゴン）の主語が「律法学者たち」であることから考えても、二一節のἔλεγον（エレゴン）の主語は当然のことながら「イエスの身内の者たち」である。この解釈を採る場合には、イエスがおかしくなっていたということをイエスの身内の者たちが常々口にしていたので、イエスがどこかの家に来たという話を聞いて、時が来たとばかりに、家族がイエスを捕まえに来たという意味になる。

このように二一節の主語が「イエスの身内の者たち」であるのは明白であるにもかかわらず、この解釈が忌避されるのは、イエスの家族がイエスはおかしくなったと口々に言っていたというマイナスのイメージからイエスの家族を守ろうとする護教論的意識が働くためである[31]。だが、いずれにせよイエスがおかしくなったということをイエスの家族は信じ込み、イエスを取り押さえようとやって来たことは、三一－三五節の記述から否定しようのないことである。この内容があまりに衝撃的であったことは、マタイとルカが二一節を削除していることからもうかがい知られるのである。そして、イエスの家族がイエスはおかしくなったと言って、彼を取り押さえに来たということは、後にイエスの兄弟ヤコブがエルサレム教会の実権を握ったことや母マリアが神格化されていったことから考えると、イエスの家族にとってマイナスでしかないこのような伝承は、単なる作り話や噂話の範疇を超えて、史実に基づく内容だと判断することが許されよう。

三・二　イエスの家族⑵——マルコ三・三一－三五の歴史批評的考察

まずは、再度マルコ三・三一－三五のテクストの翻訳を示す。

【翻訳】［私訳］

31そして彼の母と彼の兄弟たちとがやって来て、外に立ち、彼のもとに人を遣わして彼を呼ばせた。32さ
て、彼の周りには群衆が座っており、そこで彼らは彼に言う、「ご覧なさい、あなたのお母さんとあなた
のご兄弟たちとが外であなたを探しています」。33すると、彼は彼らに答えて言う、「わたしの母、わた
しの兄弟たちとはいったい誰のことなのか」。34そして、彼は自分の周りを囲んで座っている人たちを

見回して言う、「ご覧なさい、わたしの母、わたしの兄弟たちを。[35]なぜなら、神の意志を行う者は誰でも、その者がわたしの兄弟、姉妹、そして母なのだから」。

ここでまず問題となるのは三一－三五節の物語の構成、すなわちテクストの伝承と編集の問題である。このテクストが三一－三四節と三五節のふたつに分けられるということは広く認められている。しかし、テクストの構成に関する伝承史的・編集史的判断は三種類に分かれる。第一の意見は三一－三四節を元来の伝承と考え、三五節は三一－三四を締め括るために二次的に付け加えられた説教の言葉であるとするものである。[32]第二はその反対に三五節が元来の伝承だと見なし、三一－三四節は三五節の独立したロギオンのために作られた理想的場面だとする意見である。[33]第三の意見は三一－三四節と三五節の双方が元来別の伝承であったものを、マルコが現在の形に結合したとする意見である。[34]

第一の意見は三一－三四節を元来の伝承と見なし、そこに重点を置いている点は首肯できるが、三五節を「説教の言葉」（Predigtspruch）として二次的に付加されたものとしている点で成り立たない。なぜなら、[35]グノーシス文書のトマス福音書九九に並行する内容を持った別伝承に属するロギオンが残されており、[36]同様のロギオンは新約聖書外典のエビオン人福音書H、使徒教父文書のⅡクレメンス九・一一にもあり、三五節が元来独立したロギオンであることは疑いえないからである。[37]

次に、第二の意見だが、三五節を教会が作り出したイエスのロギオンとしている点は頷けるものの、[38]三一－三四節が三五節から作られた「理想的場面」（Idealszene）だとすることには問題がある。というのは、三五節のロギオンから三一－三四節が理想的場面として作られたとするならば、三一－三四節において神の意志を実践する者の姿が積極的かつ具体的に描かれていて然るべきだからである。しかも、そこに描かれているのがイエスとその家族との間の不和であるのだから、三一‐三四節を理想的場面だと考えるのはいくらなんでも無理であり、その背後に二一節同様に何らかの伝承ないし史実を認める方が、かえってこのような家族不和の物語が描かれていることを無理なく説明できると思えるからである。

最後に、第三の意見だが、元来独立した別の伝承であった三一‐三四節と三五節がマルコによって意図的に結合されたとの指摘は、マルコのサンドウィッチ手法から考えると、正鵠を射ている。また、三五節が教会の作り出したイエスのロギオンであるとの見解は、上述の議論からも明白であり、三一‐三四節の背後に何らかの史実が反映しているとの想定もまた、先述したイエスの家族との不和が描かれていることを無理なく説明できるものである。したがって、三番目の意見が最も蓋然性が高いと考えられる。

では、次にここからこのテクストの歴史的再構成へと議論を進めたい。三一節のイエスの母と兄弟たちの来訪は史実として理解することを拒む要素はない。だが、「外に立ち」(ἔξω στήκοντες［エクスォー・ステーコンテス］)という表現は、三二節の「彼の周りには群衆が座っており」(ἐκάθητο περὶ αὐτὸν ὄχλος［エカテート・ペリ・アウトン・オクロス］)と対置されており、家族と群衆との対比はマルコによる編集であろう[39]。三二節のイエスに家族の来訪を伝えた者たちの科白と三三節のイエスの科白は、このままではないにせよ、この背後に同様の事態が起きたことは否定できないであろう。群衆がひしめき合っていたために、イエスに近づくのが困難であったとすれば、誰か特定の人がイエスに家族の来訪を伝えに来たのではなく、伝言ゲームのようにその場に居合わせた人から人に伝わり、イエスの耳にも届いたという想像も当たっているのかもしれないが[40]、このような状況設定は三四節前半でも繰り返されているので、全体としてマルコの編集の手が入れられていると考えられる。

三四節後半は三一‐三四節の伝承の本来の結びであったと考えられるが、マルコは三五節のロギオンを付加することによって、イエスの周りにいる群衆こそが神の意志を行う者であり、イエスの家族であるとの宣言によって物語を拡張している。ここでマルコが意図しているのは、イエスがおかしくなったと言って、イエスを捕まえようとするイエスの家族との鋭い対比であり、同時にイエスがベエルゼブルに取り憑かれていると言って、イエスを非難する律法学者との強烈な対比である。したがって、イエスの周りにいる群衆は神の意志の実行を何らしていないと指摘し、三一‐三四節と三五節は上手くつながっていないとする批判は当たらない。ここでは神の意志の実行を人がどのようになすのかが問題なのではなく、イエスと敵対するイエスの家族や律法学者とは異なり、群衆がイエスの周りを取り囲んで座っているというその一事が神の意志の実行を体現していると言っているのである。

このような伝承と編集から成る三一‐三五節から歴史的に再構成しうるのは、イエスの母と兄弟たちがイエスのもとにやって来るということがあり、二一節の伝承から間接的に知りうるように、その目的は少なくともイエスの活動と反目するものであったと考えられるが、イエスは母と兄弟姉妹に会うことをせず、そのとき自分の周りにいた人たちこそが自分の兄弟、姉妹、そして母だと言ったということである。

四　クィア理論によるイエスの家族観の考察

四・一　クィア理論

「クィア」（queer）とは「正常」の反対を意味し、特に同性愛者やトランスジェンダーといった「性的少数者」（sexual minorities）を日本語の「変態」と同じような意味で侮蔑するさいに用いられる差別語であった。[41]現在では差別的呼称をＬＧＢＴ（ＬＧＢＴＩＱＡＰ＋）が自称して肯定的に用い、自分がＬＧＢＴ

（ＬＧＢＴＩＱＡＰ＋）であることに誇りを持つうえでのアイデンティティとして用いられるようになっている。[42]しかし、「クィア理論」（queer theory）として提唱された「クィア」とは、本来ＬＧＢＴ（ＬＧＢＴＩＱＡＰ＋）や性的少数者の総称や包括的概念として現在使われている用法とは正反対の方向性を持つものであり、レズビアンとゲイの間にある固有性と差異に注意を喚起し、さらにはレズビアン内部における個々人の固有性と差異、そしてゲイ内部での個々人の固有性と差異を意識化する理論として打ち出されたものなのである。[43]したがって、クィア理論とは、アイデンティティの総称の如く便利に使うことのできるものではなく、一貫性や正常化を否定し続けていく理論であり実践なのである。[44]

四・二　クイア化する家族——クィア理論における家族

そして、「家族」というものを論じるさいにも、クィア理論は家族という普遍化された概念の否定へと向かい、家族を差異化し、個別化していく。それが「クイア化する家族」[45]として河口和也が論じることである。河口はふたりのゲイ男性とひとりの異性愛者女性を描いた映画『ハッシュ！』[46]を例示し、「いやおうなく性的な主体として意味づけられる個人としてのゲイと、『性的な欲望が過剰』であるとみなされてしまった女は、家族からが零れ落ちたクイアな存在である」[47]と指摘する。これら三者の登場人物にとっては、家族とは血縁や血統の優位性を信じ、家父長制を維持し、そのために一夫一婦制（単婚制）を押しつけて、自分たちに執拗に介入し、非規範的なセクシュアリティを生きる零れ落ちたクィアな家族である自分たちを正常化しようとする「抑圧する家族」でしかなかった。[48]これまでクィアな存在は血縁家族の抑圧下に甘んじるか、家族から飛び出して「個」として生きていくしか選択肢はなかったのだが、『ハッシュ！』では「選択にもとづく家族」の可能性が描かれ、しかも「二」ではなく、「三」という新しい単位を作ることによって、もうひとつの新たな選択肢が開かれているのである(49)。

このように、あえて「家族」という概念を用いることで、河口は「近代家族」を「選択する家族」や「個別化する家族」として差異化、個別化し、「クイア化する家族」によって、異性愛を規範とする「理想的な家族」に風穴を開けているのである。

四・三　「正しい家族」を超えて──〔ヘテロ〕セクシズムと正しいセクシュアリティ

「〔ヘテロ〕セクシズム」とは、竹村和子が「異性愛主義」（heterosexism）と「性差別」（sexism）の連動性を強調するために作り出した造語であり、「異性愛主義の性差別」を意味する(50)。これは異性愛主義を解体しようとするさいに、「規範／逸脱」という二項対立図式の基盤が「異性愛／同性愛」とされることに対する疑義であり、規範として近代が再生産し続けているのは、異性愛一般というよりも、ただひとつの「正しいセクシュアリティ」であるとの新たな主張であり、それは「終身的な単婚を前提として、社会でヘゲモニーを得ている階級を生産する家庭内のセクシュアリティである(51)」。そして、「正しいセクシュアリティ」の規範は「次世代生産」を目標とするがゆえに、次世代を生産できないカップルはすべて異端として排除され、したがって直接生殖に結びつく性行為以外はすべて「正しい」性の在り方ではないということになる(52)。竹村のこの指摘に従えば、同性愛者も子どものいない夫婦も不完全な「家族」でしかなく、「正しいセクシュアリティ」に基づかないあらゆるものがスティグマ化されてしまうのである(53)。

四・四　クィア理論によるイエスの家族観の考察

では、次に河口の「クイア化する家族」と竹村の「〔ヘテロ〕セクシズム」および「正しいセクシュアリティ」の視点を用いて、クィア理論による「イエスの家族観」の考察へと議論を進めたい。

まずは、河口の「クイア化する家族」の視点から「イエスの家族観」を考察すると、イエスのもとに押しかけてきたイエスの家族は、イエスを正常化しようとする「抑圧する家族」でしかない。イエスは福音宣教という自らの使命を遂行するために家族を棄てることで、血縁家族の抑圧下に甘んじることをせず、「個」で生きる選択ではなく、「選択にもとづく家族」の可能性を求め、しかも「二」や「三」に留まらず、さらには後の教会の理念でもある十二弟子に代表される弟子集団という限界を設けることもなく、今日と明日とでは入れ替わるかもしれない「群衆」を新しい家族として提示することによって、家族という閉じられたものを無限に開かれるものとして理解しているのである。

次に、竹村の「〔ヘテロ〕セクシズム」および「正しいセクシュアリティ」の視点から「イエスの家族観」を考察すると、イエスのもとにやって来た家族がイエスに求めたのは、「終身的な単婚を前提として、社会でヘゲモニーを得ている階級を生産する家庭内のセクシュアリティ」と通底するものでしかない。イエスは福音宣教に自らを賭すために「正しい家族」から脱出することで、「正しいセクシュアリティ」の規範から逸脱し、「次世代生産」に与しない生き方を選択した。イエスは弟子たちや信奉者たちと自由に活動し、「家族」や「血縁」といったものに――弟子集団という固定化された「擬似家族」を超えて――今日と明日とでは取って代わってしまうかもしれない「群衆」を二項対立的に措定することで、「家族」を脱構築しているのである。

このような河口と竹村が提示するクィア理論に基づけば、イエスは「規範的家族」や「正しい家族」から零れ落ちてしまったクィアな存在であり、クィアな生き方を貫き、「家族」を「群衆」という無限に開かれた存在として提示する「イエスの家族観」は、まさに「クィアな家族観」だと言いうるのである。

五　結　論――イエスの家族観

マルコ三・二〇‐二一、三一‐三五のテクストから歴史的に再構成できる内容は、イエスの身内の者たちはイエスがおかしくなったということを常々口にしていたということであり、イエスの母と兄弟姉妹たちがイエスのもとにやって来ても、イエスは母や兄弟姉妹と会うことをせず、「わたしの母、わたしの兄弟とはいったい誰のことなのか」と言い、その肉親である母と兄弟姉妹との家族関係に背を向け、自分の周りにいる人たちを見ながら、「ご覧なさい、わたしの母、わたしの兄弟たちを」と言ったということである。(54)

イエスとその家族との間に不和や葛藤が渦巻いていたことは、イエスが肉親や家族を拒絶する言葉を繰り返し、(55)母マリアとの関係を否むかのような言葉を残すのみならず、(56)イエスの兄弟姉妹たちがイエスを信じていなかったことが報告されていることを考えると、(57)否定し難いことである。

だが、イエスの家族に対する拒絶はそれだけでは終わらない。イエスは自分を取り囲んでいる人たちに「ご覧なさい、わたしの母、わたしの兄弟たちを」と語りかけている。イエスが自らの母や兄弟姉妹として新たに提示するのは、そのときその場にたまたま居合わせた「群衆」である。昨日と今日と明日では入れ替わるかもしれない流動的な「群衆」をイエスは「ご覧なさい、わたしの母、わたしの兄弟たちを」と呼んだのである。(58)

本章の最初にも触れたように、マタイ一九・一〇‐一二の宦官のロギオンから推測すると、イエスはおそらく生涯を独身で通したものと思われる。(59)そして、マルコ三・二〇‐二一、三一‐三五のテクストから押し測ると、イエスには「妻」や「子ども」がいなかったと見なしうる。これはこの時代のユダヤ世界ではまさに逸脱であり、その意味でイエスはまさにクィアな存在であった(60)。だが、イエスの家族は、ユダヤ世界の「規範的家族」や「正しい家族」であることをイエスに要求する。イエスの家族にとって、家族を棄てたイエスは「おかしくなった」＝「クィア化した」のだから。

これは現代のクィア理論が指し示す「理想的な家族」や「正しい家族」を押しつけられている「クィアな者たち」が要求されていることに通底する。家族を拒絶し、婚姻をも拒絶するイエスは、「群衆」を「家族」と呼び、家族を無限に開かれたものとして提示する。「群衆」がイエスの家族である限りにおいて、イエスは家族を限定されることのない無限に開かれた存在として示す。このように「イエスの家族観」は、現代の「クイア化する家族」とも通底するきわめて独創的な開かれた新たな家族観であり、現代のクィア理論を援用すると、それはまさに「クィアな家族観」だと言えるのではないだろうか。

(1) むろん、これは古代ユダヤ世界だけの問題であるはずはなく、古代世界に共通する問題でもある。また、同様の問題が日本にも通底していることは、近代日本の「産めよ、殖やせよ」という人口政策のスローガンが富国強兵のプロパガンダであったことからも明らかである。また、現代の日本の少子化対策にも同様の問題が内包されているものと推察できる。
(2) イエスが独身であったのか、それとも婚姻をしていたのか、あるいは子どももいたのかといった問題には明確な回答を出すことは不可能である。この問題については、拙著『同性愛と新約聖書——古代地中海世界の性文化と性の権力構造』風塵社、二〇二一年、二四三頁注一三六において、佐藤研、須藤伊知郎、大貫隆、廣石望の見解を紹介しつつ、私見を述べている。
(3) 河口和也『クイア・スタディーズ』(思考のフロンティア) 岩波書店、二〇〇三年、六七・九三頁参照。

（4）竹村和子『愛について——アイデンティティと欲望の政治学』岩波書店、二〇〇二年、三六 - 三七参照。

（5）田川建三『原始キリスト教史の一断面——福音書文学の成立』勁草書房、一九六八年、一二二頁、同『マルコ福音書 上巻 増補改訂版』（現代新約注解全書）新教出版社、一九七二年、増補改訂版：二〇〇七年、二二五 - 二二七、二四八 - 二五二頁、同『新約聖書 訳と註１——マルコ福音書／マタイ福音書』作品社、二〇〇八年、一九二頁、William L. Lane, *The Gospel according to Mark: The English Text with Introduction, Exposition and Notes*, Grand Rapids: Eerdmans, 1974, 137f.; Joachim Gnilka, *Das Evangelium nach Markus, 1. Teilband (Mk1–8,26)*, EKK II/ 1, Solothurn/ Düsseldorf: Benzinger und Neukirchen-Vluyn: Neukirchener, [4]1996, 144–147; Walther Schmithals, *Das Evangelium nach Markus, 1. Kapitel 1,1–9,1*, ÖTKNT 2/ 1 (GTB 503), Gütersloh: Mohn/ Würzburg: Echter, [2]1986, 210f.参照。

（6）マタイとルカのベエルゼブル論争の内容はマルコとは異なっており、その異なる部分がマタイとルカとでおおむね一致しているところから、両福音書がマルコ以外にQ資料を用いてベエルゼブル論争を描いているものと考えられる。マタイではマルコの内容をも取り入れており、マルコとQ資料を同程度用いているが、ルカの場合には大部分がマルコとは異なっており、Q資料をそのまま用いていると目されている。詳しくは、Gnilka, *Das Evangelium nach Markus, 1*, 145–147; 大貫隆『マルコによる福音書Ⅰ』（リーフバイブルコメンタリー・シリーズ）日本基督教団宣教委員会／日本基督教団出版局、一九九三年、一八九 - 二〇四頁、Joel Marcus, *Mark 1–8: A New Translation with Introduction and Commentary*, AB 27, New York, et. al.: Doubleday, 2000, 277–279; 田川『新約聖書 訳と註１』六八一 - 六八七頁参照。

（7）これらのテクストに関する共観福音書相互の思想的特色については、荒井献『イエス・キリスト』（人類の知的遺産一二）講談社、一九七九年、八三 - 八五、一七八 - 一八一、二一一 - 二一二頁＝『荒井献著作集１——イエス その言葉と業』岩波書店、二〇〇一年、［一六九 - 五七六頁］二〇六 - 二〇八、三一六 - 三二〇、三五七 - 三五九頁を参照。

（8）田川『マルコ福音書 上巻 増補改訂版』二二五 - 二二七、三六九 - 三七〇頁、大貫『マルコによる福音書Ⅰ』一八八、二〇五、二〇九頁、John R. Donahue/ Daniel J. Harrington, *The Gospel of Mark*, SPS 2, Collegeville: The Liturgical Press, 2002, 18f.参照。

（9）以下のサンドウィッチ手法に関する論述は、James R. Edwards, Markan Sandwiches: The Significance of Interpolations in Markan Narratives, *NovT* 31(1989), 193–216に多くを負っている。

（10）Thomas A. Burkill, *Mysterious Revelation: An Examination of the Philosophy of St. Mark's Gospel*, Ithaca: Cornell University Press, 1963, 121; Joanna Dewey, *Markan Public Debate: Literary Technique, Concentric Structure, and Theology in Mark 2:1–3:6*, SBLDS 48, Chico: Scholars Press, 1980, 21.

（11）Howard C. Kee, *Community of the New Age: Studies in Mark's Gospel*, London: SCM Press, 1977, 54.

（12）Dennis E. Nineham, *The Gospel of St Mark*, PNTC, Middlesex: Penguin Books, 1963, rep. 1977, 112.なお、*ibid.*, 123では、「合間の出来事」（interlude）と呼ばれている。

（13）Ernst von Dobschütz, Zur Erzählerkunst des Markus, *ZNW* 27(1928), 193–198.

（14）Erich Klostermann, *Das Markus-Evangelium*, HNT 3, Tübingen: Mohr Siebeck, [4]1950, 36.

（15）Julius Schniewind, *Das Evangelium nach Markus*, NTD 1, Göttingen: Vandenhoeck & Ruprecht, [6]1952, 148.

（16）Heinz-Wolfgang Kuhn, *Ältere Sammlungen im Markusevangelium*, SUNT 8, Göttingen: Vandenhoeck & Ruprecht, 1971, 200f.; Gnilka, *Das Evangelium nach Markus, 1*, 144.

（17）Josef Ernst, *Das Evangelium nach Markus*, RNT, Regensburg: Pustet, [6]1981, 116f.は、「組込手法」（Schachteltechnik）という表現を用い、Rudolf Pesch, *Das Markusevangelium, I. Teil. Einleitung und Kommentar zu Kap. 1,1–8,26*, HThKNT 2, Freiburg/ Basel/ Wien: Herder, [3]1980, 221は、「組み込んで合成する手法」（die Technik der Schachtelkomposition）と呼んでいる。

（18）Ernest Best, *The Temptation and the Passion: The Markan Soteriology*, SNTSMS 2, Cambridge: Cambridge University Press, 1965, 74, 83; Robert H. Stein, The Proper Methodology for Ascertaining a Markan Redaction History, *NovT* 13(1971), [181-195] 193; Frans Neirynck, *Duality in Mark: Contributions to the Study of the Markan Redaction*, BETL 31, Leuven: Leuven University Press, 1973, 133.

（19）それゆえ、David Rhoads, Narrative Criticism and the Gospel of Mark, *JAAR* 50(1982), [411-434] 424は、この手法を「枠付」（framing）と呼び、Marcus, *Mark 1–8*, 278は、「サンドウィッチ構造」（sandwich structure）とともに「枠付手法」（framing technique）という呼び方を併用する。また、このような文学構造は、新約聖書の文学批評的解釈によって「交差配列法」（chiasmus）や「集中構造」（concentric structure）としても理解されている（Bas M. F. van Iersel, *Mark: A Reader-Response Commentary*, JSNTSup 164, Sheffield: Sheffield Academic Press, 1998, 72–74）。なお、Marcus, *op. cit.*, 278f.はマルコ三・二〇‐三五を交差配列法としても分析し

ている。

（20）田川『マルコ福音書 上巻 増補改訂版』二二五 - 二二七、三六九 - 三七〇頁、Edwards, *NovT* 31, 193–216; 大貫『マルコによる福音書Ⅰ』一八八、二〇五、二〇九頁参照。

（21）マルコ一・一六、二一、二九、二・一、一三、三・一、二〇、四・一、五・一参照。

（22）マルコ六・三一参照。

（23）マルコ二・一、一三、三・一、二〇、四・一、五・二一、七・一四、三一、八・一、一三、一〇・一、二四、一一・二七参照。詳しくは、大貫『マルコによる福音書Ⅰ』八四 - 八五、一八七頁参照。

（24）古典ギリシャ語では「使者」（クセノポン『キュロスの教育』四・五・五三）、ギリシャ語七十人訳聖書をはじめとするユダヤ教文書では「支持者」「信奉者」（Ⅰマカバイ一一・七三、一二・二七、Ⅱマカバイ一一・二〇）、「親」「親族」（箴言三一・二一、スザンナ三三、ヨセフス『ユダヤ古代誌』一・一九三）、パピルスでは「代理人」「友人」の意味で用いられている。なお、Ⅰマカバイ九・四四では、本文で採用されているτοῖς παρ' αὐτοῦ（トイス・パラウトゥー［新共同訳「彼の部下たちに」］）が異読のA（アレクサンドリア）写本ではτοῖς ἀδελφοῖς αὐτοῦ（トイス・アデルフォイス・アウトゥー［彼の兄弟たちに］）となっており、この異読からこの表現が「兄弟」というきわめて近い家族にも用いられることが分かる（Vincent Taylor, *The Gospel according to Saint Mark*, London: Macmillan, 1953, 236; Gnilka, *Das Evangelium nach Markus, 1*, 144; *Marcus, Mark 1–8*, 270; 田川『新約聖書 訳と註1』一九四頁参照）。

（25）口語訳、新共同訳、佐藤研訳『マルコによる福音書・マタイによる福音書』（新約聖書翻訳委員会訳『新約聖書Ⅰ』）岩波書店、一九九五年、一四頁参照。

（26）Karl L. Schmidt, *Der Rahmen der Geschichte Jesu. Literarkritische Untersuchungen zur ältesten Jesusüberlieferung*, Berlin, Trowitzsc & Sohn, 1919, 121; John D. Crossan, Mark and the Relatives of Jesus, *NovT* 15(1973), [81-113] 84f.

（27）マルコ二・一二、五・四二ほか参照。

（28）Ⅱコリント五・一三参照。

（29）Marie-Joseph Lagrange, *Évangile selon Saint Marc*, ÉB, Paris: Gabalda, ^{4}1947, 70; 新共同訳、大貫『マルコによる福音書Ⅰ』一八

七 - 一八八頁、佐藤『マルコによる福音書・マタイによる福音書』一四頁。

（30）Ezra P. Gould, *A Critical and Exegetical Commentary on the Gospel according to St. Mark*, ICC, New York: Scribner's, 1896, 61; 口語訳、Ernest Best, Mark III.20,21,31–35, *NTS* 22(1976), [309-319] 313; Pesch, *Das Markusevangelium*, *I*, 210; Ernst, *Das Evangelium nach Markus*, 115; Schmithals, *Das Evangelium nach Markus*, *1*, 209（ただし、「彼らは思った」と翻訳）; Gnilka, *Das Evangelium nach Markus*, *1*, 143; Dieter Lührmann, *Das Markusevangelium*, HNT 3, Tübingen: Mohr Siebeck, 1987, 73; Marcus, *Mark 1–8*, 270; 田川『新約聖書 訳と註1』一三頁。

（31）Hugh Anderson, *The Gospel of Mark*, NCBC, Grand Rapids: Eerdmans/ London: Marshal Morgan & Scott, 1976, 120f.; Marcus, *Mark 1–8*, 271も同意見。

（32）Martin Dibelius, *Die Formgeschichte des Evangeliums*, Tübingen: Mohr Siebeck, [5]1966, 54, 60; Gnilka, *Das Evangelium nach Markus*, 1, 147.

（33）ルドルフ・ブルトマン『共観福音書伝承史Ⅰ』（ブルトマン著作集1）加山宏路訳、新教出版社、一九八三年、五〇 - 五二頁、Pesch, *Das Markusevangelium*, *I*, 221f.; Ernst, *Das Evangelium nach Markus*, 121.

（34）田川『マルコ福音書 上巻 増補改訂版』二四七 - 二四八頁。

（35）Walter Grundmann, *Das Evangelium nach Markus*, ThHKNT II, Berlin: Evangelische Verlag, [8]1980, 115; 荒井献『トマスによる福音書』（講談社学術文庫一一四九）講談社、一九九四年、二六四 - 二六七頁＝『荒井献著作集7――トマス福音書』岩波書店、二〇〇一年、二〇九 - 二一一頁参照。

（36）荒井『トマスによる福音書』二六四 - 二六七頁＝『荒井献著作集7』二〇九 - 二一一頁参照。

（37）Grundmann, *Das Evangelium nach Markus*, 115.

（38）ブルトマン『共観福音書伝承史Ⅰ』二四八、二七九、二八三頁。

（39）Pesch, *Das Markusevangelium*, *I*, 222は、「群衆」と「家族」を「内」と「外」に対置させるのは、マルコ四・一〇 - 一一の「外の者たち」と意図的に関連づける象徴的な意味合いがあると指摘する。また、Marcus, *Mark 1–8*, 285によれば、イエスの家族が「外に立ち」（ἔξω στήκοντες［エクスォー・ステーコンテス］）とわざわざ指摘されているのは、彼らがイエスは「おかしくなった＝外に立った」（ἐξίστημι［エクスィステーミ］）と言っていたことを皮肉る表現だという。確かに、――στήκοντες（ステーコンテス）の原形の——*στήκω*（ステーコー［立っている］）は*ἵστημι*（ヒステーミ［立つ］）の完了形*ἕστηκα*（ヘステーカ［立った］）から作られた造語だということを考えると、双方の表現が*ἐκ*／*ἐξ*（エク／エクス［外に／外に］）＋*ἵστημι*（ヒステーミ［立つ］）から成り、十分説得的な意見である。

（40）Henry B. Swete, *The Gospel according to St Mark: The Greek Text with Introduction, Notes and Indices*, London/ New York: Macmillan, 31913, 69参照。

（41）タムシン・スパーゴ『フーコーとクイア理論』（ポストモダン・ブックス）吉村育子訳、岩波書店、二〇〇四年、九頁、Ken Stone, Queer Commentary and Biblical Interpretation: An Introduction, in: idem (ed.), *Queer Commentary and the Hebrew Bible*, JSOTSup 334, Sheffield: Sheffield Academic Press, 2001, [11-34] 15f., 21; 河口『クイア・スタディーズ』iii頁参照。なお、クィアの語に関する詳しい歴史については、George Chauncey, *Gay New York: Gender, Urban Culture, and the Making of the Gay Male World, 1890–1940*, New York: Basic Books, 1994を参照。

（42）Stone, *Queer Commentary and Biblical Interpretation*, 16; 河口『クイア・スタディーズ』六二‐六五頁参照。

（43）Teresa de Lauretis, Queer Theory: Lesbian and Gay Sexualities. An Introduction, *differences: A Journal of Feminist Cultural Studies* 3/2 (1991), iii–xviii.

（44）Teresa de Lauretis, Habit Changes, *differences: A Journal of Feminist Cultural Studies* 6/2–3 (1994), 296–313; 河口『クイア・スタディーズ』六四‐六五頁、David Halperin, The Normalizing of Queer Theory, *Journal of Homosexuality* 45 (2005), 339–343参照。

（45）河口『クイア・スタディーズ』六七‐九三頁参照。

（46）『ハッシュ！』監督／脚本：橋口亮輔、配給：シグロ、二〇〇一年、二〇〇二年。橋口亮輔『小説 ハッシュ！』アーティストハウス、二〇〇二年。

（47）河口『クイア・スタディーズ』七八頁。

（48）河口『クイア・スタディーズ』七八‐九〇頁参照。

（49）河口『クイア・スタディーズ』九一‐九三頁参照。

（50）竹村『愛について』三六‐三七、同「忘却／取り込みの戦略——バイセクシュアリティ序説」、藤森かよこ編『クィア批

評』世織書房、二〇〇四年、［七一‐八八頁］八五頁注一参照。
(51) 竹村『愛について』三七頁。
(52) 竹村『愛について』三七‐三八頁参照。
(53) 藤森かよこ「リバタリアン・クィア宣言」、藤森かよこ編『クィア批評』［三‐二四ページ］一五頁参照。
(54) このテクストが史実に遡ることについては、多くの学者たちも認めている。田川『マルコ福音書 上巻 増補改訂版』二四七‐二四八頁、大貫隆『イエスという経験』岩波書店、二〇〇三年、一四四頁、ゲルト・タイセン『イエスとパウロ——キリスト教の土台と建築』日本新約学会監訳、教文館、二〇一二年、七一、八六‐八七頁、一〇五‐一〇八頁、ジョン・D・クロッサン『イエス——あるユダヤ人貧農の革命的生涯』太田修司訳、新教出版社、一九九八年、佐藤研『最後のイエス』ぷねうま書房、二〇一二年、五‐六、四四‐四五頁参照。
(55) マタイ八・一九‐二二／ルカ九・五七‐六二並行、マタイ一〇・三四‐三六／ルカ一二・四九‐五三並行、マタイ一〇・三七‐三九／ルカ一四・二五‐二七並行、トマス五五参照。
(56) ヨハネ二・四参照。
(57) ヨハネ七・五参照。
(58) このような家族間の不和や葛藤は共観福音書の並行記事では奇麗に修復されている。ルカ八・一九‐二一では三三節の言葉は削除されている。したがって、群衆こそがイエスの家族であるとの思想は消されてしまっており、イエスの肉親もまた「神の言葉を聞いて行う者」に組み入れられている。マタイ一二・四六‐五〇ではイエスの家族は彼と話をするために会いに来たことになっており、三三節の言葉は残されてはいるものの、衝突が和らげられており、マタイではイエスの新しい家族はイエスの弟子に限定されてしまっている。
(59) 拙論「天国のための宦官（マタイ一九・一二）」『神学研究』五三号、関西学院大学神学研究会、二〇〇六年、一‐一四頁参照。
(60) Dale B. Martin, *Sex and the Single Savior: Gender and Sexuality in Biblical Interpretation*, Louisville/ London: Westminster John Knox Press, 2006, 91–102参照。

第六章　「イエスとクィア」から「クィアなイエス」へ
――クィア理論を用いた聖書解釈の新たな地平

一　はじめに

本章の基になっている小論において、編集者から与えられた課題は「イエスとクィア」である。例示的に提案された内容は、「聖書学におけるクィアな視点によるイエス再読の試みの紹介」や「クィアな視点によるイエス再読の解釈例の提示」である。紙幅の関係から、この二点のいずれかひとつを選択して読者に提示することが求められていると思われるが、クィア理論を用いた聖書解釈そのものが未知のものである日本の現状を考えると、本章では最初にクィア理論を用いた聖書解釈の歴史に触れ、その後にクィア理論を用いたイエス再読の試みを紹介し、最後にクィア理論を用いたイエス再読の実例を提示することにする。

二　クィア理論を用いた聖書解釈の歴史

クィアの名を冠する聖書解釈をめぐる書物としていち早く上梓されたのは、ナンシー・ウィルソン『わたしたちの種族――クィアな民と神とイエスと聖書』[1]（一九九五年）である。彼女はイエスを含めた聖書に登場する多様な人物をクィアに読み解く試みをしているが、クィアをＬＧＢＴの包括的概念として理解することに留まっており、厳密にはクィア理論の洗礼を受けた読解とは言えない。その意味では、本書はレズビアン・スタディーズおよびゲイ・スタディーズからクィア・スタディーズへの移行期を象徴する書物だと言いうるであろう。

厳密な意味でのクィア理論を用いた聖書解釈が登場するのは、デイル・Ｂ・マーティンの「ガラテヤ三・二八のクィアな歴史――男性と女性はない」（一九九八年）や「セックスと独身の救い主」（二〇〇一年）の二論文[2]、およびスティーブン・Ｄ・ムーアの論文「パウロに問う／パウロをクィア化する――予備的な問い」[3]（一九九八年）からである。また、この数年後には論文集として、ロバート・Ｅ・ゴス／モナ・ウェスト編『御言葉を取り戻す――聖書のクィアな読解』[4]（二〇〇〇年）とケン・ストーン編『クィア注解とヘブライ語聖書』[5]（二〇〇一年）が上梓される。そして、これらの論文集の延長線上に位置づけられるのが、デリン・ゲスト／ロバート・Ｅ・ゴス／モナ・ウェスト／トーマス・ボハッチ編『クィア聖書注解』[6]（二〇〇六年）である。この注解書は英米語圏のクィア理論を用いた聖書解釈の成果が着実に実りをあげてきた証左であり、クィアな視点による聖書の各文書の新たな読みを提示し、従来の聖書解釈がいかに聖書テクストの「クィアさ」（queerness）を等閑に付してきたのかを白日の下に曝す挑発的な読みを展開している。

旧約聖書学の分野では、ダビデとヨナタンの間の友愛や愛情をクィアに読み解く試みが続けられていることが特徴としてあげられる。最新の研究としては、アンソニー・ヒーコック『ヨナタンはダビデを愛した――聖書における男の愛とセックスの解釈学』[7]（二〇一一年）とダーク・フォン・デル・ホースト『ヨナタンの愛、ダビデの挽歌――ゲイ神学と音楽的な欲望と歴史的差異』[8]（二〇一七年）がある。

新約聖書学の分野では、先に名をあげたムーアが『神の美容室――および聖書と聖書周辺の他のクィアな空間』[9]（二〇〇一年）を著しており、それに続けてセオドア・W・ジェニングス・ジュニアの『イエスを愛した男――新約聖書からのホモエロテックな諸物語』[10]（二〇〇三年）と先述したマーティンの論文集『セックスと独身の救い主――聖書解釈におけるジェンダーとセクシュアリティ』[11]（二〇〇六年）が上梓されている。

また、最近の研究としてとりわけ重要なのは、テレサ・J・ホーンズビー／ケン・ストーン編『バイブル・トラブル――聖書学の様々な境界に位置するクィア・リーディング』[12]（二〇一一年）である。その題名からも分かるように、このアンソロジーはジュディス・バトラーの『ジェンダー・トラブル』[13]（一九九〇年）をもじったものであり、聖書文学学会（SBL）のセメイア・スタディーズの一冊として編まれただけあって、クィア理論が打ち出した方向性を先鋭化する内容になっている。特に、カルチュラル・スタディーズなどの多様な批評装置との対話を繰り広げ、聖書学とクィア理論の間の境界のみならず、聖書学において用いられる多様な批評装置間の境界をも横断するクィアな読みが実践されている。

なお、日本ではクィア理論を用いた聖書解釈は、拙論「クィア化する家族」（二〇一三年）と「わたしを愛しているか」（二〇一六年）の二論文[14]と関東神学ゼミナールの通信『ｆａｄ』に連載中の「クィアなイエス」[15]（二〇一六年〜）を数えるのみである。[16]もっとも、日本学術振興会科研費「クィア理論とホモソーシャリティ理論によるヨハネ福音書の読解」（二〇一七年度〜二〇二二年度）が採択され、その成果として本書が上梓されていることを考えると、クィア理論を用いた聖書解釈が少しずつ市民権を得てきているのかもしれない。

三　クィア理論を用いたイエス再読の試み

クィア理論を用いたイエス再読の試みは、上述した著作やそこに収められている諸論文がすでに試みている。そこで扱われているのは、⑴「富める青年」（マルコ一〇・一七-二二）、⑵「百人隊長の僕の癒し」（マタイ八・五-一三、ルカ七・一-一〇、ヨハネ四・四三-五四）、⑶「天国のための宦官」（マタイ一九・一〇-一二）、⑷「エマオ途上のイエス」（ルカ二四・一八-三五）、⑸「ラザロの復活」（ヨハネ一一・一-四四）、⑹「洗足物語」（ヨハネ一三・一-一二）、⑺「イエスが愛した弟子」（ヨハネ一三・二一-三〇、一九・二六b-二七、二〇・一-一〇、二一・一-一四、二〇-二三、二一・二四）、⑻「イエスとペトロとの愛の対話」（ヨハネ二一・一五-一七）といったテクストである。

⑴⑷⑸⑺⑻はイエスと登場人物たちとの間で愛がテーマになっているテクストであり、イエスとそこに現れる男性のやりとりからホモエロティックな言動を読み取るクィアな読解が試みられている。⑵は百人隊長が自らの「僕／少年」をこれほどまでに大切にしている理由として、両者がギリシャ的な少年愛ないしローマ的な主人と僕の間のホモエロティックな絆で結ばれているとの想定を行い、イエスが百人隊長と「僕／少年」との間のホモエロティックな関係を問題視してはいないことにイエスのクィアさを読み取っ

ている。(3)はイエスが自らを「天国のための宦官」と呼んでいることをクィアに読み解き、イエスが当時のユダヤ世界の規範的家族やヘテロエロティシズムに背を向け、独身者として生き続けた姿がクィアに映ずるとの理解が表明されている。[17] (6)はイエスが弟子の足を洗う描写にホモエロティシズムが隠されているとの想定から、イエスと弟子たち、とりわけイエスとペトロとの間にあるホモエロティックな関係をクィアな視点から再読する試みがなされている。

四　クィア理論を用いたヨハネ一九章二五‐二七節の読解

では、次にヨハネ一九・二五‐二七のテクストを取り上げて、クィア理論を用いた聖書解釈の実例を提示してみたい。まずは翻訳を示す。

【ヨハネ一九・二五‐二七】［私訳］

25イエスの十字架のそばに彼の母と彼の母の姉妹、クロパの妻マリアとマグダラのマリアが立って
いた。26そこでイエスは母と彼が愛した弟子が立っているのを見て、彼は母に言う、「女よ、ご覧な
さい、あなたの息子」。27それから彼はその弟子に言う、「ご覧なさい、あなたの母」。そして、そ
のときからその弟子は彼女を自分のもとに引き取った。

これは十字架につけられたイエスが今際（いまわ）のときに母マリアを愛する弟子に託し、イエスの最後の言葉に従って、この弟子がマリアを引き取ったという逸話であり、ヨハネ福音書だけが伝えるものである。クィ

アな視点からこの物語を読み解くと、イエスは自分の恋人ないし伴侶である自分が愛した弟子に自分の母を引き取って面倒を見るよう願っている描写として理解することができる。もっとも、異性愛規範に囚われている現代世界において、このような読みはまさにクィアなものにしか映らないであろうが、もしイエスが自らの母を託した相手がマグダラのマリアであったとすれば、どうだろうか。おそらく、多くの人は現代的な異性愛のフィルターを通して、イエスが自分の恋人ないし伴侶であるマグダラのマリアに自分の母を引き取って面倒を見るように願った物語だと理解したのではないだろうか(18)。

また、ゴスは恋人／伴侶をエイズで失った自らの経験から、このテクストをイエスが愛した弟子が恋人イエスを失ったクィアな死別の物語として再読することを試みている。彼は多くの異性愛者の学者たちが、「イエスが愛した弟子」をヨハネ共同体の表象ないし理想的弟子像を表す仮構上の人物と見なし、イエスとイエスが愛した弟子の関係性を単なる象徴的なものと理解する歴史批評的聖書解釈を批判する。なぜなら、ゴスにとってはイエスを失ったこの弟子の悲嘆に暮れる姿は象徴的なものなどではなく、まさに自分自身が経験した恋人／伴侶を失った現実だったからである。ゴスはこの逸話を十字架の上と下に引き裂かれたイエスとイエスが愛した弟子の愛の物語として再読し、この弟子が恋人であるイエスの死を覚悟し、この世を去り行くイエスの遺言を守り、その母を自分の母として引き取り面倒を見るホモエロティックな物語として再現前させる(19)。

しかしながら、これらのクィアな解釈は、単に個人的感情に突き動かされた読みではない。ヨハネ福音書において、この弟子は「イエスが愛した弟子（男弟子）」や「イエスが愛した者（男）」と呼ばれており、イエスがこの男性の弟子を特に愛していたことが強調されている。さらに、「最後の晩餐」（ヨハネ一三・二一‐三〇）の場面では、この弟子が「イエスの胸にもたれかかったまま」（一三・二五）イエスに語りかける様子が描かれている。これらの描写からは、イエスとイエスが愛した弟子の関係が霊的なものや象徴的なものに留まらず、物質的・身体的な親密さを伴ったホモエロティックなものであったことを十分に読み取ることができるのである。[20]

五　おわりに

日本ではクィア理論を用いた聖書解釈は端緒についたばかりであり、聖書のクィアな読解はもとより、クィア理論を用いたイエス再読に驚きを覚えるのみならず、忌避感を持つ人もいるかもしれない。もしそうだとすれば、なぜそのような驚きや忌避感が生じるのであろうか。おそらく、そこには「ホモフォビア」（homophobia）と「エロトフォビア」（erotophobia）が深く関わっている。[21]前者はすでに知られてきているように、「同性愛嫌悪」を意味するが、イエスとイエスが愛した弟子の親密さをホモエロティックなものとして理解することに対する忌避感として生じる。後者は「性嫌悪」「性愛嫌悪」「恋愛嫌悪」と訳され、精神的・肉体的情動を伴う「エロース」（恋愛）に対する嫌悪、分かりやすく言えばセックスの行為や表現に対する嫌悪を表す。エロとフォビアを抱えていると、イエスとイエスが愛した弟子のホモエロティックな親密さのみならず、イエスとマグダラのマリアのヘテロエロティックな親密さに対しても忌避感を覚えてしまう。それはイエスはあくまでも「聖なる人／聖なる神」でなければならず、イエスを「性なる人／性なる神」とすることなど許せないという感覚である。

先にあげた『バイブル・トラブル』の序文において、編集者のホーンズビーとストーンは「聖書は常にすでにクィアである」[22]と声高らかに宣言している。それをもじってこう言いたい。「イエスは常にすでにクィアである」。クィア理論を用いた聖書解釈は、「イエスとクィア」を超えて、「クィアなイエス」の読解という新たな地平の前に立っている。(23)

（1）Nancy Wilson, *Our Tribe: Queer Folks, God, Jesus, and the Bible*, New York: HarperCollins, 1995, millennium edition: updated and revised, Tajique, NM: Alamo Square Press, 2000.

（2）Dale B. Martin, The Queer History of Galatians 3:28: "No Male and Female,"[1998] in, idem, *Sex and the Single Savior: Gender and Sexuality in Biblical Interpretation*, Louisville/ London: Westminster John Knox Press, 2006, 77–90, 212–214; idem, Sex and the Single Savior, [2001] in: idem, *Sex and the Single Savior*, 91–102, 214–220. なお、マーティンの二論文は口頭で発表された後に短縮した形で公にされ、現在は上述の彼の論文集に入れられている。

（3）Stephen D. Moore, Que(e)rying Paul: Preliminary Questions, in: David J. A. Clines/ Stephen D. Moore (eds.), *Auguries: The Jubilee Volume of the Sheffield Department of Biblical Studies*, Sheffield: Sheffield Academic Press, 1998, 250–274.

（4）Robert E. Goss/ Mona West (eds.), *Take Back the Word: A Queer Reading of the Bible*, Cleveland, Ohio: The Pilgrim Press, 2000.

（5）Ken Stone (ed.), *Queer Commentary and the Hebrew Bible*, JSOTSup 334, Sheffield: Sheffield Academic Press, 2001. ストーンはこれ以外にも重要な論文等を著しているが、モノグラフとしては、idem, *Practicing Safer Texts: Food, Sex and Bible in Queer Perspective*, London: T&T Clark, 2005がある。

（6）Deryn Guest/ Robert E. Goss/ Mona West/ Thomas Bohache (eds.), *The Queer Bible Commentary*, London: SCM Press, 2006.

（7）Anthony Heacock, *Jonathan Loved David: Manly Love in the Bible and the Hermeneutics of Sex*, The Bible in the Modern World 22, Sheffield: Sheffield Phoenix Press, 2011.

（8）Dirk von der Horst, *Jonathan's Loves, David's Laments: Gay Theology, Musical Desires, and Historical Differences*, Foreword by Rosemary R. Ruether, Eugene, OR: Pickwick Publications, 2017.

（9）Stephen D. Moore, *God's Beauty Parlor: And Other Queer Spaces in and around the Bible,* Contraversions: Jews and Other Differences, Stanford, CA: Stanford University Press, 2001. なお、この著作の第一章は雅歌のクィアな読解に充てられている。

（10）Theodore Jennings Jr., *The Man Jesus Loved: Homoerotic Narratives from the New Testament,* Cleveland, Ohio: The Pilgrim Press, 2003. なお、ジェニングス・ジュニアはクィアな旧約聖書の読解をも試みている。idem, *Jacob's Wound: Homoerotic Narrative in the Literature of Ancient Israel,* New York/ London: Continuum, 2005.

（11）Martin, *Sex and the Single Savior,* 2006.（上注二参照）

（12）Teresa J. Hornsby/ Ken Stone (eds.), *Bible Trouble: Queer Reading at the Boundaries of Biblical Scholarship,* SBL Semeia Studies 67, Atlanta: Society of Biblical Literature, 2011.

（13）Judith Butler, *Gender Trouble: Feminism and the Subversion of Identity,* New York/ London: Routledge, 1990＝ジュディス・バトラー『ジェンダー・トラブル――フェミニズムとアイデンティティの攪乱』竹村和子訳、一九九九年。

（14）小林昭博「クィア化する家族――マルコ三・二〇‐二一、三一‐三五におけるイエスの家族観」『神学研究』六〇号、関西学院大学神学研究会、二〇一三年、一三‐二四頁（＝本書第五章）、同「『わたしを愛しているか』――クィア理論とホモソーシャリティ理論によるヨハネ二一・一五‐一七の読解」『日本の神学』五五号、日本基督教学会、二〇一六年、三九‐六六頁（＝本書第一章）。

（15）小林昭博「連載 クィアなイエス」（1‐5回）『ｆａｄ faith and devotion――関東神学ゼミナール通信』六三‐六七号、関東神学ゼミナール、二〇一六‐二〇一八年所収。

（16）安田真由子「舞い戻る死者、不正の告発――クィア批評による解釈」『福音と世界』七二巻四号、新教出版社、二〇一八年四月号、二八‐三三頁は、クィア理論に関する理解が筆者と異なるため、クィア理論を用いた聖書解釈には数え入れなかった。安田は聖書学ではジェンダーやセクシュアリティと無関係な研究も広義のクィア批評と呼ばれていると指摘し、自分の研究はその系譜に連なると言う。だが、いくらクィア理論が一様の定義を拒否する理論だと言っても、「異性愛体制」の解体に向かう理論的実践という最低限の共通項は持っており、クィア理論からレズビアン・スタディーズやゲイ・スタディーズを抜き取り、「同性愛／異性愛」や「女性／男性」というセクシュアリティやジェンダーの二項対立図式の脱構築やその差異化実践と無関係になってしまっては、クィア批評からクィアという「パルマコン」（毒／薬）が抜き取られてしまい、それはもはやクィア理論とは言えない。安田がその論文の狙いを「周縁と中心」という二元論的構図を脱構築し、伝統的な復活理解を不安定化ないし複雑化させることにあると言っていることからも分かるように、その批評装置は「クィア批評」ではなく「脱構築批評」である。安田はクィア批評がジャック・デリダの脱構築を採り入れていることを早とちりして、クィア批評と脱構築批評を混同しているのではないだろうか。今後クィア理論を用いた聖書解釈の未来を一緒に創っていくためにも、まずはクィア理論の正確で緻密な理解を目指した議論をしていきたいと願っている。

(17) 小林昭博「天国のための宦官（マタイ一九・一二）」『神学研究』五三号、関西学院大学神学研究会、二〇〇六年、一一 - 一四頁参照。

(18) Jennings Jr., *The Man Jesus Loved*, 26参照。詳しくは、本書の序章を参照。

(19) Robert E. Goss, The Beloved Disciple: A Queer Bereavement Narrative in a Time of AIDS, in: Goss/ West, *Take Back the Word*, 206–218参照。

(20) Jennings Jr., *The Man Jesus Loved*, 28は、ヨハネ福音書がグノーシス主義の仮現論を批判し、イエスの受肉や死を物質的・身体的なものとして理解していることを勘案し、現代の学者たちがイエスとイエスが愛した弟子の親密さを霊的で象徴的なものとして理解する考えを斥け、このふたりの男性が物資的・身体的に親密なホモエロティックな関係にあったことを指摘している。

(21) Goss, The Beloved Disciple, 212参照。

(22) Teresa J. Hornsby/ Ken Stone, Already Queer: A Preface, in: Hornsby/ Stone (eds.), *Bible Trouble*, [ix–xiv] xiii.

(23) なお、本章の三「クィア理論を用いたイエス再読の試み」で短く言及した聖書テクストについては、拙著『同性愛と新約聖書――古代地中海世界の性文化と性の権力構造』風塵社、二〇二一年、二三八 - 二五一頁（【付論８】同性間恋愛（同性愛）と関連する可能性のある新約聖書テクスト）において略述している。

第七章　マリアのクリスマスの回復

——文化研究批評（ジェンダー・セクシュアリティ研究）による解釈

一　文化研究（カルチュラル・スタディーズ）——高尚な文化（ハイカルチュア）から低俗な文化（サブカルチュア）へ

「文化研究」（cultural studies）は、英国の労働者階級出身の研究者によって、一九五〇年代後半に大衆文化（ポピュラーカルチュア）の研究として生み出されたと言われている。[1] この研究は、大衆文化（ポピュラーカルチュア）のなかでも、英国らしく労働者や不良の文化を対象として研究を行うという特徴を持っていた。[2] ここには社会の上部構造と下部構造の密接な関係性を問うマルクス主義以来の政治的な意図があっただけではなく、従来の社会学や政治学が着目する社会の上部構造に属する「高尚な文化（ハイカルチュア）」ではなく、社会の下部構造に属する「低俗な文化（サブカルチュア）」に焦点を当てるという目的があったと言える。したがって、文化研究とは、「高尚な文化（ハイカルチュア）」（上部構造）にとってはどうでもいいものとして斥けられてきた日常生活の些細なことに狙いを定める研究であり、報道番組や一般の新聞では取り上げられることのないプロレスやゴシップ、そしてジェンダー・セクシュアリティといった日常の生活や活動を形成する「低俗な文化（サブカルチュア）」（下部構造）に焦点を当てるものでもある。

二　文化研究と聖書解釈――ジェンダー・セクシュアリティ研究による読解

ルカ二・一‐二〇のテクストは、美しいクリスマスの情景として理解されてきた。確かに、その描写には読む者の心を捕らえて離さない美しさがあるように思える。しかし、このテクストは本当にそのような麗しい物語だと断言できるものなのだろうか。私見では、ジェンダー・セクシュアリティ研究を用いてこのテクストを再読することによって、クリスマスの光に隠された闇の部分、すなわちクリスマス物語の「盲点」(3)（ポール・ド・マン）に気づかされると考えられるのである。そして、その「盲点」とは、クリスマス物語におけるマリアというひとりの女性の経験という光のなかに闇のように潜んでいる。

以下の読解では、マリアの物語上の経験をジェンダー・セクシュアリティという批評装置を用いて読解し、「高尚なクリスマス」によって斥けられてきた、「低俗なクリスマス」を表象するマリアの経験に焦点を当てて、「マリアのクリスマスの回復」を試みたい。

三　マリアが経験したクリスマス――高尚なクリスマスと低俗なクリスマス

ルカのクリスマス物語は初代ローマ皇帝アウグストゥスによるローマ帝国の全領土に対する住民登録の勅令から始まる。住民登録がローマ帝国全体を対象に行われたことなどないということは、すでに広く知られているが、イエスの誕生は旧約聖書（ユダヤ教聖書）の預言通りベツレヘムでなされなければならないという設定のために、マリアはいいなずけのヨセフとともにベツレヘムへと旅をすることになる。むろん、周知のように、ここには女性が男性の側の住民登録に従属させられるという問題が横たわっている。

ルカがイエスをベツレヘムで誕生させるために用意した舞台設定には大きな問題が含まれている。これはジェンダー・セクシュアリティの視点を持ち出さずとも、ごくごく当たり前に感じることでもあるのだが、それは妊娠中のマリアをヨセフと一緒にガリラヤのナザレからユダヤのベツレヘムまで旅をさせるということである。もっとも、テクストには臨月になってから旅をしたと書いているわけではなく、ベツレヘムに到着してから臨月を迎えたとも理解することも可能ではあるが、いずれにせよ妊娠八ヶ月〜九ヶ月にせよ、臨月になってからにせよ、この時期に旅を始めさせるという設定はマリアには酷である。

この旅はフィクションであり、したがってマリアとヨセフがどのくらいの距離を旅したのかを計算しても仕方ないのだが、物語の設定を知るためには、計算してみることも無駄ではあるまい。ナザレとベツレヘムの距離は直線距離で一一〇キロメートル程度だが、むろん直線距離で行けるわけではない。最短のルートはナザレをまっすぐ南下してサマリアを通り抜けるというものだが、山があるうえに、その当時ユダヤ人と近親憎悪的に対立していたサマリア人の地域を通らなくてはならないことを考えると、回り道をしたと考えるのが妥当である。なるべく歩きやすいルートを想定すると、その道のりは一四〇キロメートル程度あったと想定される。ロバなどを使ったにしても、早い場合では四日〜一週間、遅い場合では一週間〜十日間くらいはかかったものと予想される。いずれにせよ、身重の女性の旅としては大変な距離である。先にも断ったように、この旅自体がフィクションである。したがって、物語時間としては一足飛びに超えてしまえるのだが、そうであればこそなおさら、ルカ以前の伝承をも含めて、妊娠・出産の大変さを軽視する不親切さが滲み出ていると言わざるをえない。

そして、ルカの妊娠・出産に対する軽視は、イエスの出産の場面にも露呈する。なぜなら、マリアのイエス出産の場面に費やされている筆致はごくわずかであり、ここにルカの出産に対する考え方が如実に表されていると考えられるからである。もっとも、ルカを弁護すれば、これは出産の場面に関する物語の語りの技法の特徴でもあるので、ルカのみを責め立てるわけにはいかないのだが、身重のマリアに旅をさせたうえで、出産という命懸けの出来事をここまで簡略化して描いてしまえるというのは、やはり妊娠・出産を女性の問題として低く見ていると言うほかない。

このような妊娠・出産に対する軽視が、ルカの女性蔑視に基づく問題だということは、古代ギリシャ・ローマ世界において、出産中や妊娠中に亡くなった女性や子どもたちを記念する墓碑が数多く残されていることからも十分に理解できることである(4)。

続く天使による羊飼いに対するメシア誕生の啓示は、荘厳な雰囲気で紙幅も多く割かれている。マリアがイエスを産んだ場面の描写があまりにも短いことと対比してみると、ルカがイエスの誕生によって何を伝えようとしているのかが如実に示されている。そして、羊飼いに対する救い主誕生の告知にも妊娠・出産を軽視する感覚が染み出ている。天使の告知は「あなたがたに救い主が生まれた」ということを短く伝えるのみであり、ここにもまたマリアが命懸けでイエスを産んだという視点は皆無である。すなわち、救い主イエスという主役の誕生さえ伝えられれば、誰が産んだのかは一切関係ないといった筆致になっているということである。

天使が羊飼いに告知したことは、イエスを探し出して会いに行くようにとの内容だが、これもまた出産後の女性にとって迷惑としか言いようのないことである。羊飼いたちはマリアとヨセフと一緒にいる飼い葉桶に寝ている幼子に出会う。羊飼いと救い主との感動の対面であり、クリスマス・ページェントでは祝福された場面として描き出されている。

でも、よく考えてみていただきたい。マリアはイエスを産んだばかりである。産婆（助産師）がいたかどうかは伝承やルカの関心事ではないので、その設定は定かではないが、家畜小屋で飼い葉桶に寝かされているという描写からして、貧しく生まれた救い主イエスを象徴しているのだろうから、マリアはヨセフの協力を得てイエスを産んだという設定であろう。とにかく、ルカにはそのような気配りは皆無である。イエスが勝手に生まれてきたかのような描写である。羊飼いであろうと、――マタイ版の東方の博士（マゴス）たちであろうと――、出産直後の急な訪問者には「勘弁してよ」「また今度にしてよ」というマリアの沈痛な叫びが聞こえてきそうである。このような内容を感動の場面に仕立ててあげてしまえるというのは、やはり妊娠・出産を軽視するルカの女性に対する上から目線があると考えられるのである。

さらに、物語の締めとして、マリアは一連の出来事を大切な想い出として回想する。もし仮に、数十年経ってから、あるいはイエスの死後に、イエスが生まれたときは本当に大変だったけれど、今思うと全部ひっくるめて良い想い出だったとマリアが述懐したというのであれば、なるほどと頷けるかもしれない。しかし、出産の直後にすべてを見通しているかのように振る舞うマリア像というのは、すべてを許す母、母性本能という幻想、すなわち「母親幻想」(5)（岸田秀）に取り憑かれた男性が創造（想像）した聖母マリアという神話そのものに見えてしまう。あるいは、「男は全員マザコン」というステレオタイプ的なジェンダー・バイアスによる決めつけが示唆するように、単にルカのマザー・コンプレックスが垣間見えるということなのかもしれない。

四　産む道具としての女性――マリアとアティア出産物語

ジェンダー・セクシュアリティの視点から、これまで省みられることの少なかった妊娠・出産に的を絞って、ひと通りテクストを読み進めてきたが、このテクストからはあたかもマリアが救い主を産むための道具にしかすぎないとでも言わんばかりのルカという男性の視点が浮かび上がってくる。受胎告知の場面では、まさにマリアというひとりの女性が特別に選ばれたことが記されているが――これはこれで実際にはかなり迷惑な話なのだが――、イエス誕生の場面ではマリアの選びは後景に退き、さらにクリスマス物語以降では、すっかりマリアはその影を潜めてしまっている。

しばしばルカ福音書は女性を高く評価しているなどという意見が語られるのだが、少なくともルカ二・一－二〇のテクストを読む限りでは、そのような感想を持つことはできない。なぜなら、すでに読み解いてきたように、受胎告知から産前産後に至るまで、ルカ福音書のクリスマス物語はマリアというひとりの女性の身体と精神を著しく侵害し、マリアは救い主を産むための道具のようにされていると言わざるをえないからである。

しかし、これは何もひとえにルカだけが抱えていた女性蔑視の問題だと言いたいわけではない。この背後には古代ギリシャ・ローマ世界を覆っていた「女性嫌悪（ミソギュニア）」が横たわっているからである。ここでルカのクリスマス物語が初代ローマ皇帝アウグストゥスによる住民登録の勅令から始まっていることに思いを馳せる必要がある。文化研究では、このようなローマ皇帝の登場はポストコロニアルな視点に立って、ルカがクリスマス物語にわざわざアウグストゥスによる架空の住民登録の勅令を挿入することによって、イエスとアウグストゥスとを対置させ、イエスがアウグストゥスを凌駕する存在であることが示唆されていると解釈するのが通例である。しかし、ジェンダー・セクシュアリティの視点から見ると、両者には「女性嫌悪（ミソギュニア）」という共通の論理構造があることに気づかされる。

　アウグストゥスの誕生にまつわる伝説を伝えるスエトニウス『ローマ皇帝伝』九四・四によれば、彼は母アティアと蛇との性交によって懐妊し、その結果としてアポロンの息子だと言われたという。少々長いのだが、引用してみよう。

> アティアは例年の祭儀に奉仕するために、アポロン神殿にやってきて、神殿の中に臥輿を置き、他の貴婦人たちが寝ている間に、自分もまどろむと、大蛇が不意に彼女の中に這って入り、しばらくして出て行った。彼女は目を覚まし、あたかも夫と同衾したかのように、身を清めた。すると見るまに彼女の体の表面に大蛇を描いたような痣が現われ、どうしても消すことができなかった。そのため、やがて彼女は公衆浴場に行くことを終生憚ることになった。それから十ヶ月たって彼女はアウグストゥスを生む。そのため彼はアポロンの息子とみなされたという。
> 　このアティアはまた、分娩の前に、自分の腸が天上の星まで運ばれて行き、ほどけて伸び、全天全地をぐるりと廻った夢を見た。
> 　父オクタウィアヌスも、アティアの子宮から太陽の光芒の立ち上る夢をみた。[6]

　ギリシャ・ローマ世界では蛇と女性の間に生まれた英雄として、かのマケドニアの大王アレクサンドロス（前三五六年〜前三二三年）がおり、ローマの将軍スキピオ・アフリカヌス（前二三六年〜前一八三年頃）

の伝説も知られている。したがって、アウグストゥスもこのような英雄の系譜から「神的人間」（テイオス・アネール／テイオス・アントゥローポス）として描かれているのだと考えられる。ルカの意図としては、イエスが処女懐胎という奇跡によって生まれたという設定を通して、イエスがアウグストゥスを凌駕する存在であることを描こうとしているというのが、文化研究、とりわけポストコロニアル的な視点による解釈である。むろん、その有用性は認めるが、ここでの批評装置であるジェンダー・セクシュアリティから繙けば、アウグストゥスの誕生もイエスの誕生も、英雄や「神的人間」を産む道具として女性を、とりわけ女性の「胎」（子宮）を使っているものでしかないことが分かる。

よりはっきり言えば、女性の意思は無視して、その女性の身体を神が侵害し、女性に英雄を孕ませて産ませるというのは、「性暴力」でしかない。その意味では、マリアのイエスの妊娠・出産とアティアのアウグストゥスの妊娠・出産の双方には、女性を男性の所有物として、その身体も精神も男性の意のままにしていいと見なしていた古代社会の「女性嫌悪（ミソギュニア）／女性蔑視」の感覚が「盲点」として隠されていると言えるのである。

五　マリアのクリスマスの回復――現代社会の課題として

当初の予定では、さらに「クィア理論」を通してルカのクリスマス物語の「聖家族」が「クィアな聖家族」にほかならないということを論じようと思ったのだが、もはや紙幅がない。(7) 本特集は、特に初学者を対象としており、分かりやすい内容が期待されているということもあり、言語的な問題、聖書学的な問題、そして諸説の紹介は別の担当者に任せ、ジェンダー・セクシュアリティという批評装置を通して、自分自身でテクストを読解するということに集中した[8]。

ルカの問題として批判した男性の視点は、古代世界の問題に留まるものではなく、現代世界の問題でもあり、それは当然わたし自身の問題でもある。救急車で病院をたらい回しされて亡くなった妊婦のニュースを忘れることはできないし、妊婦が優先席に座ることでハラスメント（マタニティ・ハラスメント）に遭うというニュースを聞くと、腹が立つと同時に、その世知辛さに悲しくなる。あるいは、出産前からお見舞いに来て、出産後も産婦を休ませてくれない家族や知人の話などは枚挙に暇がないし、教会にも同様の親切の押し売りがあることは、読者のみなさんもご存知の通りである。

もし男性が出産したとすれば、その痛みに耐えられずに気絶してしまうとか、あるいは死んでしまうといった意見すら聞く。大手術の直後を仮定してみれば分かりやすいかもしれないが、そんな命懸けの場面に見ず知らずの人たちがぞろぞろとやって来たとして、男性はその人たちを心から歓待できるだろうか。ここにはまさにルカという男性が妊娠・出産を軽視しているのと同じように、この社会が妊娠・出産を女性の問題として低く見ているという問題が露呈していると言えるのではないであろうか。これは「高尚な文化（ハイカルチュア）」（男性文化）の視点によって、「低俗な文化（サブカルチュア）」（女性文化）を斥けてきたということでもあるのかもしれない。

そして、マリアとアティアとが、イエスとアウグストゥスという「神的人間」を産むための道具にされているとの読解からは、女性を「子どもを産む機械（装置）」になぞらえた現代日本の政治家の発言を想起せざるをえない。

クリスマスの物語において、マリアは「聖母マリア」としてすべてを見通し、一連の出来事を大切な想い出として回想している。すでに批判したように、このマリア像は母性本能という幻想やマザーコンプレックス（マザコン）を象徴するものでしかない。しかし、このような「母親幻想」にマリアは囚われる必要などないし、「処女性」という幻想に縛られることも不要である。「女性嫌悪・女性蔑視・女性軽視」に染め抜かれたルカのクリスマス物語によって、また「女性嫌悪・女性蔑視・女性軽視」に浸り切ったわたしたちのこのテクストの読解によって、マリアのクリスマスは散々なものとして受け継がれてきた。しかし、「マリアのクリスマスの回復」に新たな可能性を開く読解として、文化研究、とりわけジェンダー・セクシュアリティ研究を用いた聖書解釈が受け入れられることを願いつつ、クリスマスを迎えるこのとき、「マリアのクリスマスの回復」を心から願うものである。

（1）「文化研究」（カルチュラル・スタディーズ）については、グレアム・ターナー『カルチュラル・スタディーズ入門——理論と英国での発展』溝上由紀ほか訳、作品社、一九九九年参照。また、聖書学における文化研究の適用については、村山由美／浅野淳博／須藤伊知郎「文化研究批評」、浅野淳博／伊東寿泰／須藤伊知郎／辻学／中野実／廣石望／前川裕／村山由美『新約聖書解釈の手引き』日本キリスト教団出版局、二〇一六年、二四六‐二七九頁参照。

（2）ポール・ウィリス『ハマータウンの野郎ども——学校への反抗・労働への順応』（ちくま学芸文庫）熊沢誠／山田潤訳、筑摩書房、一九九六年参照。

（3）「盲点」（blindness）の問題については、Paul de Man, *Blindness and Insight: Essays in the Rhetoric of Contemporary Criticism*, Oxford: Oxford University Press, 1971参照。

（4）Posidippus of Pella, AB 56; Leonidas of Tarentum, Anth.Pal, VII 463 G; GVI 1223 G; *CIL* XIV.2737 = *CLE* 1297; *CIL* VIII.24734 = *CLE* 2115. L. 詳しくは、Suzan Dixon, *The Roman Mother*, Routledge Revivals, London/ New York: Routledge, 2014; Mary R. Lefkowitz/ Maureen B. Fant, *Women's Life in Greece and Rome: A Source Book in Translation*, Baltimore: John Hopkins University Press, ^{4}2016参照。

（5）岸田秀『母親幻想』新書館、一九九五年。

（6）スエトニウス『ローマ皇帝伝（上）』（岩波文庫）国原吉之助訳、岩波書店、一九八六年、一九〇-一九一頁より引用。

（7）この課題については、本書第八章で論じている。

（8）本章のもとになっている小論は、キリスト教雑誌の『福音と世界』七一巻一二号、新教出版社、二〇一六年十二月号の「特集 降誕物語をどう読むか――聖書解釈の視座と方法」のひとつを担当したものに遡る。多様な聖書解釈の方法論によって、ルカ二・一-二〇を読解すると、どのような多様なメッセージないし解釈があるのかが示される特集である。わたしは文化研究批評を担当し、イギリスの文化研究を意識しつつも、文化研究批評として、ジェンダー・セクシュアリティを批評装置として用いるルカ降誕物語の解釈を提示することを試みた。

第八章　クィアな聖家族――ルカ降誕物語のクィアな読解

一　聖家族[1]

ルカ降誕物語の中心には、幼な子イエス、母マリア、そして父ヨセフがいる。イエス、マリア、ヨセフの三人は「聖家族」として西洋美術の重要なテーマとなって受け継がれ、西洋キリスト教世界において「理想の家族」や「規範的な家族」の象徴として理解されてきた。

しかし、ルカ降誕物語を注意深く繙いてみると、「聖家族」は西洋キリスト教世界が大切に抱えてきた「理想の家族」や「規範的な家族」とは異なる容貌を顕していると感じられる。なぜなら、クィア理論を用いてルカ降誕物語を読み解くと、ルカが描いている「聖家族」は「理想の家族」や「規範的な家族」ではなく、まさに「クィアな家族」に映ずるからである。

二　クィアな家族

クィア理論とはレズビアンとゲイの間の固有性と差異性を明らかにするのみならず、レズビアン内部の個々人の固有性と差異性、そしてゲイ内部の個々人の固有性と差異性を詳らかにする学問的かつ実践的な営みとして提唱されたものである。[2]したがって、クィア理論において「クィア」とはアイデンティティの総称の如く簡便に使用できるものではなく、普遍化や正常化を否定し続ける差異化実践の装置として理解されている。[3]そして、本章で用いる「クィアな家族」という表現もまたこの延長線上に位置づけられるものであり、それはとりわけ社会学、ゲイスタディーズ研究者である河口和也が提唱する「クイア化する《家族》[4]」とフェミニズム、セクシュアリティ研究者である竹村和子が唱道した「〔ヘテロ〕セクシズム[5]」の思想に依拠している。[6]

河口は異性愛規範の外部に置かれるふたりのゲイ男性とワンナイトラヴを繰り返すひとりの異性愛者女性の三人を描いた映画『ハッシュ！[7]』を取り上げ、「いやおうなく性的な主体として意味づけられる個人としてのゲイと、『性的な欲望が過剰』であるとみなされてしまった女は、家族から零れ落ちたクイアな存在である[8]」と指摘する。そして、この映画においてこの三人が血縁に基づく家父長制維持の装置である一夫一婦制（単婚制）という近代家族の規範の抑圧下にもがきつつも、[9]恋愛、結婚、血縁といった異性愛規範とは無関係に三人で新たな「選択にもとづく家族」を形成し、しかも「二」ではなく、「三」という新たな単位を作ることで、もうひとつの新たな「家族」の選択肢が開かれていると指摘し、この新たな可能性を「クイア化する《家族》」として提示している。[10]

竹村は「異性愛主義の性差別」を表す「〔ヘテロ〕セクシズム」という造語によって、「異性愛主義」(heterosexism)と「性差別」(sexism)が連動する抑圧のシステムであると指摘する。[11] この指摘は異性愛主義を解体しようとするさい、「規範／逸脱」という二項対立図式の基盤が「異性愛／同性愛」とされていることに対する疑義であり、規範として近代が再生産し続けているのは、異性愛一般というよりも、ただひとつの「正しいセクシュアリティ」であるとの主張であり、[12] それは「終身的な単婚を前提として、社会でヘゲモニーを得ている階級を生産する家庭内のセクシュアリティである」[13] と述べている。

このように河口の「クィア化する《家族》」と竹村の「〔ヘテロ〕セクシズム」(正しいセクシュアリティ)によれば、「近代家族」は異性愛規範とジェンダー規範によって普遍化・正常化されることで、「理想の家族」や「規範的な家族」として位置づけられるようになったものでしかないことが明らかとなる。そして、私見では「聖家族」もまた西洋キリスト教世界において普遍化・正常化されることを通して「正しい家族」として理解されるようになったものでしかなく、以下の議論ではルカ降誕物語をクィアに読み解き、「聖家族」が「クィアな聖家族」にほかならないということを詳らかにしたい。

三　「受胎告知」のクィアな読解

「受胎告知」(ルカ一・二六‐三八)のクィアな読解において注意が向けられるのは、マリアの処女懐妊をめぐる問題である。一・二七においてマリアが「乙女」であることが二度にわたって注記され、そして彼女が「ダビデの家の出身のヨセフという名の男と婚約していた」ことが二度の「乙女」の語の間に差し挟まれるようにして報告されている。「乙女」と訳したπαρθένος(パルテノス)は、婚姻が義務とされていた古代地中海世界において、「処女」か「非処女」かに関係なく、婚姻前の「若い女性」を表す語である。伝統的な訳語に従って「乙女」としたが、一・三四の「わたしは男の人を知らないのですから」というマリアの驚きからすると、「処女」が含意されていると見なすのが自然であろう[14]。また、先に指摘したように、ギリシャ語原文ではルカ一・二七の最初と最後に「乙女」の語が二度繰り返して強調されていることを考えると、処女懐妊が明確に意識されていることは疑いえない。

ルカの受胎告知はマリアにのみ告げられており、ヨセフは完全に蚊帳の外に置かれている。これはルカ降誕物語を貫く顕著な特徴であり、マタイ降誕物語がヨセフを中心として描かれ、マリアには焦点が当てられていないこととは対照的である[15]。マリアの妊娠にさいして、マタイではヨセフはマリアが「浮気」したと思い込んで苦悩する様子が描かれるだけではなく、イエスが生まれるまでマリアの処女性を保持するという配慮をも見せている。それに対して、ルカではマリアがヨセフに妊娠について伝える描写はなく、この緊急事態にヨセフがどのような反応を示したのかも記されてはいない[16]。このようにルカはヨセフに対する無関心を徹底して貫いている。ここには明瞭にルカの神学的意図がある。つまり、「聖霊」による処女懐妊においては、イエスの本当の父は神のみであり、霊の父である神の前に――現実には肉の父であるはずの――ヨセフは置物のように生気を奪われ、霊（空気）のようにその存在を薄められ、見えなくされる必要があったということである。

このようにヨセフはイエスの父として扱われておらず、処女懐妊ではイエスとヨセフの間には血縁関係などないはずである。にもかかわらず、ルカはイエスがヨセフのもとに生まれたのは彼が「ダビデの家の出身」（一・二七）だからだと説明する。メシア預言との整合性を保つためである。しかし、ルカは「イエスの系図」（三・二三－三八）の冒頭で、「彼〔＝イエス〕はヨセフの息子と見なされていた」（三・二三）との説明をわざわざ加えることで、イエスの父は神のみであり、ヨセフはイエスの父ではないと読者にくぎを刺している。にべもないといった感じだが、しかしこのようなルカの筆致の綻びから、イエスには神とヨセフというふたりの父がいるというクィアさがかき消されずに残されている。

四　「イエスの誕生」のクィアな読解

「イエスの誕生」（ルカ二・一‐二〇）の場面においては、「受胎告知」が強調する処女懐妊の主題は後景に退いており、物語の全体として処女降誕が前景に押し出されてはいない。おそらく、これは「イエスの誕生」の物語が「受胎告知」とは無関係に成立したものだということを示していると思われるが、[17]二・一九の「だが、マリアはすべてのこれらの出来事をしっかりと保ち、その心のうちで思いめぐらしていた」というルカが編集として書き加えたマリアの心理描写によって、[18]イエスの誕生が「受胎告知」などの一連のルカ降誕物語が有する処女懐妊を前提とする処女降誕の物語であることを読者に一気に思い出させる役割を果たしている。

その二・一九のテクストだが、前半に現れる主動詞のσυντηρέω（シュンテーレオー）は「しっかりと保つ」が原意であり、[19]後半の「心のうちで思いめぐらしていた」と重ね合わせると、「しっかりと心に留めた」や「しっかりと記憶に留めた」というニュアンスである。[20]そして、後半に現在分詞で現れるσυμβάλλω（シュンバッロー）は「議論する」や「熟考する」といった意味だが、マリアが自分の心のうちで「ああでもない、こうでもない」と「思いめぐらしていた」様子が浮かんでくる。しかも、主動詞のσυντηρέω（シュンテーレオー）は未完了過去形が使われており、マリアが自分の妊娠と出産にまつわる多くの奇跡的出来事を次から次に心に留めたという意味で未完了過去が用いられていると思われるが、マリアが自分に起こった出来事を幾度となく繰り返し心に留めたというニュアンスも含まれているように思える。そして、このことはσυμβάλλω（シュンバッロー）が現在分詞形であり、現在分詞の用法が主動詞の示す行為と同時に進行する継続的行為を表すことを考えると、次から次に押し寄せてきた一連の出来事を心に留め、それらの出来事を思い出すたびに混乱して心のうちで煩悶するマリアの姿が想像される。

このように「イエスの誕生」の場面においても、マリアはイエスの誕生のすべてをその身に引き受けている。それに対して、受胎告知ではあれほど前景に出ていた神という父はどこか後景に退いてしまっており、ヨセフもまたイエスの父として「聖家族」の一員にはなったものの、「受胎告知」の場面と同じように名前だけの希薄な存在のままである。したがって、イエスの誕生の場面では、神とヨセフというふたりの父がいることはいるが、限りなくその影は薄く、マリアはあたかも独りでいるかのようであり、ここにはイエス、マリア、ヨセフという「聖家族」という「理想の家族」や「規範的な家族」の姿などない。

五　クィアな聖家族

以上の論述からもうかがわれるように、ルカ降誕物語から浮かび上がってくる「聖家族」の姿は、「理想の家族」や「規範的な家族」とはかけ離れた「クィアな家族」である。

マリアは聖霊によって身ごもり、イエスを産む。ルカはそれを処女懐妊と処女降誕として描いている。聖霊によって宿ったイエスは神の子である。したがって、イエスの父は神である。現代的な言い方をすると、神の聖なる霊的な遺伝子を持ってイエスは生まれたということであろうか。むろん、このような神とイエスとの霊的な父子関係は「クィアな父子」である。

ルカはイエスがヨセフのもとに生まれたのは彼が「ダビデの家の出身」（一・二七）だからだと説明し、「彼〔＝イエス〕はヨセフの息子と見なされていた」（三・二三）とも記している。むろん、ルカの筋書きではヨセフとイエスとは血縁関係（遺伝学上の親子関係）にない。ヨセフはイエスの父であり、父ではないというパラドクスないしアンビヴァレンスがある。[21] イエスとヨセフは「クィアな父子」なのである。

では、マリアはどうか。マリアは聖霊によってイエスを宿したのだという筋書きに基づけば、イエスは聖霊によって身ごもった神の子であり、イエスの親は神のみとなる。ルカが語るのは「聖霊」による懐妊であり、ギリシャ・ローマ世界における神と人間の女性との間の「肉体」を伴う性交は何ら前提されていない。[22] そのように考えると、ヨセフだけではなく、マリアもまたイエスとは血縁関係にはないということになる。そうすると、処女降誕とはマリアの胎を使った代理出産に相当するのであろうか。マリアがイエスを産んだということから、ルカはマリアがイエスの母であることに疑義を挟まない。[23] だが、血縁関係（遺伝学上の親子関係）としては、マリアとイエスは母子ではないことになる。そう考えると、マリアもまたイエスの母であり、母ではないというパラドクスないしアンビヴァレンスを抱えている。やはり、マリアとイエスも「クィアな母子」なのである。

このようにルカ降誕物語にはイエス、マリア、ヨセフという三人から成る「聖家族」など存在していない。ルカが描くのはイエス、マリア、ヨセフ、そして神の四者（三人＋一神）から成る「聖家族」である。イエスにはふたりの父がいる。ヨセフもマリアもイエスの血縁の親ではない。神もまた血縁ではなく、霊の父である。「聖家族」は西洋キリスト教世界が大切に抱えてきたような「理想の家族」や「規範的な家族」でもなく、様々な事情を抱える「クィアな家族」にほかならないのである。幼な子イエスを中心とする「クィアな家族」こそが「聖家族」の姿として浮かび上がってくる。これからも毎年めぐってくるクリスマスには、「クィアな聖家族」の中心にいる幼な子イエスの降誕を祝いたいと願っている。

（1）本章は拙論「マリアのクリスマスの回復――文化研究批評（ジェンダー・セクシュアリティ研究）による解釈」『福音と世界』第七一巻一二号、新教出版社、二〇一六年一二月号、三〇－三五頁（＝本書第七章）に続くルカ降誕物語のクィアな読解を試みたものであり、先の論考において宿題として示したことを、編集者であり、クィア神学の研究者でもある工藤万里江氏が覚えてくださっていたことによって、五年の歳月を経て、宿題を提出できたことを感謝とともに記しておく。

（2）Teresa de Lauretis, "Queer Theory: Lesbian and Gay Sexualities: An Introduction", *differences: A Journal of Feminist Cultural Studies* 3/ 2 (1991), iii–xviii.

（3）Teresa de Lauretis, "Habit Changes", *differences: A Journal of Feminist Cultural Studies* 6/ 2–3 (1994), 296–313; David M. Halperin, "The Normalizing of Queer Theory", *Journal of Homosexuality* 45 (2005), 339–343参照。

（4）河口和也『クイア・スタディーズ』（思考のフロンティア）岩波書店、二〇〇三年、六七－九三頁参照。

（5）竹村和子『愛について――アイデンティティと欲望の政治学』岩波書店、二〇〇二年、三三－八八参照。

（6）詳しくは、拙論「クィア化する家族――マルコ三・二〇－二一、三一－三五におけるイエスの家族観」『神学研究』六〇号、関西学院大学神学研究会、二〇一三年、［一三－一四頁］二一－二二頁（＝本書第五章）参照。

（7）『ハッシュ！』監督／脚本：橋口亮輔、配給：シグロ、二〇〇一年、二〇〇二年。橋口亮輔『小説 ハッシュ！』アーティストハウス、二〇〇二年をも参照。

（8）河口『クイア・スタディーズ』七八頁。

（9）河口『クイア・スタディーズ』七八－九〇頁参照。

（10）河口『クイア・スタディーズ』九一－九三頁参照。

（11）竹村『愛について』三六‐三七頁、同「忘却／取り込みの戦略――バイセクシュアリティ序説」、藤森かよこ編『クィア批評』世織書房、二〇〇四年、［七一‐八八頁］八五頁注一参照。

（12）竹村『愛について』三七‐三八頁参照。

（13）竹村『愛について』三七頁。

（14）廣石望『信仰と経験――イエスと〈神の王国〉の福音』新教出版社、二〇一一年、一五八‐一五九頁、同『新約聖書のイエス――福音書を読む 上』（NHK宗教の時間）NHK出版、二〇一九年、六七‐七三頁、青野太潮『最初期キリスト教思想の軌跡――イエス・パウロ・その後』新教出版社、二〇一三年、七八‐七九頁、同『どう読むか、新約聖書――福音の中心を求めて』（ヨベル新書064）ヨベル、二〇二〇年、九八‐九九頁、嶺重淑『ルカ福音書 1章～9章50節』（NTJ新約聖書注解）日本キリスト教団出版局、二〇一八年、五七頁参照。

（15）ジョン・D・クロッサン／マーカス・J・ボーグ『最初のクリスマス――福音書が語るイエス誕生物語』浅野淳博訳、教文館、二〇〇九年、二四、四二‐四三、七四‐七五、一三三‐一六六頁参照。

（16）クロッサン／ボーグ『最初のクリスマス』一三八‐一三九頁参照。

（17）詳しくは、嶺重『ルカ福音書 1章～9章50節』八八‐九〇頁参照。

（18）二・一九がルカの編集に帰されることについては、Joachim Jeremias, *Die Sprache des Lukasevangeliums. Redaktion und Tradition im Nicht-Markusstoff des dritten Evangeliums*, KEK Sonderband, Göttingen: Vandenhoeck & Ruprecht, 1980, 86–88; 嶺重『ルカ福音書 1章～9章50節』八九‐九〇頁参照。

（19）田川建三『新約聖書 訳と註2上――ルカ福音書』作品社、二〇一一年、一三七頁参照。

（20）嶺重『ルカ福音書 1章～9章50節』八七、九八頁、田川『新約聖書 訳と註2上』一三七頁参照。

（21）「神殿における少年イエス」（ルカ二・四一‐五二）の場面において、マリアはイエスにヨセフを「あなたの父」と言っているが（二・四八）、その返答として一二歳の少年イエスは神を「わたしの父」と呼ぶことによって（二・四九）、ヨセフが自分の父だということを否定しているかのようである。しかも、これがルカ福音書におけるイエスの最初の発言である（嶺重『ルカ福音書 1章～9章50節』一一九‐一二〇頁参照）。ヨセフが不憫に思えてくる。

(22) 青野『最初期キリスト教思想の軌跡』七二、八八頁注一四、同『どう読むか、新約聖書』八八頁は、ルカ一・三五において天使がマリアに告げている「聖霊があなたの上に臨み、至高者の力があなたに影を覆うであろう」（πνεῦμα ἅγιον ἐπελεύσεται ἐπὶ σὲ καὶ δύναμις ὑψίστου ἐπισκιάσει σοι［プネウマ・ハギオン・エペレウセタイ・エピ・セ・カイ・デュナミス・ヒュプスィストゥー・エピスキアセイ・ソイ］）というテクストの分析を通して、新約聖書の処女降誕物語において「神的存在と人間の女性との間の『身体的結合』という考え」が成り立つ可能性があると指摘している。私見では、ルカの文脈では「聖霊」による懐妊に「肉体」が介在するとは考えられないが、イエスの処女降誕神話の背景にギリシャ・ローマ世界の神と人間の女性の性交のイメージが含まれていたとの想定は十分に可能性があるものと思われる。聖書の神にエロースを見出す青野の読解はクィアな読解とも通底する。なお、この問題については、廣石『信仰と経験』一五八‐一五九頁、同『新約聖書のイエス 上』七一‐七二頁をも参照。

(23) ルカ一・四三、二・三三、三四、四八、五一参照。

第九章　『聖書協会共同訳』のクィアな批評
――教会・キリスト教主義大学・クィアな空間で読む

一　聖書翻訳ブーム?!――聖書協会共同訳の責務

『聖書　新共同訳』[1]（一九八七年）の発行から三十一年の時を経て、『聖書　聖書協会共同訳』[2]（二〇一八年）が刊行された。この前年には『聖書　新改訳２０１７』[3]（二〇一七年）も上梓されており、聖書翻訳ブームが到来しているかの様相を呈している。ブームと呼ぶのはさすがに大袈裟かもしれないが、田川建三訳『新約聖書　訳と註』[4]（全八巻、二〇〇七‐二〇一七年）が完訳し、その本文をまとめた二種類の判型の一巻本『新約聖書　本文の訳』[5]（二〇一八年）も発行されており、キリスト教書店や都市部の大規模書店には、これらの日本語訳聖書が所狭しと居並んでいる。聖書翻訳ブームが到来しているとの錯覚に陥ってしまうのも仕方のないことである。

また、これらの聖書翻訳の刊行に呼応して、キリスト教や聖書関係の学会では、新しい日本語訳聖書に関する講演会やシンポジウムが開催されている。とりわけ注目に値するのは、この時流に触発されて、京都ユダヤ思想学会が「タルグム」（ヘブライ語聖書のアラム語訳）に関するシンポジウムを行っていることである(6)。やはり、聖書翻訳ブームが来ているのであろうか。

聖書翻訳がこのように立て続けに行われていることに何かしらの歴史的意義があるのかどうかについては、後の歴史の判断に委ねるほかないが、少なくとも意図的に聖書翻訳ブームが作られたわけではなさそうである。なぜなら、以下の表に示したように、日本聖書協会はこれまでもおおむね三十年スパンで新しい聖書を刊行してきたからである(7)（参考のため、新日本聖書刊行会［新改訳聖書刊行会］が発行する新改訳聖書の一覧も付記する）。

日本聖書協会		新日本聖書刊行会（新改訳聖書刊行会）	
一八八七年	『聖書　明治元訳』	一九六五年	『聖書　新改訳』（新約聖書のみ）
一九一七年	『聖書　大正改訳』	一九七〇年	『聖書　新改訳』（第一版）
一九五五年	『聖書　口語訳』	一九七八年	『聖書　新改訳』（第二版）
一九八七年	『聖書　新共同訳』	二〇〇三年	『聖書　新改訳』（第三版）
二〇一八年	『聖書　新共同訳』	二〇一七年	『聖書　新改訳２０１７』（全面改訂）

日本聖書協会の説明によれば、三十年のスパンで新しい日本語訳聖書を世に送り出してきたのは、日本語や日本社会の変化に対応するための措置とのことである(8)。その意味では、聖書協会共同訳の刊行は定期的な翻訳事業の一環として行われたものでしかないのかもしれない。

だが、今回の新訳にはこれまでの聖書翻訳とは質的に異なる困難さがあったものと思われる。それは日本の聖書学の進展と不可分の関係にあることでもあるのだが、一九八七年の新共同訳聖書の発行から二〇一八年の聖書協会共同訳の刊行までの三十一年の間に、新たな日本語訳聖書が立て続けに発行されたことから生じる困難さであり、それは特に学問的な正確さと精緻さを有する聖書翻訳が現れたことに起因する問題として立ち現れている。すなわち、旧約聖書の翻訳としては、関根正雄訳[9]（全四巻、一九九三‐一九九五年）と岩波訳[10]（旧約聖書翻訳委員会訳、全十五巻、一九九七‐二〇〇四年）が上梓され、新約聖書の翻訳としては、岩波訳[11]（新約聖書翻訳委員会訳、全五巻、一九九五‐一九九六年）と先述した田川訳[12]（二〇〇七‐二〇一七年）が出版されたということである。これらの翻訳によって、聖書協会共同訳はその訳業を進めるうえで学問的に大きな恩恵を受けると同時に、これらの翻訳が口語訳や新共同訳と批判的に対話しつつ到達した学問的成果をすべて踏まえたうえで、これらの翻訳とは一線を画す新たな日本語訳聖書として生み出されねばならないという困難さと責務とを負っているのである。

果たして、協会共同訳はその困難さを乗り越え、その重大な責務を果たしていると言えるであろうか。今回（二〇一九年度）の「日本基督教学会北海道支部公開シンポジウム[13]」でのわたしの役割は、辻学氏が協会共同訳の特徴と意義を解剖する基調講演に対する応答として[14]、――戸田聡氏の旧約聖書続編の翻訳プロセスに関する発題をも受け[15]――翻訳事業に関わっていない、物を言いやすい立場から協会共同訳を批評することにある。そこで、この発題では協会共同訳の「スコポス」（目的）である「教会」とそれに準じる「キリスト教主義大学」で読む場合の課題に触れ、そこからさらに「スコポス理論」によって等閑に付されている「クィアな空間」で読む場合の課題に言及することによって、協会共同訳のクィアな批評を試みたい。

二　教会・キリスト教主義大学で読む聖書協会共同訳

二・一　「ピスティス」（πίστις）の訳語の問題

基調講演において辻氏が解説しているように[16]、「キリストのピスティス」（πίστις Χριστοῦ［ピスティス・クリストゥー］）の訳語として、協会共同訳はパイロット版の「キリストの信実」に替えて、「キリストの真実」という訳語を採用している[17]。この問題については、昨年度（二〇一八年度）の「日本基督教学会北海道支部公開シンポジウム」[18]において、その経緯なども含めて阿部包氏が発題で詳しく紹介していることは記憶に新しい[19]。また、これも辻氏が[20]――そして阿部氏も[21]――説明するように、πίστις（ピスティス）を「真実」と訳してしまうと、「真理」や「真実」を意味するἀλήθεια（アレーテイア）と紛らわしく、しかもπίστις（ピスティス）の原意である「誠実さ」「信」「信仰」の意味が含まれないことから、訳語として無理があることは明らかである。

しかしながら、協会共同訳が強調する朗読の観点から考えると、「しんじつ」と聞いて、すぐに「信実」を思い浮かべることができるのは、近年の新約聖書学の「キリストのピスティス」の議論を知る者くらいであり、通常は「真実」しか思い浮かべることができないはずである。その意味では、日本語としては「キリストの真実」という訳語にせざるをえなかった事情も分からないではない。折衷案になるが、協会共同訳は「兄弟・姉妹」の意で「きょうだい」と訳す気概があるのだから、「信実・真実」の間を取って「しんじつ」としてもよかったのではと思う。個人的には「まこと」（誠／真事）という訳語はどうかと思うのだが、すでに前田護郎訳[22]が採用しているものの、日本的な響きが強すぎるためか、これまでほとんど省みられることはなかったようである。

また、「信実」から「真実」への改変は、辻氏が指摘する「釈義上の議論を教派の都合が左右した」[23]ということだと考えられるが、信仰義認の教理に関わる問題だということもあり、教会関係者の一部ではかなり騒がれている。そして、これは「信実」対「真実」の対立に留まらず、「キリストの信実」と「キリストの真実」のいずれの場合でも、主格的属格に取る解釈に対しては、対格的属格が意図する「キリストへの信仰」という神に対する人間の側の唯一の応答としての「信仰」が不要とされることに対する批判が含まれている。

その一例としては、日本基督教団の関西圏の牧師・信徒が形成する「ガリラヤ会」（聖書翻訳研究会）が、「キリストの真実」という訳語を採用する聖書協会共同訳の方針に合意した日本基督教団（総会議長と総幹事事務取扱宛）に送った質問状があげられる[24]。この質問状には、(1)「日本基督教団信仰告白」との整合性がない、(2)救済論を曖昧にしている、(3)「キリストへの信仰」という定型句が聖書本文からなくなり、洗礼（神に対する人間の側の唯一の応答である信仰の表現）へとつながらなくなってしまうことが問題として列挙されている。

このような批判は、それがたとえ的外れだったとしても、ここにはまさに「ピスティス」が絡んでいることから、日本聖書協会や各教派は無視しえないはずである。しかも、この批判は聖書協会共同訳の「スコポス」である教会で「神の言葉としての聖書」を熱心に読むことを自認するグループから出されたものであり、したがって聖書協会共同訳の根本の理念に関わる問題のはずである。残念ながら、聖書協会共同訳は「釈義」と「教派の都合」との間で落としどころを見出すために、「キリストの真実」という玉虫色の解決策を選択することによって、「釈義的な支持[25]」と「教派的な支持[26]」のいずれも失ってしまいかねな

い皮肉な現実を招来してしまっていると言えよう。(27)

二・二　改善された翻訳

辻氏が説明するように、(28)協会共同訳はパイロット版での変更点を最終的には新共同訳に合わせたり、口語訳に戻したりしたようなので、結果としては新共同訳からの著しい改悪も改善もなくなっているものと思われる。しかし、むろん改善された翻訳もある。マルコ三・二一とⅠコリント一一・二七はその代表であり、二十一世紀の時代に「家族」や「教会」というシステムを再考する好機を提供する。

(1)マルコ三・二一

まずは、比較のためにマルコ三・二一の協会共同訳、新共同訳、口語訳およびギリシャ語テクストと私訳を提示する。

【協会共同訳】
身内の人たちはイエスのことを聞いて、取り押さえに来た。「気が変になっている」と思ったからである。

【新共同訳】
身内の人たちはイエスのことを聞いて、取り押さえに来た。「あの男は気が変になっている」と言われていたからである。

【口語訳】
身内の者たちはこの事を聞いて、イエスを取押さえに出てきた。気が狂ったと思ったからである。

【ギリシャ語】

καὶ ἀκούσαντες οἱ παρ᾽ αὐτοῦ ἐξῆλθον κρατῆσαι αὐτόν· ἔλεγον γὰρ ὅτι ἐξέστη.（カイ・アクーサンテス・ホイ・パラウトゥー・エクスェールトン・クラテーサイ・アウトン・エレゴン・ガル・ホティ・エクスェステー）

【私訳】

すると、彼の身内の者たちが〔このことを〕聞いて、彼を捕まえようとしてやって来た。なぜなら、彼ら〔＝身内の者たち〕は彼〔＝イエス〕がおかしくなったと言っていたからである。

このテクストの翻訳上の問題は、右の引用において傍線を引いて示したἔλεγον（エレゴン〔彼らは言っていた〕）の主語をどう理解するかにある。すなわち、イエスが「気が変になっている」ということを言っていた「彼ら」がいったい誰なのかという問題である。以下の二通りの解釈（翻訳）が可能である。

①「人々は言っていた／～と言われていた」

これはἔλεγον（エレゴン）の主語を「不特定の人々」の意に取り、「人々が言っていた」と訳すか、スムースな表現になるように、「～と言われていた」と受け身に訳す解釈である。この場合にはイエスが気が変になっているという噂が人々の口に上っていたので、イエスの家族がイエスを捕まえに来たという意味になる（新共同訳、新改訳２０１７）。

②「彼ら〔＝彼の家族の者たち〕は言っていた」

これはἔλεγον（エレゴン）の主語を「彼の家族の者たち」の意に取り、「彼ら〔＝家族（の者たち）〕は彼が気が変になっていると言っていた」と訳す解釈である。この場合にはイエスが気が変になっているということを言っていたのはほかならぬイエスの家族ということになる（協会共同訳＝口語訳）。

文法的にはいずれの解釈も可能だが、ἔλεγον（エレゴン）の直前に「彼の家族（身内）の者たち」（οἱ παρ᾽ αὐτοῦ［ホイ・パラウトゥー］）という複数形の主語があることを考えると、ἔλεγον（エレゴン）の主語は「不特定の人々」ではなく、「彼の家族の者たち」としか考えられない。このように二一節の主語が「イエスの家族の者たち」であるのは明白であるにもかかわらず、この解釈が忌避されるのは、イエスの家族――聖母マリアとイエスの兄弟ヤコブ――がイエスは気が変になっていると口々に言っていたというマイナスのイメージからイエスの家族を守ろうとする護教論的意識が働くためである。

上述した日本語訳聖書の訳文からも分かるように、協会共同訳が新共同訳の訳文を改善しているが、実際には口語訳の訳文に戻しただけである。したがって、これは辻氏の「新共同訳から離れる際には、口語訳に近づけている場合が目立つ[29]」という指摘に当てはまるものである。もっとも、個人的には口語訳に戻すだけではなく、もっとはっきりとイエスとイエスの家族との不和ないし対立を際立たせることによって、イエスが「家族」というシステムを脱構築していることを明確にしてほしかったところである[30]。

(2)　Ⅰコリント一一・二七

最初に、比較のためにⅠコリント一一・二七の協会共同訳、新共同訳、口語訳およびギリシャ語テクストと私訳を提示する。

【協会共同訳】

従って、ふさわしくないしかたで、主のパンを食べ、主の杯を飲む者は、主の体と血に対して罪を犯すことになります。

【新共同訳】

従って、ふさわしくないままで主のパンを食べたり、その杯を飲んだりする者は、主の体と血に対して罪を犯すことになります。

【口語訳】

だから、ふさわしくないままでパンを食し主の杯を飲む者は、主のからだと血とを犯すのである。

【ギリシャ語】

Ὥστε ὃς ἂν ἐσθίῃ τὸν ἄρτον ἢ πίνῃ τὸ ποτήριον τοῦ κυρίου ἀναξίως, ἔνοχος ἔσται τοῦ σώματος καὶ τοῦ αἵματος τοῦ κυρίου.（ホーステ・ホス・アン・エスティエー・トン・アルトン・エー・ピネー・ト・ポテーリオン・トゥー・キュリウー・アナクスィオース・エノコス・エスタイ・トゥー・ソーマトス・カイ・トゥー・ハイマトス・トゥー・キュリウー）

【私訳】

したがって、ふさわしくなく〔＝ふさわしくない仕方で〕主のパンを食べ、主の杯を飲む者は、主の身体と血とに罪がある。

このテクストは日本基督教団の聖餐式の式文として用いられている。[31] 問題は傍線を引いた副詞ἀναξίως（アナクスィオース）の訳語である。この単語は新約聖書に一度しか用いられていない。直訳は「ふさわしくなく／不適切に」だが、この場合は「ふさわしくない仕方／不適切な方法」の意である。コリント教会の主の晩餐において、各自が勝手に飲み食いをしてしまい、共同の食事の一環として行われる主の晩餐が「ふさわしくない仕方で」行われていることを批判し、パウロは主の晩餐においてふさわしい振る舞いをするよう求めているということである。[32]

したがって、ἀναξίως（アナクスィオース）を「ふさわしくないままで」と翻訳し、人間が何らかの罪に陥っているかのような状態として理解するのは間違っている。実際に、この日本語訳に基づき、日本基督教団口語式文が作られており、「ふさわしくないままで」ということをその人間の生活上の問題と関連づけ、陪餐停止の処分をする教会があることを考えると、[33]今回の改善は教会に一考を促す訳文になっていると言えよう。[34]

三　クィアな空間で読む聖書協会共同訳

三・一　協会共同訳のポリティカル・コレクトネス――聖書の差別性の問題

辻氏は協会共同訳がヘブライ語のצָרַעַת（ツァーラアト）やギリシャ語のλέπρα（レプラ）を新共同訳の「重い皮膚病」から「規定の病」に変更し、ἀδελφοί（アデルフォイ）を「兄弟・姉妹」の意を含めた「きょうだい」と訳し、さらにδούλη（ドゥーレー）に「仕え女」という訳語を充てていることについて、「差別語」を避けて「政治的な正しさ」（ポリティカル・コレクトネス）を求めるあまり、「安全」な訳語を選択しただけであり、「差別的でない訳語への苦心の跡は見られるものの、聖書が持つ差別性と向き合うという姿勢は見られない」という枢要な指摘をしている。[35]

この指摘を受けて、クィアな空間において新約聖書の「同性間性交」に関係するテクストを読むときに、そこに隠されることなく露わなままにされている酷い差別性があることが予想される。現代のキリスト教の同性愛者差別の問題をも見据えつつ、実際に協会共同訳の翻訳を取り上げて、協会共同訳のクィアな批評を試みたい。

三・二　ローマ一・二六‐二七

【ローマ一・二六‐二七】〔協会共同訳〕
26それで、神は彼らを恥ずべき情欲に任せられました。女は自然なb関係を自然に反するものに替
え、27同じく男も、女との自然な関係を捨てて、互いに情欲を燃やし、男どうしで恥ずべきことを行
い、その迷った行いの当然の報いを身に受けています。

b 別訳「性行為」

ローマ一・二六‐二七の翻訳上の問題は「自然な関係」の「関係」という訳語にある。協会共同訳が「関係」と訳しているχρῆσις（クレーシス）は動詞χράομαι（クラオマイ〔使用する〕）の派生語であり、「使用／用法」の意である。この語には「関係」という意味はなく、したがって別訳の「性行為」という訳語もありえない。しかも、これはそもそも別訳などではない。順番としては、このテクストが現代的な「同性愛」の問題に言及しているという先入観が持ち込まれることによって、これは同性同士の「性行為」のことを言っているという考えに基づいて、「性行為」という表現をオブラートに包む訳語として、χρῆσις（クレーシス）には「関係」という意味もあるということにしてしまっただけである。

このテクストにおいて語られている「自然なχρῆσις（クレーシス）」や「自然に反するもの＝自然に反するχρῆσις（クレーシス）」とは、性交時の自己の――あるいは性交相手の――「自然なジェンダーの用法」や「自然に反するジェンダーの用法」というジェンダーの認識やジェンダーの用い方の問題を表す表現である。古代地中海世界には性行為の対象を相手の「性別」に基づいて決めるという「性的指向」の考え方は存在せず、したがって性行為の相手の「性別」によって、その性行為が「自然」（自然な性的関係＝異性

愛）か「自然に反する」（自然に反する性的関係＝同性愛）のかを判断するような発想がそもそも存在していなかったのである。

三・三　Ｉコリント六・九－一〇

【Ｉコリント六・九－一〇】〔協会共同訳〕

9それとも、正しくない者が神の国を受け継げないことを、知らないのですか。思い違いをしては
いけません。淫らな者、偶像を礼拝する者、姦淫する者、男娼となる者[b]、男色をする者、10盗む者、
貪欲な者、酒に溺れる者、人を罵る者、奪い取る者は、神の国を受け継ぐことはありません。

b別訳「柔弱な者」

Ｉコリント六・九－一〇は「悪徳表」と呼ばれるものであり、パウロが異邦人（異教世界）の罪としてその「悪徳」を列挙したものである。このテクストには、πόρνος（ポルノス）、μοιχός（モイコス）、μαλακός（マラコス）、ἀρσενοκοίτης（アルセノコイテース）という四種類の「性的な悪徳」を行う者が列挙されている。

古代ギリシャ語ではπόρνος（ポルノス）は「男娼」以外を意味することはないのだが、新約聖書では「淫らな者」と翻訳されてきた。これでは「姦淫する者」という訳語が充てられているμοιχός（モイコス）との差異が不明瞭であるだけでなく、そもそもπόρνος（ポルノス）を「淫らな者」と訳すのには無理がある。パウロは性的悪徳のトップにπόρνος（ポルノス）をあげ、その次に「偶像を礼拝する者」（εἰδωλολάτρης［エイドーロラトレース］）を置いているが、古代のユダヤ教では異邦人（異教世界）の性的悪徳は偶像礼拝のゆ

えに生じたと考えられており（ローマ一・一八‐三二参照）、古代のユダヤ教の言説に従って、ヤハウェから離れて異教の神々に自己を「売る」ユダヤ人の姿が売春に喩えられている。それゆえ、パウロは性的悪徳を「売春」（πορνεία［ポルネイア］）と呼ぶ[36]。

したがって、Ｉコリント六・九のπόρνοι（ポルノイ）は「売春」に表象される異邦人（異教世界）の性的悪徳を表しているのであって、πόρνος（ポルノス）の本来の意味合いを含まない「淫らな者／淫らな行いをする者」という訳語は不正確である。訳語としては、思い切って「男娼」と直訳するか、「男娼」と「娼婦」を含む「売春者」とするか、あるいは「売春に関わる者」として、脚注で売春に代表される異邦人（異教世界）の性的悪徳の全体をユダヤ教の立場から断罪しているということを明記することが必要である。

次はμοιχός（モイコス）だが、この語は協会共同訳に至る日本語訳聖書が伝統的に採用してきた「姦淫する者」という性的不道徳全般を意味するものではなく、より正確には「姦通者[37]」（ラテン語adulter）を表す術語である。

そして、新約聖書の同性間性交に関する議論の中心となるμαλακός（マラコス）とἀρσενοκοίτης（アルセノコイテース）だが、協会共同訳はμαλακός（マラコス）を「男娼となる者」と訳し、ἀρσενοκοίτης（アルセノコイテース）を「男色をする者」と翻訳する。このようにμαλακός（マラコス）とἀρσενοκοίτης（アルセノコイテース）を同性間性交の「受け手」と「挿し手」の意味に解するのは、西洋語訳聖書でも頻繁に確認される誤読である。

協会共同訳はこの語に注を付して、μαλακός（マラコス）には「柔弱な者」という別訳があると指摘している[38]。この別訳がいみじくも説明するように、μαλακός（マラコス）は現代的なセクシュアリティの観点に基づく「同性愛者」とはまったく関係なく、古代ギリシャにおいて「女のような男／女々しい男」を難詰するときに用いられた侮蔑語である。日本社会でMTF（Male to Female）の「トランスジェンダー」を「オカマ」と呼んで侮蔑する状況と似ており、パウロがきわめて悪辣な差別語を使っていることは疑いえない[39]。

また、μαλακός（マラコス）と並んで現れるἀρσενοκοίτης（アルセノコイテース）は「男と寝る男」を意味する語であり、ギリシャ語七十人訳聖書のレビ二〇・一三の「男性と一緒に女の寝床を寝る男は誰でも」（καὶ ὃς ἂν κοιμηθῇ μετὰ ἄρσενος κοίτην γυναικός［カイ・ホス・アン・コイメーテー・メタ・アルセノス・コイテーン・ギュナイコス］）に含まれるἄρσενος κοίτην（アルセノス・コイテーン）から作られた造語だと考えられる。訳語としては、「男色をする者」でも間違いではないが、「男色」という日本の中世と近世の男色文化との差異を明確にするためには、「男と寝る男」と直訳するか、他の訳語に合わせて「男と寝る者」と訳すのが適訳であろう[40]。

三・四　Ⅰテモテ一・九‐一〇

【Ⅰテモテ一・九‐一〇】［協会共同訳］

9 すなわち、律法は、正しい者のためにあるのではなく、不法な者や不従順な者、不敬虔な者や罪
を犯す者、神を畏れぬ者や俗悪な者、父を殺す者や母を殺す者、人を殺す者、10 淫らな行いをする者、
男色をする者、誘拐をする者、嘘をつく者、偽証をする者のためにあり、そのほか健全な教えに反す
ることがあれば、そのためにあると知っています。

Ｉテモテ一・九 - 一〇は「悪徳表」であり、牧会書簡の著者が異邦人（異教世界）の罪としてその「悪徳」を列挙したものである。このテクストには、πόρνος（ポルノス）、ἀρσενοκοίτης（アルセノコイテース）、ἀνδραποδιστής（アンドラポディステース）という三種類の「性的な悪徳」を行う者が列挙されている。

Ｉテモテ一・九 - 一〇の悪徳表において、性的悪徳と関係するのはπόρνος（ポルノス）とἀρσενοκοίτης（アルセノコイテース）の二語だと通常は考えられている。だが、私見では牧会書簡の著者はπόρνος（ポルノス）、ἀρσενοκοίτης（アルセノコイテース）、ἀνδραποδιστής（アンドラポディステース）の三語をセットにして、古代地中海世界の男娼売春（男娼買春）の社会構造に言及しているものと考えられる。

すなわち、πόρνος（ポルノス）は「男娼」であり、ἀρσενοκοίτης（アルセノコイテース）は男娼を買う「男と寝る男」を表し、そしてἀνδραποδιστής（アンドラポディステース）は単なる「誘拐者」ではなく、「奴隷商人」として戦地や植民地から「少年」や「少女」を誘拐し、「奴隷」として売買したり、「男娼」や「娼婦」として売春宿に売買したりすることを生業としていた者たちのことを指している。したがって、πόρνος、ἀρσενοκοίτης、ἀνδραποδιστής（ポルノス、アルセノコイテース、アンドラポディステース）の三者があげられているのは、当時の男娼売買春の社会構造が問題にされていると想定できるのである。

三・五　ユダ七

【ユダ七】［協会共同訳］

7 ソドムとゴモラ、またその周辺の町も、この天使たちと同じく、淫らな行いにふけり、異なる肉
[b]の欲を追い求めたために、永遠の火の罰を受けて見せしめにされています。　b「の欲」は補足

ユダ七の「異なる肉の欲」は新共同訳の「不自然な肉の欲[41]」から改善された翻訳である。原語はσαρκὸς ἑτέρας（σάρξ ἑτέρα）〔サルコス・ヘテラス（サルクス・ヘテラ）〕であり、直訳は「異なる肉」である。協会共同訳は注を付して、「の欲」が補足であることを断っているが、「の欲」は本文にも脚注にも入れる必要はない。口語訳の「不自然な肉の欲」はＲＳＶの〝unnatural lust〟を日本語に移したものであり、新共同訳はそれを踏襲して「不自然な肉の欲」としたと考えられるが、協会共同訳が形容詞のἑτέρα（ἕτερος）〔ヘテラ（ヘテロス）〕を「異なる」という正確なギリシャ語に改善しているにもかかわらず、旧来のソドミー観が抜け切れていないためか、不要な「の欲」を脚注につけたことが惜しまれる。

ユダ七の「異なる肉」は、旧約聖書（ユダヤ教聖書）の創世六・一‐四や旧約聖書偽典のナフタリ遺訓三・三‐五からもうかがわれるように、天使と人間という「異なる肉」の間の異種間性交を問題視しているのである。したがって、訳文の改善はいちおうは見られるものの、協会共同訳の翻訳は、ユダ七が同性間性交とは無関係であると見なすことができているとは言えず、いまだホモフォビアを引きずっているものと考えられるのである。

三・六　協会共同訳のホモフォビアとエロトフォビア

ここまで少し詳しく協会共同訳のクィアな批評を試みたが、残念ながら聖書の「ホモフォビア」や「エロトフォビア」の改善がほとんど見られないばかりか、辻氏が指摘する「差別的でない訳語への苦心の跡」すらも見られないと結論づけざるをえないことが明らかとなった[42]。もっとも、これらの聖書テクストは、いずれも「ホモフォビア」や「エロトフォビア」に満ちた新約聖書のテクストであり、その意味では協会共同訳の翻訳上の問題以前の問題であり、聖書の差別性がそのまま露わになってしまってもいると言えるのかもしれない。

四　聖書協会共同訳と日本聖書協会に対する期待

冒頭で触れたように、今回の発題の目的は協会共同訳が新共同訳以降に上梓された学問的に正確で精緻な日本語訳聖書との批判的対話という困難な責務を果たしているかどうかを検討することでもある。

「教会・キリスト教主義大学で読む聖書協会共同訳」では、最も関心を寄せられている「キリストのピスティス」の翻訳が、実際には玉虫色の解決策になってしまっていることを批判したが、日本聖書協会というエキュメニカルな空間では、宗教改革から五百年を経て、ようやくルターの「信仰義認論」を真正面から論じることができるようになったということかもしれない。その一方で、改善されたマルコ三・二一とⅠコリント一一・二七の翻訳からは、協会共同訳が二十一世紀前半の日本社会や教会において読まれ続けるうえでの新しい息吹も感じられる。

「クィアな空間で読む聖書協会共同訳」では、「同性間性交」に関する訳文はほとんど改善されていないばかりか、「男娼となる者」という翻訳のように、改悪されたものすらあることが明らかとなった。アメリカにおいて一九七〇年代に開始され、一九九〇年代以降に本格化した「同性愛とキリスト教」や「同性愛と聖書」をめぐって巻き起こった議論は、二十世紀から二十一世紀に時代が移り変わるときに、日本のキリスト教においては同性愛者を排除する教会の問題として顕在化したことが知られている。

二〇一七年に新改訳２０１７が発行され、二〇一八年に協会共同訳が刊行され、新共同訳から三十年という時代と社会の変化を敏感に反映させているはずの新しい聖書翻訳であるにもかかわらず、この三十年間に日本の社会や日本の教会が人権の課題として真剣に取り組んできた同性愛者差別の問題もＬＧＢＴ／ＬＧＢＴＩＱＡＰ＋の課題も何ら考慮に入れられていないことには、怒りよりも悲しみが湧きあがってくる。しかも、日本聖書協会が協会共同訳の組版サンプルとして提示したのはローマ一・一‐二・一であり、そこにはローマ一・二六‐二七のホモフォビックな内容が「人間の罪」という見出しのもとに掲載されている始末である。[43]「スコポス」から零れ落ちるとは、おそらくこういう現実を言うのであろう。

今回の基調講演をご担当くださった辻氏が指摘するように、協会共同訳が実際には新共同訳の改訂版であるのならば、次の三十年を待たずして、本発題で批判したホモフォビアに満ちた聖書テクストの翻訳についても再検討していただきたい。そして、再検討するときには、これも辻氏が提言していることだが、「聖書が持つ差別性と向き合うという姿勢」を持ち、その問題点をしっかりと注で指摘し、問題や課題を共有できる新たな聖書翻訳として誕生してくれることを希うものである。

（１）『聖書　新共同訳』日本聖書協会、一九八七年。
（２）『聖書　聖書協会共同訳』日本聖書協会、二〇一八年。
（３）『聖書　新改訳２０１７』新日本聖書刊行会／いのちのことば社、二〇一七年。
（４）田川建三訳『新約聖書　訳と註』（全八巻）作品社、二〇〇七‐二〇一七年。
（５）田川建三訳『新約聖書　本文の訳』（Ａ５版、携帯版）作品社、二〇一八年。
（６）京都ユダヤ思想学会第十二回学術大会シンポジウム「タルグムの世界――聖書翻訳とユダヤの伝統」（日程：二〇一九年六月二十九日、会場：同志社大学烏丸キャンパス）。
（７）日本聖書協会の聖書翻訳の歴史については、日本聖書協会『聖書　聖書協会共同訳――礼拝にふさわしい聖書を――特徴と実例』日本聖書協会、二〇一八年、二頁、同『聖書 聖書協会共同訳について』日本聖書協会、二〇一八年、一六頁を参照した。新日本聖書刊行会（新改訳聖書刊行会）の聖書翻訳の歴史については、いのちのことば社のHP内「聖書 新改訳について」の項目（https://www.wlpm.or.jp/bible/about_sk/［最終アクセス：二〇二二年十二月一日］）を参照した。

（8）日本聖書協会『聖書 聖書協会共同訳――礼拝にふさわしい聖書を』二頁、同『聖書 聖書協会共同訳について』一六頁参照。

（9）関根正雄訳『新訳 旧約聖書』（全四巻）教文館、一九九三－一九九五年。一巻本『新訳 旧約聖書』教文館、一九九七年。周知のように、関根訳には岩波文庫から刊行されている注と解説が付された未完の『旧約聖書』（全十一巻、岩波書店、一九五六－一九七三年）の翻訳があり、教文館版はその延長線上にある――注と解説が縮小された――完訳版である。

（10）旧約聖書翻訳委員会訳『旧約聖書』（全十五巻）岩波書店、一九九七－二〇〇四年。机上版『旧約聖書』（全四巻）岩波書店、二〇〇四－二〇〇五年。オンデマンド版『旧約聖書』（全九巻）岩波書店、二〇一八年。

（11）新約聖書翻訳委員会訳『新約聖書』（全五巻）岩波書店、一九九五－一九九六年。机上版『新約聖書』岩波書店、二〇〇四年。

（12）上注四、五参照。

（13）「日本基督教学会北海道支部二〇一九年度公開シンポジウム」（日程：二〇一九年七月十五日、会場：藤女子大学、司会：山我哲雄、基調講演：辻学、発題：戸田聡、小林昭博）。

（14）辻学「『聖書協会共同訳』――その特徴と意義」『日本基督教学会北海道支部公開シンポジウム記録』五号、日本基督教学会北海道支部、二〇二一年、六三－七四頁。なお、同「新しくなれなかった新翻訳」『福音と世界』七四巻七号、新教出版社、二〇一九年七月号、一二－一七頁をも参照。

（15）戸田聡「聖書協会共同訳の編集過程について――翻訳・編集に関与した立場からの報告」『日本基督教学会北海道支部公開シンポジウム記録』五号、日本基督教学会北海道支部、二〇二一年、七五－八二頁。

（16）辻「『聖書協会共同訳』」六七－六八頁。同「新しくなれなかった新翻訳」一三－一四頁をも参照。

（17）ローマ三・二二、二六、ガラテヤ二・一六、二〇、三・二二－二六、エフェソ三・一二、フィリピ三・九など。

（18）「日本基督教学会北海道支部二〇一八年度公開シンポジウム」（日程：二〇一八年七月十六日、会場：北星学園大学、

司会：山我哲雄、基調講演：島先克臣、発題：山吉智久、阿部包）。

（19）阿部包「『聖書 聖書協会共同訳』（近刊）――その特色と意義」『日本基督教学会北海道支部 公開シンポジウム記録』五号、日本基督教学会北海道支部、二〇二一年、［五五‐六二頁］五八‐六〇頁。より詳しい見解は、阿部包「パウロにおけるピスティスの意味――イエスの信仰とわれわれの信仰」『基督教学』四九号、北海道基督教学会、二〇一四年、一‐一九頁を参照。

（20）辻「『聖書協会共同訳』」六七‐六八頁、同「新しくなれなかった新翻訳」一三‐一四頁。

（21）阿部「『聖書 聖書協会共同訳』（近刊）」五八‐六〇頁、同「パウロにおけるピスティスの意味」一‐一九頁。

（22）前田護郎訳『新約聖書』中央公論社、一九八三年＝『前田護郎選集 別巻――新約聖書』教文館、二〇〇九年。

（23）辻「『聖書協会共同訳』」六八頁、同「新しくなれなかった新翻訳」一四頁。

（24）ガリラヤ会（聖書翻訳研究会）「『日本基督教団信仰告白』と新翻訳『聖書協会共同訳』との関係について質問します」（二〇一七年一一月二七日）。

（25）近年の日本の新約聖書学においては、πίστις Χριστοῦ（ピスティス・クリストゥー）を主格的属格に取って、「キリストの信実」という訳語を充てることには大方の支持が得られるものと思われる。以下の文献を参照。田川建三『新約聖書 訳と註3――パウロ書簡その1』作品社、二〇〇七年、一六六‐一七四頁、太田修二『パウロを読み直す』キリスト図書出版、二〇〇七年、三二‐五九頁、同「『キリストのピスティス』の意味を決めるのは文法か」『聖書的宗教とその周辺――佐藤研教授・月本昭男教授・守屋彰夫教授献呈論文集』（『聖書学論集』四六号）リトン、二〇一四年、四八一‐五〇〇頁、阿部「ピスティスの意味」一‐一九頁、吉田忍「ガラテヤ人への手紙におけるΠΙΣΤΙΣ ΧΡΙΣΤΟΥ」『聖書的宗教とその周辺』（『聖書学論集』四六号）、六五三‐六七六頁、原口尚彰「イエス・キリストの信実か、イエス・キリストへの信仰か――ロマ三・二二の釈義的考察」『日本の神学』五四号、日本基督教学会、二〇一五年、七六‐九五頁。

（26）たとえ一部であったとしても、聖書協会共同訳が「教派的な支持」が得られずに、教派ないしグループから大きな反発を買っている問題に関しては、カール・バルト氏がローマ三・二一‐二二aを「しかし、今や律法を除外して、律法と預言者たちによって証しされている神の義が啓示された。すなわち、神の義がイエス・キリストにおける彼〔＝神〕の信実によって信じるすべての者のために啓示されたからである」（Karl Barth, *Der Römerbrief 1922* (Zweite Fassung), Karl Barth Gesamtausgabe Band 47, Zürich: Theologischer Verlag Zürich, 2010, 129）と翻訳し、このテクストにおける「イエス・キリストのピスティス」を「イエス・キリストにおける神の人間に対する信実」と解し、「義」も「信実」もすべてイエス・キリストにおいて神が啓示した神の側の一方的な人間に対する恵みであると理解していることを積極的に主張していくこともできたように思う（Barth, *Der Römerbrief 1922*, 129–139参照）。しかも、バルト氏に基づいて、加藤常昭氏が「イエス・キリストの信実」という訳語に賛意を示していることを考えると（「説教者のパースペクティヴにおける聖書翻訳論」『福音と世界』七一巻四号、新教出版社、二〇一六年四月号、［一九‐二二頁］二一頁）、教派的にセンシティヴな問題についても、神学的にセンシティヴな問題に関しても、もっとオープンな議論ができたのではないだろうか。なお、バルト氏のローマ三・二二の「イエス・キリストのピスティス」の解釈に関しては、田川建三氏がマクロな観点（神学的見地）からバルト氏の解釈を首肯しているが（『新約聖書 訳と註4――パウロ書簡その2／擬似パウロ書簡』作品社、二〇〇九年、一四一‐一四二頁）、太田修二氏はミクロ的な観点（釈義的見地）からバルト氏の解釈を否定している（「『キリストのピスティス』の意味を決めるのは文法か」四九九頁）。

(27) ただし、太田氏は「キリストのピスティス」の解釈に関しては、「ピスティス」の全体論的な理解が不可欠だと指摘しつつ、「主格的属格」（主語的解釈）か「対格的属格」（目的語的解釈）かという――二項対立図式の――議論をするだけでは不毛だと批判する（太田修二「ローマ書におけるピスティスとノモス（2）C」『人文・自然研究』八号、一橋大学大学教育研究開発センター、二〇一四年、［二八‐七二頁］六九‐七〇頁注三二参照）。

(28) 辻「『聖書協会共同訳』」六三‐六七、七三‐七四頁、同「新しくなれなかった新翻訳」一一‐一三、一六‐一七頁。

(29) 辻氏の当日のレジュメ参照。なお、辻「『聖書協会共同訳』」六三‐六四頁をも参照。

(30) 詳しくは、拙論「クィア化する家族――マルコ三・二〇‐二一、三一‐三五におけるイエスの家族観」『神学研究』六〇号、関西学院大学神学研究会、二〇一三年、一三‐二四頁（＝本書第五章）参照。

(31) 日本基督教団信仰職制委員会編『日本基督教団口語式文』『日本基督教団出版局、一九五九年。

(32) Gerd Theißen, *Studien zur Soziologie des Urchristentums*, WUNT I/19, Tübingen: Mohr Siebeck, ^{3}1989, 290–317; ウェイン・A・ミークス『古代都市のキリスト教――パウロ伝道圏の社会学的研究』加山久夫監訳、布川悦子／挽地茂男訳、ヨルダン社、一九

八九年、四〇三 - 四一〇頁は、この問題をコリント教会における貧富の差という社会層の問題として論じている。

(33) 日本基督教団教規第八章「戒規」一四四条によると、信徒に対する戒規は、(1)戒告、(2)陪餐停止、(3)除名であり、一四五条には「陪餐停止の処分中にある者は、役員に選挙されることができない」と規定されている。詳しくは、日本基督教団事務局編『日本基督教団教憲教規および諸規則（二〇二二年二月改訂版）』日本キリスト教団出版局、二〇二二年参照。

(34) 新改訳2017も「ふさわしくない仕方で」と訳しており、新改訳（『聖書 新改訳』いのちのことば社、一九七八年）の「ふさわしくないままで」という訳文を改善している。

(35) 辻「『聖書協会共同訳』」六八 - 七〇頁、同「新しくなれなかった新翻訳」一四 - 一六頁参照。

(36) 黙示二・二〇 - 二一、一七・一 - 二をも参照。

(37) したがって、ラテン語ウルガータはadulteriと翻訳。

(38) なお、「柔弱な者」は田川訳のみが使用する正確な訳語である（田川建三『新約聖書 訳と註3――パウロ書簡その一』作品社、二〇〇七年、三六、二七五 - 二七六頁）。ここには協会共同訳がマタイ一・一のΒίβλος γενέσεως（ビブロス・ゲネセオース）の注において、別訳として「創成の書」をあげていることに関して、辻「『聖書協会共同訳』」六六頁注五が、協会共同訳が田川訳からの借用であることなどを示していないことに苦言を呈しているのだが、それと同じ問題が潜んでいる。

(39) 協会共同訳がμαλακός（マラコス）に充てている「男娼となる者」という訳語だが、これではあたかも自ら進んで「男娼」になったかのような物言いである。古代ギリシャ・ローマ世界の「男娼」や「娼婦」は、戦争の捕虜、植民地から連れて来られた者、奴隷商人によって売られて来た者を強制的に働かせる奴隷制の一環でもあり、「性奴隷」とされた者たちである。しかも、協会共同訳が新共同訳の「男娼」をあえて「男娼となる者」に替えていることから考えても、これは人権意識を欠いた酷い改悪だと言わざるをえない。

(40) この訳語については、辻学「新約釈義 第一テモテ4」『福音と世界』七一巻六号、新教出版社、二〇一六年、「七九 - 七二頁」七五頁（特に注一四、一五）が私見を取り入れつつ、「男同士で寝る者」という適切な訳語を提案している。また、さらに辻氏は聖書テクストを盾に取り、多様な性の在り方を否定する「一方的で偏狭な価値観に与する必要はない」という重要な提言をもしている。なお、辻氏の『福音と世界』の長期連載を完走した牧会書簡の釈義が、現代新約注解全書（新教出版社）の浩瀚な注解書として上梓される日が楽しみである。

（41）口語訳「不自然な肉欲」、新改訳２０１７「不自然な肉欲」。

（42）ここで論じた「同性間性交」ないし「ホモエロティシズム」に関する新約聖書テクストの詳細な読解については、拙著『同性愛と新約聖書――古代地中海世界の性文化と性の権力構造』風塵社、二〇二一年を参照。

（43）日本聖書協会『聖書　聖書協会共同訳――礼拝にふさわしい聖書を』一六‐一七頁。

あとがき

本書はＪＳＰＳ科研費ＪＰ一七Ｋ〇二六二二（JP17K02622）の助成を受け、その研究成果として出版するものである。その詳細は左記の通りである。

日本学術振興会「科学研究費助成事業」
●研究課題　クィア理論とホモソーシャリティ理論によるヨハネ福音書の読解
●課題番号　ＪＰ一七Ｋ〇二六二二（JP17K02622）
●研究種目　基盤研究（Ｃ）
●研究分野　ヨーロッパ文学
●研究期間　二〇一七～二〇二二年度（研究期間二〇一七～二〇一九年度＋延長期間二〇二〇～二〇二二年度）

（　）括弧内に記したように、本来の研究期間は二〇一七～二〇一九年度の三年間だったのだが、二〇一八年度から大学の宗教主任を務めることになり、学内外の会議や会合が怒濤のように押し寄せ、研究時間の確保が難しくなったことから、二〇二〇年度の一年間の研究期間の延長を申請したところで、新型コロナウイルスのパンデミックによる自粛期間が始まった。オンライン授業の動画の作成や配信といったICT教育（Information and Communication Technology in Education）の導入にもそれなりの時間を要したが、それ以上に二〇二〇年度から現在までの三年間にわたって、主としてリモートで実施してきた大学礼拝の週報の作成、礼拝動画の撮影と編集、Eラーニングとキリスト教委員会HPへのアップといったことも含めて、すべてワンオペで行う必要が生じたことをはじめとして、大学のキリスト教関連の仕事をほぼすべてひとりで担わざるをえなかった状況が重なり、研究時間が確保できない事態が続いた。しかし、パンデミックの対応措置として、二〇二一〜二〇二二年度の二年間の研究期間の再延長が認められたこともあって、かなりの軌道修正を余儀なくされたとはいえ、このように研究成果を一冊にまとめて上梓することができ、安堵している。

科研費の担当部署である酪農学園大学の学務部研究支援課のスタッフのみなさんには、申請時の二〇一六年度から現在に至るまで迅速かつ丁寧な「研究支援」をしていただいてきた。特に、農学・環境学・獣医学を中心とする自然科学系の大学では、研究成果はジャーナル（学術誌）に査読論文を発表することがとりわけ重要である。したがって、人文科学系のように学術書の出版をもって最終の研究成果とするという前例はなく、科研費研究による著書の発行が初めてであるにもかかわらず、出版社・大学（学園）・著者の三者による契約をはじめとする煩瑣な手続きを円滑に進めてくださった。申請、毎年の報告書の確認、研究期間の延長、再延長、そして研究成果の発表である本書の上梓に至るまでの六年半に及ぶ研究支援課のスタッフのみなさんのお働きに心より感謝申し上げる。個々のお名前をあげるのは不要とのことだったので、個人名をあげるのは遠慮するが、その働きは「研究支援」というよりも、「共同研究」とでも言える素晴らしいものであった。

序章でも述べたように、本書はこれまで発表してきた論文、小論、発題などを一冊にまとめたものである。それらの初出一覧は巻末に掲載している。転載を許可してくださった新教出版社、関西学院大学神学研究会、日本新約学会、日本基督教学会、日本基督教学会北海道支部、そして酪農学園大学紀要委員会にお礼申し上げる。ここに名をあげさせていただいた出版社、大学、学会をはじめとする様々な方たちが場を設けてくださったからこそ、このように研究を続けてこられたのだと改めて実感している。

今回の科研費の研究成果がこのように一冊の著書として日の目を見るに当たって、六年半前の申請時の「痛い」思い出が甦ってくる。科研費の申請期日は二〇一六年一〇月二一日だったのだが、その当時わたしは酪農学園職員組合の書記長をしており、労使交渉の決裂により北海道労働委員会に紛争解決の場を移し、平日の就業時間終了後と休日のほぼ毎日にわたって、執行委員会、闘争委員会、上部団体である道私大教連（北海道私立大学教職員組合連合）をも交えての弁護士との打ち合わせ、北海道労働委員会との面談、労働委員会での正式な労使間協議、そして組合だより『Creative Time』の発行を行い、問題解決に向けて力を注いでいた。二〇一六年一〇月のスケジュールを確認してみると、大学のキリスト教教育強調週間の準備、大学の紀要論文とキリスト教雑誌の論文の締め切りが重なり、日本キリスト教団北海教区の諸活動、道私大教連の執行委員会、労働組合関連の集会、天皇制問題や平和問題などの会議や集会などで予定が埋まり、そこに先にあげた組合の活動が加わり、さらには組合主催の学長選の立会演説会の実施などもあり、体力的に限界に達していた。しかし、本業の研究をしなくては、大学という場での組合活動に説得力が伴わないと感じていたこともあり、研究支援課のスタッフに相談しつつ、一〇月二一日の朝に科研費の電子申請を完了させると約束し、その作業を進めた。一〇月二〇日から二一日の早朝にかけて最終の作業をしたのだが、夜中に何とも言えない腹部の鈍痛に見舞われた。お腹が冷えたのかと思い、お湯をためて入浴してみたが、痛みは増すばかりであり、そのうち発熱もしてきて、鈍痛はやがて激痛に変わった。研究支援課のスタッフはとても誠実な人であり、約束を破ることはできないとの思いから、夜中に何度も激痛にうずくまりながらも、二一日の早朝にウェブの「申請する」を必死の思いでクリックして科研費の電子申請を完了し、そのまま病院に直行した。

実は二一日の夜に労働委員会での正式な労使間協議があったので、とにかく痛みを止めてほしいとお願いしたのだが、近所の病院での診断は胆石の発作のため緊急手術が必要とのことであり、ここでは手術ができないからと、大きな病院にそのまま行くことになった。紹介された病院で改めて精密検査をし、すぐに手術するように勧められたのだが、仕事が山積しており、組合活動を止めることはできないと判断し、手術は年末に行うことにして、痛みを止めるために入院することになった。家に戻り、身支度をして入院し、痛み止めの点滴をして発作がおさまったのが十八時過ぎであった。もっと早く痛みを止めてほしかったとぼやきながらも、入院時にMacBook Pro、Wi-Fi、必要な参考文献を持ち込んだので、入院期間中に組合だより『Creative Time』の執筆・編集・発行も滞りなく行い、本書第七章「マリアのクリスマスの回復」の原稿はこの入院中に書いたものである。おそらく、この科研費申請が採択されたのは、——マリアの出産の痛みに比べるとそれほどでもないのだろうけれども——胆石の発作の激痛に耐えるという、鬼気迫る状態で申請書類を書いたことによる言霊でも宿っていたからかもしれない。なお、発作を抑えるための入院は十日間だったのだが、年末の胆嚢摘出手術時の入院は九日間だったので、最初のときに緊急手術しておけば良かったと後悔しつつ、クリスマスを病院で過ごした。これが「痛い」思い出である。

本来であれば、ヨハネ福音書研究のみで科研費の研究をまとめたかったのだが、ヨハネ文書研究の奥深さにお手上げだったというのが正直なところである。田川建三先生がヨハネ福音書の翻訳をしておられたときの年賀状に、その独自の思想と格闘しておられる様子がしたためられていたことを思い出す。科研費を用いて、ヨハネ文書の研究書を集めて読解に努め、イエスが愛した弟子の実像（虚像？）に迫りたいとの思いを持ち、その延長線上にあるヨハネ教団の歴史的変遷に思いを至らせ、さらにはヨハネ福音書とトマス福音書との史的関係といった課題にも興味をかきたてられ、その関連で欧米の研究書で頻繁に引用されている大貫隆先生の研究にも触れ、現在のわたしの力量ではヨハネ福音書の本格的な研究は遥か彼方にあることを実感した。しかし、自分の力のなさを認めることで、かえって「聖書のクィアな読解」という自分自身の関心について本書を通して明らかにできたのではと思う。

前著『同性愛と新約聖書』に続き、本書もまた風塵社から刊行していただくことになった。特に、今回は科研費を用いているということもあり、研究支援課のスタッフと密に連絡をとってくださり、契約から刊行に至るまで、肌理（きめ）細やかな配慮をいただいた。特に、わたし自身の初動の遅さもあり、限られた時間のなかで、迅速に作業を進めていただいた。ギリシャ語やヘブライ語の表記、聖書学の専門書にとって重要な聖書や古典文献の引用箇所の索引や事項索引の作成という細密な作業もしていただいた。――今回は科研費（税金）が投入されているので、前著のようにお名前を「腹巻オヤジ」とするわけにもいかないので、腹巻オヤジこと――風塵社社長に感謝の意を表させていただく。

二〇二二年二月二四日のロシアのウクライナ侵攻から一年が経過する。また、二〇二三年二月八日には――二千年前にキリスト教が誕生した地域でもある――トルコ南部のシリア国境近辺を震源とする大地震が発生した。トルコだけで四万人以上もの方が亡くなったことが報道されているが、シリアの被害状況は実態がつかめないようであり、シリア難民の安否も含めて心配である。酪農学園では、一年前のロシアのウクライナ侵攻時に抗議声明を出し、ウクライナ支援募金を実施し、今回のトルコとシリアの地震に関しては、二〇二三年二月二〇日から救援募金を始めている。いずれも宗教主任として、声明文や募金趣意書の作成を行ってきたが、新型コロナウイルスのパンデミックでも実感しているように、少しでも生命や平和を大切にすることに資すればとの願いからである。

最後になるが、二〇二二年一〇月一日にアントニオ猪木が亡くなった。暫く何も手につかなかった。ひとつの時代が終わったとの感を禁じえない。アントニオ猪木は強さの象徴とされているが、その壮絶な最期が象徴するように、アントニオ猪木には常に哀しさがあった。哀しいがゆえに美しいのだと。どこかイエスと似ているように思える。キリスト教信者であり、猪木信者であるわたしの戯言かもしれないが……。このあとがきをしたためながら、二月二〇日が猪木の誕生日だということに気づいた。前著のあとがきを書いたのが二〇二〇年一二月二五日のクリスマスだったことを思い出す。わたしの人生を変えたイエスと猪木との不思議な縁を感じる。

二〇二三年二月二〇日　今は亡きアントニオ猪木の八十歳の誕生日に

小林昭博

文　献　表

Ⅰ　一次資料

一　聖書

一・一　校訂本（テクスト）

Nestle, Eberhard et Erwin/Aland, Barbara et Kurt et. al. (ed.), *Novum Testamentum Graece, Stuttgart*: Deutsche Bibelgesellschaft, ^{28}2012.［ネストレ／ネストレ・アーラント／ギリシャ語新約聖書］

Elliger, Karl/Rudolph, Wilhelm (ed.), *Biblia Hebraica Stuttgartensia,* Stuttgart: Deutsche Bibelgesellschaft, ^{5}1997.［ＢＨＳ／ヘブライ語聖書］

一・二　古代訳

Rahlfs, Alfred/Hanhart, Robert (ed.), *Septuaginta, Stuttgart*: Deutsche Bibelgesellschaft, ^{2}2006.［ＬＸＸ／ギリシャ語七十人訳聖書］

Weber, Robert/Cryson, Roger et al. (ed.), *Biblia Sacra iuxta Vulgatam versionem*, Stuttgart: Deutsche Bibelgesellschaft, ^{5}2007.［ウルガータ聖書／ラテン語聖書］

一・三　英語訳（年代順）

The Bible: Revised Standard Version, New York: American Bible Society, ^{2}1971.［ＲＳＶ］

The New English Bible, Oxford: Oxford University Press/Cambridge: Cambridge University Press, 1970.［ＮＥＢ］

一・四　ドイツ語訳

Die Bibel oder die ganze heilige Schrift des Alten und Neuen Testaments nach der deutschen Übersetzung Martin Luthers, Stuttgart: Deutsche Bibelgesellschaft, revidiert, 2017.［ルター訳］

一・五　フランス語訳（年代順）

La Bible de Jérusalem, traduite en Français sous la direction de l'École biblique de Jérusalem, Paris: Éditions du Cerf, nouvelle édition revue et corrigeé, ³1998. ［エルサレム聖書］

Traduction Œcuménique de la Bible, Paris: Société biblique française/Éditions du Cerf, nouvelle édition, 1988. ［TOB／フランス語共同訳］

一・六　日本語訳（年代順［同一訳者・同一シリーズはまとめて列挙した］）

『舊新約聖書 文語訳』日本聖書協会、一九一七年。［文語訳］

『聖書 口語訳』日本聖書協会、旧約聖書：一九五五年、新約聖書：一九五四年。［口語訳］

関根正雄訳『旧約聖書（全十一巻）』（岩波文庫）岩波書店、一九五六‐一九七三年。［関根正雄訳／関根訳］

――『新訳 旧約聖書（全四巻）』教文館、一九九三‐一九九五年。［関根正雄訳／関根訳］

――『新訳 旧約聖書（一巻本）』教文館、一九九七年。［関根正雄訳／関根訳］

『聖書 新改訳』いのちのことば社、一九七八年。［新改訳］

フランシスコ会聖書研究所『聖書 パウロ書簡Ⅲ――原文校訂による口語訳』中央出版社、一九七八年。［フランシスコ会訳］

前田護郎訳『新約聖書』中央公論社、一九八三年＝『前田護郎選集 別巻――新約聖書』教文館、二〇〇九年。［前田護郎訳／前田訳］

『聖書 新共同訳』日本聖書協会、一九八七年。［新共同訳］

新約聖書翻訳委員会訳『新約聖書（全五巻）』岩波書店、一九九五‐一九九六年。［岩波訳］

――『新約聖書（机上版）』岩波書店、二〇〇四年。［岩波訳］

佐藤研訳『マルコによる福音書・マタイによる福音書』（新約聖書翻訳委員会訳『新約聖書Ⅰ』）岩波書店、一九九五年。［岩波訳／佐藤研訳／佐藤訳］

小林稔訳「ヨハネによる福音書」、小林稔／大貫隆訳『ヨハネ文書』（新約聖書翻訳委員会訳『新約聖書Ⅲ』）岩波書店、一九九五年、一‐一一三、一四一‐一五〇頁。［岩波訳／小林稔訳／小林訳］

青野太潮訳『パウロ書簡』（新約聖書翻訳委員会訳『新約聖書Ⅳ』）岩波書店、一九九六年。［岩波訳／青野太潮訳／青野訳］

旧約聖書翻訳委員会訳『旧約聖書（全十五巻）』岩波書店、一九九七‐二〇〇四年。［岩波訳］

――『旧約聖書（机上版［全四巻］）』岩波書店、二〇〇四‐二〇〇五年。［岩波訳］

――『旧約聖書（オンデマンド版［全九巻］）』岩波書店、二〇一八年。［岩波訳］

田川建三訳『新約聖書 訳と註』（全八巻）作品社、二〇〇七‐二〇一七年。［田川建三訳／田川訳］

――『新約聖書 本文の訳（A5版、携帯版）』作品社、二〇一八年。［田川建三訳／田川訳］

――『新約聖書 訳と註1――マルコ福音書／マタイ福音書』作品社、二〇〇八年。［田川建三訳／田川訳］

――『新約聖書 訳と註3――パウロ書簡その一』作品社、二〇〇七年。［田川建三訳／田川訳］

――『新約聖書 訳と註4――パウロ書簡 その二 擬似パウロ書簡』作品社、二〇〇九年。［田川建三訳／田川訳］

――『新約聖書 訳と註5――ヨハネ福音書』作品社、二〇一三年。［田川建三訳／田川訳］

『聖書 新改訳2017』新日本聖書刊行会／いのちのことば社、二〇一七年。

『聖書 聖書協会共同訳』日本聖書協会、二〇一八年。

二 ユダヤ教、ギリシャ・ローマ、キリスト教資料

二・一 ユダヤ教（五十音順）

ヨセフス、フラウィウス『ユダヤ古代誌Ⅰ』（ちくま学芸文庫ヨ7）秦剛平訳、一九九九年。

日本聖書学研究所編『聖書外典偽典』（1‐7巻、別巻・補遺Ⅰ・Ⅱ巻）教文館、一九七五‐一九八二年。

二・二 ギリシャ・ローマ（五十音順）

オウィディウス『変身物語1』（西洋古典叢書L030）高橋宏幸訳、京都大学学術出版会、二〇一九年。

クセノポン『キュロスの教育』（西洋古典叢書 G054）松本仁助訳、京都大学学術出版局、二〇一八年。

スエトニウス『ローマ皇帝伝（上）』（岩波文庫）国原吉之助訳、岩波書店、一九八六年。

テオクリトス『牧歌』（西洋古典叢書 G040）古澤ゆう子訳、京都大学学術出版会、二〇〇四年。

Dixon, Suzan, *The Roman Mother,* Routledge Revivals, London/New York: Routledge, 2014.

プラトン『プラトン全集5――饗宴・パイドロス』鈴木照雄／藤沢令夫訳、岩波書店、一九七四年、復刻版：二〇〇五年。

――『プラトン全集7――テアゲス・カルミデス・ラケス・リュシス』生島幹三／北嶋美雪／山野耕治訳、岩波書店、一九七五年、復刻版：二〇〇五年。

――『プラトン全集8――エウテュデモス・プロタゴラス』山本光雄／藤沢令夫訳、岩波書店、一九七五年、復刻版：二〇〇五年。

――『饗宴／パイドン』（西洋古典叢書G054）朴一功訳、京都大学学術出版部、二〇〇七年。

――『パイドロス』（西洋古典叢書G105）脇森靖弘訳、京都大学学術出版局、二〇一八年。

Lefkowitz, Mary R./Fant, Maureen B., *Women's Life in Greece and Rome: A Source Book in Translation,* Baltimore: John Hopkins University Press, ^{4}2016.

二・三　キリスト教（五十音順）

荒井献編『新約聖書外典』（《聖書の世界》別巻3・新約Ⅰ）講談社、一九七四年＝『新約聖書外典』（講談社文芸文庫）講談社、一九九七年。

――『使徒教父文書』（《聖書の世界》別巻4・新約Ⅱ）講談社、一九七四年＝『使徒教父文書』（講談社文芸文庫）講談社、一九九八年。

Erasmus, Desiderius, *Paraphrases on the Epistles to Timothy, Titus, and Philemon, the Epistles of Peter and Jude, the Epistle of James, the Epistle of John, the Epistle to the Hebrews,* Collected Works of Erasmus Vol. 44: New Testament Scholarship, Toronto: University of Toronto Press, 1993.

大貫隆訳「フィリポによる福音書」、荒井献／大貫隆／小林稔／筒井賢治訳『ナグ・ハマディ文書Ⅱ 福音書』岩波書店、一九九八年、五三‐一一五、三二八‐三四八頁。

カルヴァン、ジャン『カルヴァン新約聖書註解Ⅻ――テモテ・テトス・フィレモン書』堀江知己訳、新教出版社、二〇二一年。

Chrysostomus, Iohannes, Homiliae in epistolam ad Philemonem, in: *PG* 62 (1862), 701–720.

Theodorus Mopsuestenus, In epistolam Pauli ad Philemona commentarii fragmenta, in: *PG* 66 (1864), 949–950.

Theodoretus, Interpretatio epistolae ad Philemonem, in: *PG* 82 (1859), 871–878.

Hieronymus, Eusebius Sophronius, Commentaria in epistolam ad Philemonem, in: *PL* 26 (1845), 599–618.

Pelagius, Incipit ad Philemonem, in: Souter, Alexander (ed.), *Pelagius's Expositions of Thirteen Epistles of St. Paul, II: Text and Apparatus Criticus,* Cambridge: At the University Press, 1926, 536–539.

Luther, Martin, Vorlesungen über Titus und Philemon, 1527, in: *D. Martin Luthers Werke. Kritische Gesamtausgabe (WA)* Bd. 25, Weimar: Hermann Böhlaus Nachfolger, 1902, 1–78.

三　その他（五十音順）

カザンザキス、ニコス『キリスト最後のこころみ』児玉操訳、恒文社、一九八二年。

スコセッシ、マーティン監督『最後の誘惑』ユニバーサル映画、一九八八年。

ドストエフスキー、フョードル・ミハイロヴィチ『罪と罰2』（光文社古典新訳文庫）亀山郁夫訳、光文社、二〇〇九年。

橋口亮輔監督／脚本『ハッシュ！』シグロ、二〇〇一年、二〇〇二年。

橋口亮輔『小説 ハッシュ！』アーティストハウス、二〇〇二年。

ハワード、ロン監督『ダ・ヴィンチ・コード』コロンビア・ピクチャーズ、二〇〇六年。

ブラウン、ダン『ダ・ヴィンチ・コード 上・下』越前敏弥訳、角川書店、二〇〇四年＝『ダ・ヴィンチ・コード 上・中・下』（角川文庫）角川書店、二〇〇六年。

Rich. Adrienne, Compulsory Heterosexuality and Lesbian Existence, in: eadem, *Blood, Bread and Poetry: Selected Prose 1979–1985*, New York: W.W. Norton & Co, 1987, 23–75.

Ⅱ　辞典、文法書（アルファベット順）

一　ギリシャ語辞典

Baily, Anatole, *Dictionnaire-Grec Français*, rédige avec le concours de Émile Egger, Édition revue par Louis Séchan et Pierre Chantraine, Paris: Hachette, 2000.［ＤＧＦ］

Bauer, Walter, *Griechisch-deutsches Wörterbuch zu den Schriften des Neuen Testaments und der frühchristlichen Literatur*, Hg. von Kurt Aland und Barbara Aland, Berlin/New York: de Gruyter, ⁶1988.［ＢＡ］

Kittel, Gerhard/Friedrich, Gerhard (Hgg.), *Theologisches Wörterbuch zum Neuen Testament*, I–X, Stuttgart: Kohlhammer, 1933–1977.［*ThWNT*］

Liddel, Henry George/Scott, Robert, *A Greek-English Lexicon*, revised and augmented throughout by Sir Henry Stuart Jones, with the assistance of Roderick Mckenzie, and with the cooperation of many scholars, Oxford: Oxford University Press, ⁹1940, with a revised Supplement, New Supplement Edition, 1996.［ＬＳＪ］

二　ヘブライ語辞典

Brown, Francis/Driver, Samuel R./Briggs, Charles A., *A Hebrew and English Lexicon of the Old Testament: With an Appendix containing the Biblical Aramaic, based on the Lexicon of William Gesenius*, Oxford: At the Claredon Press, 1907, 1952.［ＢＤＢ］

三　ギリシャ語文法書

Blass, Friedrich/ Debrunner, Albert, *Grammatik des neutestamentlichen Griechisch*, bearbeitet von Friedrich Rehkopf, Göttingen: Vandenhoeck & Ruprecht, ¹⁸2001.［ＢＤＲ］

Ⅲ　アプリケーション

【聖書関連：聖書、ユダヤ教文書、キリスト教文書、辞書、事典、文法書、注解書】

Accordance 14: Bible Software, Oak Tree Software, Inc, 2022.

Ⅳ　二次文献

一　日本語（五十音順）

青野太潮『どう読むか、聖書』（朝日選書四九〇）朝日新聞社、一九九四年。

――『最初期キリスト教思想の軌跡――イエス・パウロ・その後』新教出版社、二〇一三年。

――『どう読むか、新約聖書――福音の中心を求めて』（ヨベル新書０６４）ヨベル、二〇二〇年。

――『どう読むか、聖書の「難解な箇所」』――「聖書の真実」を探究する』（ヨベル新書０８３）ヨベル、二〇二二年。

朝香知己「クィア神学の可能性――その課題と展望」『日本の神学』五〇号、日本基督教学会、二〇一一年、五五‐七三頁。

――「クィア神学と実践」『福音と世界』七六巻一二号、新教出版社、二〇二一年十二月号、一二‐一七頁。

浅野淳博「社会科学批評」、浅野淳博／伊藤寿泰／須藤伊知郎／辻学／中野実／廣石望／前川裕／村山由美『新約聖書解釈の手引き』日本キリスト教団出版局、二〇一六年、九七‐一二二頁。

東よしみ「ラザロの復活物語がもつ意味――物語批評による解釈」『新約学研究』四五号、日本新約学会、二〇一七年、七‐二五頁。

阿部包「パウロにおけるピスティスの意味　――イエスの信仰とわれわれの信仰」『基督教学』四九号、北海道基督教学会、二〇一四年、一‐一九頁。

――「『聖書　聖書協会共同訳』（近刊）――その特色と意義」『日本基督教学会北海道支部　公開シンポジウム記録』五号、日本基督教学会北海道支部、二〇一一年、五五‐六二頁。

荒井献『イエス・キリスト』（人類の知的遺産一二）講談社、一九七九年＝『荒井献著作集１――イエス　その言葉と業』岩波書店、二〇〇一年、一六九‐五七六頁。

――『新約聖書の女性観』（岩波セミナーブックス27）岩波書店、一九八八年＝『荒井献著作集８』岩波書店、二〇〇一年、一‐二六二頁。

――「新約聖書の女性観――書評に応えて」『聖書と教会』日本基督教団出版局、一九八九年十二月号、一四‐一九頁＝『荒井献著作集

8――聖書のなかの女性たち』岩波書店、二〇〇一年、三八七‐三九六頁。

――『トマスによる福音書』(講談社学術文庫一一四九)講談社、一九九四年＝『荒井献著作集7――トマス福音書』岩波書店、二〇〇一年。

――『初期キリスト教の霊性――宣教・女性・異端』岩波書店、二〇〇九年。

イーグルトン、テリー『マルクス主義と文学批評』(クラテール叢書4)有泉学宙/高橋公雄/清水英之/田形みどり/松村美佐子訳、国書刊行会、一九八七年(Terry Eagleton, *Marxism and Literary Criticism*, Berkley/Los Angeles: University of California Press, 1976)。

石川康輔「フィレモンへの手紙」『新共同訳 新約聖書注解Ⅱ』日本基督教団出版局、一九九一年、三三六‐三四一頁。

石川優/東園子/西原麻里/杉本＝バウエンス・ジェシカ/木下衆「シンポジウム やおい/BLを研究する方法論とディシプリン」『都市文化研究』一六号、大阪市立大学大学院文学研究科都市文化研究センター、二〇一四年、一六‐二五頁。

伊吹雄『ヨハネ福音書注解Ⅱ』知泉書房、二〇〇七年。

――『ヨハネ福音書注解Ⅲ』知泉書院、二〇〇八年。

上野千鶴子『発情装置――エロスのシナリオ』筑摩書房、一九九八年。

上村静「書評 小林昭博『同性愛と新約聖書』」『宗教研究』九六巻三輯、日本宗教学会、二〇二二年、七九‐八四頁。

ヴァールド、アーバン・C・フォン「葛藤の信仰共同体――ヨハネ共同体の歴史と社会的背景」(太田修二訳)『インタープリテーション』三七号、ATD・NTD聖書註解刊行会、一九九六年、七七‐九六頁。

ウィリス、ポール『ハマータウンの野郎ども――学校への反抗 労働への順応』(ちくま学芸文庫)熊沢誠/山田潤訳、筑摩書房、一九九六年。

ヴィンセント、キース「俳句から小説へ――明治期ホモソーシャリティの周縁」、竹村和子編『欲望・暴力のレジーム――揺らぐ表象/格闘する理論』(ジェンダー研究のフロンティア五)作品社、二〇〇八年、六九‐八五頁。

ウィンター、セイラ・C・B「フィレモンへの手紙」(一色義子訳)、フィオレンツァ、エリザベス・シュスラー編『聖典の探索へ――フェミニスト聖書注解』絹川久子/山口里子日本語版監修、日本キリスト教団出版局、一九九四年、二三六‐二四四頁。

ウェルカー、ジェームズ編著『BLが開く扉――変容するアジアのセクシュアリティとジェンダー』青土社、二〇一九年。

太田修二『パウロを読み直す』キリスト図書出版、二〇〇七年。

――「『キリストのピスティス』の意味を決めるのは文法か」『聖書的宗教とその周辺――佐藤研教授・月本昭男教授・守屋彰夫教授献呈論文集』(『聖書学論集』四六号)リトン、二〇一四年、四八一‐五〇〇頁。

――「ローマ書におけるピスティスとノモス(2)C」『人文・自然研究』八号、一橋大学大学教育研究開発センター、二〇一四年、二八‐七二頁。

大友りお「ファンタジーのポリティクス――ボーイズラブを論じるための理論的基盤に向けて」『日本映画大学紀要』創刊一号、日本映画大学、二〇一五年、一一‐二三頁。

大貫隆『世の光イエス——福音書のイエス・キリスト④ヨハネによる福音書』講談社、一九八四年＝『ヨハネによる福音書——世の光イエス』日本基督教団出版局、一九九六年。

——『マルコによる福音書I』（リーフバイブル・コメンタリーシリーズ）日本基督教団宣教委員会／日本基督教団出版局、一九九三年。

——「ヨハネによる福音書」、大貫隆／山内眞監修『新版 総説 新約聖書』日本キリスト教団出版局、二〇〇三年、再版：二〇一〇年、一三四‐一五九頁。

——『イエスという経験』（岩波現代文庫 学術三三一）岩波書店、二〇一四年。

——「きれて、つながる」、同『真理は「ガラクタ」の中に——自立する君へ』教文館、二〇一五年、八‐一六頁。

——『ヨハネ福音書解釈の根本問題——ブルトマン学派とガダマーを読む』ヨベル、二〇二二年。

加藤常昭「説教者のパースペクティヴにおける聖書翻訳論」『福音と世界』七一巻四号、新教出版社、二〇一六年四月号、一九‐二二頁。

ガリラヤ会（聖書翻訳研究会）「『日本基督教団信仰告白』と新翻訳『聖書協会共同訳』との関係について質問します」（日本基督教団総会議長宛）二〇一七年一一月二七日。

カルペッパー、R・アラン『ヨハネ福音書——文学的解剖』伊東寿泰訳、日本キリスト教団出版局、二〇〇五年。

——「ヨハネ福音書における『教会』を求めて」（吉谷かおる訳）『インタープリテーション』八五号、聖公会出版、二〇一四年、一‐二五頁。

河口和也『クイア・スタディーズ』（思考のフロンティア）岩波書店、二〇〇三年。

岸田秀『母親幻想』新書館、一九九五年。

絹川久子『女性たちとイエス——相互行為的視点からマルコ福音書を読み直す』日本基督教団出版局、一九九七年。

——『沈黙の声を聴く——マルコ福音書から』日本キリスト教団出版局、二〇一四年。

キング、カレン・L『マグダラのマリアによる福音書——イエスと最高の女性使徒』山形孝夫／新免貢訳、河出書房新社、二〇〇六年。

グティエレス、グスタヴォ『解放の神学』（岩波現代選書）関望／山田経三訳、岩波書店、一九八五年＝『解放の神学（復刻版）』（岩波モダンクラシックス）関望／山田経三訳、岩波書店、二〇〇一年（Gutiérrez, Gustavo, *A Theology of Liberation: History, Politics and Salvation*, translated and edited by Sister Caridad Inda/John Eagleson, Maryknoll, New York: Orbis Books, 1973）。

工藤万里江『クィア神学の挑戦——クィア、フェミニズム、キリスト教』新教出版社、二〇二二年。

クロッサン、ジョン・D『イエス——あるユダヤ人貧農の革命的生涯』太田修司訳、新教出版社、一九九八年。

——／ボーグ、マーカス・J『最初のクリスマス——福音書が語るイエス誕生物語』浅野淳博訳、教文館、二〇〇九年。

ケーゼマン、エルンスト・『ローマ人への手紙』岩本修一訳、日本基督教団出版局、第三版：一九九〇年。

小林昭博「当事者性の回復――ヘテロセクシュアルの応答」『アレテイア』二四号、日本基督教団出版局、一九九九年、一六‐二一頁。

――「天国のための宦官（マタイ一九・一二）」『神学研究』五三号、関西学院大学神学研究会、二〇〇六年、一‐一四頁。

――「ガラテヤ書一章一‐五節の文学的・心理学的分析――ガラテヤ書前書きにおけるパウロの修辞的戦略と心理的葛藤」『神学研究』五八号、関西学院大学神学研究会、二〇一一年、四五‐五六頁。

――「『聖書に書いてあるから』というのが本当の理由なのだろうか――同性愛を罪とする聖書テクスト読む」、樋口進編著『聖典と現代社会の諸問題――聖典の現代的解釈と提言』キリスト新聞社、二〇一一年、九‐六五頁。

――「クィア化する家族――マルコ三・二〇‐二一、三一‐三五におけるイエスの家族観」『神学研究』六〇号、関西学院大学神学研究会、二〇一三年、一三‐二四頁。

――「聖書主義の盲点――聖書解釈における他者性の認識」『酪農学園大学紀要 人文・社会科学編』四〇巻二号、酪農学園大学、二〇一六年、一〇五‐一一三頁。

――「『わたしを愛しているか』――クィア理論とホモソーシャリティ理論によるヨハネ二一・一五‐一七の読解」『日本の神学』五五号、日本基督教学会、二〇一六年、三九‐六六頁。

――「解放の解釈学の盲点――解放の諸神学における聖書解釈の問題」『酪農学園学紀要 人文・社会科学編』四一巻一号、酪農学園大学、二〇一六年、二一‐二七頁。

――「連載 クィアなイエス（１‐６回）」『ｆａｄ――faith and devotion』六三‐六八号、関東神学ゼミナール、二〇一六年六月号‐二〇一八年七月号所収。

――「マリアのクリスマスの回復――文化研究批評（ジェンダー・セクシュアリティ研究）による解釈」『福音と世界』第七一巻一二号、新教出版社、二〇一六年十二月号、三〇‐三五頁。

――「『イエスとクィア』から『クィアなイエス』へ――クィア理論を用いた聖書解釈の新たな地平」『福音と世界』七三巻七号、新教出版社、二〇一八年七月号、一八‐二三頁。

――「イエスの胸に横たわる弟子――クィア理論とホモソーシャリティ理論によるヨハネ福音書一三章二一‐三〇節の読解」、日本新約学会編『イエスから初期キリスト教へ――新約思想とその展開』（青野太潮先生献呈論文集）リトン、二〇一九年、一八九‐二一〇頁。

――「『聖書協会共同訳』のクィアな批評――教会・キリスト教主義大学・クィアな空間で読む」『日本基督教学会北海道支部 公開シンポジウム記録』五号、日本基督教学会北海道支部、二〇二一年、八三‐九七頁。

――『同性愛と新約聖書――古代地中海世界の性文化と性の権力構造』風塵社、二〇二一年。

――「『見よ、彼は彼をどれほど愛していたことか』――クィア理論とホモソーシャリティ理論によるヨハネ一一・一‐四四の読解」『酪

農学園学紀要 人文・社会科学編』四六巻一号、酪農学園大学、二〇二一年、一九‐二五頁。

――「クィアな聖家族――ルカ降誕物語のクィアな読解」『福音と世界』七六巻一二号、新教出版社、二〇二一年十二月号、二〇‐三五頁。

小林稔『ヨハネ福音書のイエス』岩波書店、二〇〇八年。

佐藤研「聖書学は〈イエス批判〉に向かうか――『宗教批判の諸相』に向けて」、同『最後のイエス』ぷねうま舎、二〇一二年、一二三‐一四一頁。

シュトゥールマッハー、ペーター『ピレモンへの手紙』（EKK新約聖書註解Ⅷ）青野太潮訳、教文館、一九八二年。

新免貢『「新」キリスト教入門⑴』燦葉出版社、二〇一九年。

――『「新」キリスト教入門⑵』燦葉出版社、二〇二〇年。

――「書評 小林昭博『同性愛と新約聖書』」『日本の神学』六一号、日本基督教学会、二〇二二年、一〇三‐一〇九頁。

スパーゴ、タムシン『フーコーとクイア理論』（ポストモダン・ブックス）吉村育子訳、岩波書店、二〇〇四年。

セジウィック、イヴ・コゾフスキー『男同士の絆――イギリス文学とホモソーシャルな欲望』上原早苗／亀澤美由紀訳、名古屋大学出版会、二〇〇一年（Eve Kosofsky Sedgwick, *Between Men: English Literature and Male Homosocial Desire*, Gender and Culture, New York: Columbia University Press, 1985, thirtieth anniversary edition, 2016）。

ターナー、グレアム『カルチュラル・スタディーズ入門――理論と英国での発展』溝上由紀ほか訳、作品社、一九九九年。

タイセン、ゲルト『新約聖書――歴史・文学・宗教』大貫隆訳、教文館、二〇〇三年。

――『イエスとパウロ――キリスト教の土台と建築』日本新約学会監訳、教文館、二〇一二年。

高橋敬基「新約聖書の『神学』と現代的使信――マルコ七・一四‐二三を中心として」『聖書の使信と伝達――関根正雄先生喜寿記念論文集』（『聖書学論集』二三号）日本聖書学研究所、山本書店、一九八九年、三九九‐四一九頁。

田川建三『原始キリスト教史の一断面――福音書文学の成立』勁草書房、一九六八年。

――『マルコ福音書 上巻 増補改訂版』（現代新約注解全書）新教出版社、一九七二年、増補改訂版：二〇〇七年。

竹村和子『愛について――アイデンティティと欲望の政治学』岩波書店、二〇〇二年。

――「忘却／取り込みの戦略――バイセクシュアリティ序説」、藤森かよこ編『クィア批評』世織書房、二〇〇四年、七一‐八八頁。

辻学『偽名書簡の謎を解く――パウロなき後のキリスト教』新教出版社、二〇一三年。

――「資料・様式・編集」、浅野淳博／伊藤寿泰／須藤伊知郎／辻学／中野実／廣石望／前川裕／村山由美『新約聖書解釈の手引き』日本キリスト教団出版局、二〇一六年、五四‐七八頁。

――「新約釈義 第一テモテ4」『福音と世界』七一巻六号、新教出版社、二〇一六年、七九‐七二頁。

――「新しくなれなかった新翻訳」『福音と世界』七四巻七号、新教出版社、二〇一九年七月号、一二‐一七頁。

――「『聖書協会共同訳』――その特徴と意義」『日本基督教学会北海道支部　公開シンポジウム記録』五号、日本基督教学会北海道支部、二〇二一年、六三‐七四頁。

ドーヴァー、ケネス・J『古代ギリシアの同性愛　新版』中務哲郎／下田立行訳、青土社、二〇〇七年（Kenneth J. Dover, *Greek Homosexuality*, Cambridge, MS: Harvard University Press, 1978, updated and with a new postscript, 1989）。

戸田聡「聖書協会共同訳の編集過程について――翻訳・編集に関与した立場からの報告」『日本基督教学会北海道支部　公開シンポジウム記録』五号、日本基督教学会北海道支部、二〇二一年、七五‐八二頁。

中野実「正典批評」、浅野淳博／伊藤寿泰／須藤伊知郎／辻学／中野実／廣石望／前川裕／村山由美『新約聖書解釈の手引き』日本キリスト教団出版局、二〇一六年、二八〇‐三一九頁。

永田竹司「フィレモンへの手紙」、山内眞編『新共同訳　新約聖書略解』日本基督教団出版局、二〇〇〇年、六三〇‐六三四頁。

日本基督教団信仰職制委員会編『日本基督教団口語式文』日本基督教団出版局、一九五九年。

日本基督教団事務局編『日本基督教団教憲教規および諸規則（二〇二二年二月改訂版）』日本キリスト教団出版局、二〇二二年。

日本聖書協会『聖書　聖書協会共同訳――礼拝にふさわしい聖書を――特徴と実例』日本聖書協会、二〇一八年。

――『聖書　聖書協会共同訳について』日本聖書協会、二〇一八年。

ノート、マルティン『モーセ五書伝承史』山我哲雄訳、日本基督教団出版局、一九八六年（Noth, Martin, *Überlieferungsgeschichte des Pentateuch*, Stuttgart: Kohlhammer, 1948）。

ハート、ギルバート・H『同性愛のカルチャー研究』黒柳俊恭／塩野美奈訳、現代書館、二〇〇二年。

パーキンス、フィーム「フィレモン書」、ニューサム、キャロル／リンジ、シャロン・H編『女性たちの聖書注解――女性の視点で読む旧約・新約・外典の世界』荒井章三／山内一郎日本語版監修、加藤明子／小野功生／鈴木元子訳、新教出版社、一九九八年、六一一‐六一二頁。

バトラー、ジュディス『ジェンダー・トラブル――フェミニズムとアイデンティティの攪乱』竹村和子訳、一九九九年（Butler, Judith, *Gender Trouble: Feminism and the Subversion of Identity*, New York/London: Routledge, 1990）。

原口尚彰「フィレモン一‐七の修辞学的分析」『基督教論集』四五号、青山学院大学同窓会基督教学会、二〇〇二年、三五‐四七頁。

――『新約聖書概説』教文館、二〇〇四年頁。

――「イエス・キリストの信実か、イエス・キリストへの信仰か――ロマ三・二二の釈義的考察」『日本の神学』五四号、日本基督教学会、二〇一五年、七六‐九五頁。

ハルプリン、デイヴィッド・M『同性愛の百年間――ギリシア的愛について』（りぶらりあ選書）石塚浩司訳、法政大学出版局、

一九九五年（*David M. Halperin, One Hundred Years of Homosexuality: And Other Essays on Greek Love*, New York/London: Routledge, 1990）。

廣石望『信仰と経験――イエスと〈神の王国〉の福音』新教出版社、二〇一一年、一五八‐一五九頁。

――『新約聖書のイエス――福音書を読む 上』（NHK宗教の時間）NHK出版、二〇一九年。

フィオレンツァ、エリザベス・シュスラー『彼女を記念して――フェミニスト神学によるキリスト教起源の再構築』山口里子訳、日本基督教団出版局、一九九〇年。

――『石ではなくパンを――フェミニスト視点による聖書解釈』（21世紀キリスト教選書）山口里子訳、新教出版社、一九九二年。

藤森かよこ「リバタリアン・クィア宣言」、同編『クィア批評』世織書房、二〇〇四年、三‐二四頁。

ブラウン、レイモンド・E『ヨハネの共同体の神学とその史的変遷――イエスに愛された弟子の共同体の軌跡』湯浅俊治監訳、田中昇訳、教友社、二〇〇八年。

フリードリヒ、ゲルハルト「ピレモンへの手紙」（杉山好訳）、アルトハウス、パウルほか『パウロ小書簡』（NTD新約聖書註解8）NTD新約聖書註解刊行会、一九七九年、四七三‐四九九頁。

ブルトマン、ルドルフ『共観福音書伝承史I』（ブルトマン著作集1）加山宏路訳、新教出版社、一九八三年。

――『ヨハネの福音書』杉原助訳、大貫隆解説、日本キリスト教団出版局、二〇〇五年。

ブロック、アン・グレアム『マグダラのマリア、第一の使徒――権威を求める闘い』吉谷かおる訳、新教出版社、二〇一一年。

堀江有里『「レズビアン」という生き方――キリスト教の異性愛主義を問う』新教出版社、二〇〇六年。

――『レズビアン・アイデンティティーズ』洛北出版、二〇一五年。

本多峰子「新約聖書物語再考――マグダラのマリアの場合」『国際政経論集』二二号、二松學舍大学、二〇一六年、七一‐八四頁。

マーティン、ラルフ・P『エフェソの信徒への手紙・コロサイの信徒への手紙・フィレモンへの手紙』（現代聖書注解）太田修司訳、一九九五年。

松永晋一「パウロの手紙」、荒井献ほか『総説 新約聖書』日本基督教団出版局、一九八一年、二一五‐三一八頁。

ミークス、ウェイン・A『古代都市のキリスト教――パウロ伝道圏の社会学的研究』加山久夫監訳、布川悦子／挽地茂男訳、ヨルダン社、一九八九年。

嶺重淑『ルカ福音書 1章～9章50節』（NTJ新約聖書注解）日本キリスト教団出版局、二〇一八年。

村山由美／浅野淳博／須藤伊知郎「文化研究批評」、浅野淳博／伊東寿泰／須藤伊知郎／辻学／中野実／廣石望／前川裕／村山由美『新約聖書解釈の手引き』日本キリスト教団出版局、二〇一六年、二四六‐二七九頁。

本村凌二「ローマ帝国における『性』と家族」、弓削達／伊藤貞夫編『ギリシアとローマ――古典古代の比較史的考察』河出書房新社、一九八八年、二七五‐三〇〇頁。

——『ローマ人の愛と性』（講談社現代新書一四七六）講談社、一九九九年。

モルトマン＝ヴェンデル、エリーザベト『イエスをめぐる女性たち——女性が自分自身になるために』（21世紀キリスト教選書10）大島かおり訳、新教出版社、一九八二年。

八木誠一「戦後の神学的状況、その一（一九四五 - 一九七〇年）」、古屋安雄／土肥昭夫／佐藤敏夫／八木誠一／小田垣雅也『日本神学史』ヨルダン社、一九九二年、二二四 - 一六二頁。

安田真由子「舞い戻る死者、不正の告発——クィア批評による解釈」『福音と世界』七三巻一二号、新教出版社、二〇一八年四月号、二八 - 三三頁。

——「クィアな想像力はどこまでいけるか——物語をクィアに読む／語り直すということ」『福音と世界』七六巻一二号、新教出版社、二〇二一年十二月号、二四 - 二九頁。

山口里子『マルタとマリア——イエスの世界の女性たち』新教出版社、二〇〇四年。

——『虹は私たちの間に——性と生の正義に向けて』新教出版社、二〇〇八年。

——『イエスの譬え話——ガリラヤ民衆が聞いたメッセージを探る1』新教出版社、二〇一四年。

山谷省吾『パウロ書簡・新訳と解釈——エペソ・ピリピ・コロサイ・ピレモン』新教出版社、一九七五年。

山吉裕子「書評 小林昭博『同性愛と新約聖書』」『基督教學』北海道基督教学会、二〇二二年、四一 - 四五頁。

吉田忍「ガラテヤ人への手紙におけるΠΙΣΤΙΣ ΧΡΙΣΤΟΥ」『聖書的宗教とその周辺』（『聖書学論集』四六号）二〇一四年、六五三 - 六七六頁。

ライト、ニコラス・T『コロサイ人への手紙、ピレモンへの手紙』（ティンデル聖書注解）岩下真歩子訳、いのちのことば社、二〇〇八年。

ローマイヤー、エルンスト『ガリラヤとエルサレム——復活と顕現の場が示すもの』（聖書学古典叢書）辻学訳、日本キリスト教団出版局、二〇一三年。

二 欧米語（アルファベット順）

Anderson, Hugh, *The Gospel of Mark*, NCBC, Grand Rapids: Eerdmans/London: Marshal Morgan & Scott, 1976.
Barrett, Charles K., *The Gospel according to St John: An Introduction with Commentary and Notes on the Greek Text,* London: SPCK, 1955.
Barth, Karl, *Der Römerbrief 1922* (Zweite Fassung), Karl Barth Gesamtausgabe Band 47, Zürich: Theologischer Verlag Zürich, 2010.
Barth, Markus/Blanke, Helmut, *The Letter to Philemon: A New Translation with Notes and Commentary*, ECC, Grand Rapids/Cambridge: Eerdmans, 2000.

Bauer, Walter, *Das Johannesevangelium*, HNT 6, Tübingen: Mohr Siebeck, 1925.

Beasley-Murray, George R., *John,* WBC 36, Waco, Texas: Word Books, 1987.

Becker, Jürgen, *Das Evangelium nach Johannes, 2,* ÖTNT 4/2 (GTB Siebenstern 506), Gütersloh: Gerd Mohn/Würzburg: Echter-Verkag, [2]1984, [3]1991.

Bernard, John H., *A Critical and Exegetical Commentary on the Gospel according to St. John,* Vol. II, ICC, Edinburg: T & T Clark, 1928.

Best, Ernest, *The Temptation and the Passion: The Markan Soteriology*, SNTSMS 2, Cambridge: Cambridge University Press, 1965.

——Mark III.20,21,31–35, *NTS* 22 (1976), 309–319.

Beutler, Johannes, *Das Johannesevangelium. Kommentar*, Freiburg/Basel/Wien: Herder, [2]2016.

Boff, Leonardo, *Jesus the Liberator,* New York: Orbis Books, 1978.

——/Boff, Clodovis, *Introducing Liberation Theology*, English translation by Paul Burns, TLS 1, Maryknoll, New York: Orbis Books, 1987.

Boisvert, Donald L., *Sanctity and Male Desire,* Cleveland, Ohio: Pilgrim Press, 2004.

Brain, Bradford, *Peter in the Gospel of John,* Atlanta: SBL, 2007.

Brown, Raymond E., *The Gospel according to John: Introduction, Translation, and Notes*, Vol. 2 (XIII–XXI), AB 29A, Garden City, N.Y.: Doubleday, 1970.

Bruce, Frederick F., *The Epistles to Colossians, to Philemon, and to the Ephesians,* NICNT, Grand Rapids: Eerdmans, 1984.

Burkill, Thomas A., *Mysterious Revelation: An Examination of the Philosophy of St. Mark's Gospel,* Ithaca: Cornell University Press, 1963.

Cantarella, Eva, *Bisexuality in the Ancient World,* translation from Italian by Cormac Ó Cuilleanáin, New Heaven: Yale University Press, 1992, with a preface to second edition, [2]2002.

Charlesworth, James H., *The Beloved Disciple: Whose Witness Validates the Gospel of John,* Valley Forge, PA: Trinity Press International, 1995.

Chauncey, George, *Gay New York: Gender, Urban Culture, and the Making of the Gay Male World, 1890–1940*, New York: Basic Books, 1994.

Cone, James H., *A Black Theology of Liberation,* Philadelphia: Lippincott Company, 1970 = *A Black Theology of Liberation*, twenties anniversary edition with critical reflection by Dolores S. Williams, Gayraud Wilmore, Rosemary R. Ruether, Pablo Richard, Robert McAfee Brown and K. C. Abraham, Maryknoll, New York: Orbis Books, 1990.

Croatto, José Severino, *Exodus: A Hermeneutics of Freedom,* English translation by Salvator Attanasio, Maryknoll, New York: Orbis Books, 1981.

Crossan, John D., Mark and the Relatives of Jesus, *NovT* 15 (1973),81–113.

Culpepper, R. Alan, "Peter as Exemplary Disciple in John 21:15–19," *PRS* 37/2 (2010), 165–178.

D'Angelo, Mary, Women Partners in the New Testament, *JFSR* 6 (1990), 65–86.

Dewey, Joanna, *Markan Public Debate: Literary Technique, Concentric Structure, and Theology in Mark 2:1–3:6,* SBLDS 48, Chico: Scholars Press, 1980.

Dibelius, Martin, *Die Formgeschichte des Evangeliums*, Tübingen: Mohr Siebeck, [5]1966.

——*An die Kolosser, Epheser, an Philemon,* neu bearbeitet von Heinrich Greeven, HNT 12, Tübingen: Mohr Siebeck, [3]1953.

Dietzfelbinger, Chrsitian, *Das Evangelium nach Johannes, 1–2*, ZBK 4/1–2 in einem Band, Zürich: Theologische Verlag, [2]2004.

Dobschütz, Ernst von, Zur Erzählerkunst des Markus, *ZNW* 27 (1928), 193–198.

Donahue, John R./Harrington, Daniel J., *The Gospel of Mark,* SPS 2, Collegeville: The Liturgical Press, 2002.

Dowling, Elizabeth, "Rise and Fall: The Changing Status of Peter and Women Disciples in John 21," *ABR* 52 (2004), 48–63.

Dunn, James D. G., *The Epistles of the Colossians and to Philemon: A Commentary in the Greek Text,* Grand Rapids: Eerdmans/Carlisle: Paternoster, 1996.

Edwards, James R., Markan Sandwiches: The Significance of Interpolations in Markan Narratives, *NovT* 31 (1989), 193–216.

Ernst, Josef, *Die Briefe an die Philipper, an Philemon, an die Kolosser, an die Epheser,* RNT 6/3, Regensburg: Pustet, 1974.

——*Das Evangelium nach Markus*, RNT, Regensburg: Pustet, [6]1981.

Fackenheim, Emil L., *God's Presence in History: Jewish Affirmation and Philosophical Reflection*, New York: Harper & Row, 1970.

Felder, Cain H., The Letter to Philemon: Introduction, Commentary, and Reflections, in: *New Interpreter's Bible*, XI, Nashville: Abingdon Press, 2000, 883–905.

Fenske, Wolfgang, *Der Lieblingsjünger. Das Geheimnis um Johannes*, Biblische Gestalten 16, Leipzig: Evangelische Varlagsanstalt, 2007.

Fitzmyer, Joseph A., *The Letter to Philemon: A New Translation with Introduction and Commentary,* AB 34C, New York/London/Toronto/Sydney/Auckland: Doubleday, 2000.

Glaser, Chris, *Coming our as Sacrament,* Louisville: Westminster John Knox Press, 1998.

Gnilka, Joachim, *Der Philemonbrief,* HThKNT X/4, Freiburg/Basel/Wien: Herder, 1982.

——*Das Evangelium nach Markus, 1. Teilband (Mk1–8,26),* EKK II/1, Solothurn/Düsseldorf: Benzinger und Neukirchen-Vluyn: Neukirchener, [4]1996.

Goss, Robert E., The Beloved Disciple: A Queer Bereavement Narrative in a Time of AIDS [2000], in: idem/ West, Mona (eds.), *Take Back the Word,* 206–218.

——*Queering Christ: Beyond Jesus ACTED UP*, Cleveland, Ohio: Pilgrim Press, 2002.

——John, in: Guest/Goss/West/Bohache (eds.), *The Queer Bible Commentary,* 548–565.

——/West, Mona (eds.), *Take Back the Word: A Queer Reading of the Bible,* Cleveland, Ohio: The Pilgrim Press, 2000.

Gould, Ezra P., *A Critical and Exegetical Commentary on the Gospel according to St. Mark*, ICC, New York: Scribner's, 1896.

Grundmann, Walter, *Das Evangelium nach Markus,* ThHKNT II, Berlin: Evangelische Verlag, ^{8}1980.

Guest, Deryn/Goss, Robert E./West, Mona/Bohache, Thomas (eds.), *The Queer Bible Commentary*, London: SCM Press, 2006.

Haenchen, Ernst, *Das Johannesevangelium. Ein Kommentar*, Tübingen: Mohr Siebeck, 1980.

Halperin, David M., The Normalizing of Queer Theory, *Journal of Homosexuality* 45 (2005), 339–343.

Heacock, Anthony, *Jonathan Loved David: Manly Love in the Bible and the Hermeneutics of Sex,* The Bible in the Modern World 22, Sheffield: Sheffield Phoenix Press, 2011.

Herzog, Frederick, *Liberation Theology: Liberation in the Light of the Fourth Gospel,* New York: Seabury Press, 1972.

Horner, Tom, *Jonathan Loved David: Homosexuality in Biblical Times*, Philadelphia: The Westminster Press, 1978.

Hornsby, Teresa J./Stone, Ken, Already Queer: A Preface, in: eadem/idem (eds.), *Bible Trouble,* ix–xiv.

——(eds.) *Bible Trouble: Queer Reading at the Boundaries of Biblical Scholarship*, SBL Semeia Studies 67, Atlanta: Society of Biblical Literature, 2011.

Horst, Dirk von der, *Jonathan's Loves, David's Laments: Gay Theology, Musical Desires, and Historical Differences*, Foreword by Rosemary R. Ruether, Eugene, OR: Pickwick Publications, 2017.

Houlden, James L., *Paul's Letters from Prison: Philippians, Colossians, Philemon and Ephesians,* PNTC, Middlesex: Penguin Books, 1970.

Iersel, Bas M. F. van, *Mark: A Reader-Response Commentary*, JSNTSup 164, Sheffield: Sheffield Academic Press, 1998.

Jennings Jr., Theodore W., *The Man Jesus Loved: Homoerotic Narratives from the New Testament,* Cleveland, Ohio: Pilgrim Press, 2003.

——*Jacob's Wound: Homoerotic Narrative in the Literature of Ancient Israel*, New York/London: Continuum, 2005.

Jeremias, Joachim, *Die Sprache des Lukasevangeliums. Redaktion und Tradition im Nicht-Markusstoff des dritten Evangeliums,* KEK Sonderband, Göttingen: Vandenhoeck & Ruprecht, 1980.

Jung, Patricia B./Smith, Ralph F., *Heterosexism: An Ethical Challenge*, Albany: SUNY Press, 1993.

Kee, Howard C., *Community of the New Age: Studies in Mark's Gospel,* London: SCM Press, 1977.

Keener, Craig S., *The Gospel of John: A Commentary*, II, Peabody, MS: Hendrickson Publishers, 2003.

Kirk, J. Andrew, *Liberation Theology: An Evangelical View from the Third World*, Atlanta: John Knox Press, 1979.

Klostermann, Erich, *Das Markus-Evangelium,* HNT 3, Tübingen: Mohr Siebeck, ^{4}1950.

Knox, John, *Philemon among the Letters of Paul: A New View of Its Place and Importance*, Chicago: Chicago University Press, 1935.

——Philemon and the Authenticity of Colossians, *JR* 18 (1938), 144–160.

——The Epistle to Philemon, in: *Interpreter's Bible,* XI, New York/Nashville: Abingdon Press, 1955, 553–573.

Kraemer, Rose S., Art. Apphia, in: Meyers, Carol, et al. (eds.), *Women in Scripture: A Dictionary of Named and Unnamed Women in the Hebrew Bible, Apocrypha/Deutero Canonical Books, and the New Testament,* Grand Rapids/Cambridge: Eerdmans, 2000, 52–53.

Kümmel, Werner G., *Einleitung in das Neue Testament*, Heidelberg: Quelle & Meyer, ^{21}1983.

Kuhn, Heinz-Wolfgang, *Ältere Sammlungen im Markusevangelium,* SUNT 8, Göttingen: Vandenhoeck & Ruprecht, 1971.

Lagrange, Marie-Joseph, *Évengile selon Saint Jean,* ÉB, Paris: Gabalda, ^{2}1925.

——*Évangile selon Saint Marc,* ÉB, Paris: Gabalda, ^{4}1947.

Lane, William L., *The Gospel according to Mark: The English Text with Introduction, Exposition and Notes*, Grand Rapids: Eerdmans, 1974.

Lauretis, Teresa de, Queer Theory: Lesbian and Gay Sexualities. An Introduction, *differences: A Journal of Feminist Cultural Studies* 3/2 (1991), iii–xviii.

——Habit Changes, *differences: A Journal of Feminist Cultural Studies* 6/2–3 (1994), 296–313.

Lear, Andrew/Cantarella, Eva, *Images of Ancient Greek Pederasty: Boys were their Gods*, London/New York: Routledge, 2008.

Lightfoot, Joseph B., *St. Paul's Epistles to the Colossians and to Philemon: A Revised Text with Introduction, Notes, and Dissertations,* London: Macmillan, 1875.

Lohmeyer, Ernst, *Die Briefe an die Philipper, an die Kolosser und an Philemon*, KEK IX, Göttingen: Vandenhoeck & Ruprecht, ^{11}1956.

Lohse, Eduard, *Die Briefe an die Kolosser und an Philemon,* KEK IX/2, Göttingen: Vandenhoeck & Ruprecht, $^{15(2)}$1977.

Lührmann, Dieter, *Das Markusevangelium*, HNT 3, Tübingen: Mohr Siebeck, 1987.

Man, Paul de, *Blindness and Insight: Essays in the Rhetoric of Contemporary Criticism*, Minneapolis: University of Minnesota, ^{2}1983.

Marcus, Joel, *Mark 1–8: A New Translation with Introduction and Commentary*, AB 27, New York, et. al.: Doubleday, 2000.

Martin, Dale B., Heterosexism and Interpretation of Roman 1:18–32, *BibInt* 3 (1995), 332–355 = idem, *Sex and the Single Savior*, 51–64, 206–212.

——The Queer History of Galatians 3:28: "No Male and Female," [1998] in, idem, *Sex and the Single Savior,* 77–90, 212–214.

——Sex and the Single Savior, [2001] in: idem, *Sex and the Single Savior*, 91–102, 214–220.

——*Sex and the Single Savior: Gender and Sexuality in Biblical Interpretation,* Louisville: Westminster John Knox Press, 2006.

Martin, Ralph P., *Colossians and Philemon,* NCBC, Grand Rapids: Eerdmans/London: Morgan & Scott, 1973.

McHugh, John E., *A Critical and Exegetical Commentary on John 1–4,* edited by Graham N. Stanton, ICC, London/New York: T&T Clark International, 2009.

Meyer, Rudolf, Art. κόλπος, *ThWNT* III, (1938) 824–826.

Michaels, J. Ramsey, *The Gospel of John,* NICNT, Grand Rapids, MI: Eerdmans, 2010.

Moore, Stephen D., Que(e)rying Paul: Preliminary Questions, in: Clines, David J. A./Moore, Stephen D. (eds.), *Auguries: The Jubilee Volume of the Sheffield Department of Biblical Studies*, Sheffield: Sheffield Academic Press, 1998, 250–274.

——*God's Beauty Parlor: And Other Queer Spaces in and around the Bible*, Contraversions: Jews and Other Differences, Stanford, CA: Stanford University Press, 2001.

——Philemon,[2006] in: Guest/Goss/West/Bohache (eds.), *The Queer Bible Commentary,* 693–695.

Neirynck, Frans, *Duality in Mark: Contributions to the Study of the Markan Redaction*, BETL 31, Leuven: Leuven University Press, 1973.

Nineham, Dennis E., *The Gospel of St Mark*, PNTC, Middlesex: Penguin Books, 1963.

Nissinen, Marti, *Homoeroticism in the Biblical World: Historical Perspective*, translated from Finnish by Kirsi Stjerna, Minneapolis: Fortress Press, 1998.

Nordling, John G., *Philemon,* CC, Saint Louis: Concordia Publishing House, 2004.

O'Brien, Peter T., *Colossians, Philemon,* WBC 44, Waco: Word Books, 1982.

Onuki, Takashi, Die johanneischen Abschiedsreden und die synoptische Tradition. Eine traditionskritische und traditionsgeschichtliche Untersuchung, *AJBI* 3 (1977), 157–268.

Perkins, Benjamin, Coming Out, Lazarus's and Ours: Queer Reflections of a Psychospiritual, Political Journey, in: Goss/ West (eds.), *Take Back the Word*, 196–205.

Pesch, Rudolf, *Das Markusevangelium, I. Teil. Einleitung und Kommentar zu Kap. 1,1–8,26*, HThKNT 2, Freiburg/Basel/Wien: Herder, [3]1980.

Pippin, Tina, Ideological Criticism, Liberation Criticism, and Womanist and Feminist Criticism, in: Porter, Stanley E. (ed.), *Handbook to Exegesis of the New Testament,* NTTS XXV, Leiden/New York/Köln: Brill, 1997, 267–275.

Quast, Kevin, *Peter and the Beloved Disciple: Figures for a Community in Crisis*, JSNTSup 32, Sheffield: Sheffield Academic Press, 1989.

Resseguie, James L., The Beloved Disciple: The Ideal Point of View, in: Hunt, Steven A./Tolmie, D. Francois/Zimmermann, Ruben (eds.), *Character Studies in the Fourth Gospel: Narrative Approaches to Seventy Figures in John*, WUNT 314, Tübingen: Mohr Siebeck, 2013, 537–549.

Rhoads, David, Narrative Criticism and the Gospel of Mark, *JAAR* 50 (1982), 411–434.

Rubin, Gale, The Traffic of Women: Notes Toward a Political Economy of Sex, in: Reiter, Rayna (ed.), *Toward an Anthropology of Women,* New York: Monthly Review Press, 1975.

Schaberg, Jane, *The Resurrection of Mary Magdalene: Legends, Apocrypha, and the Christian Testament,* New York: Continuum, 2004.

Schmidt, Karl L., *Der Rahmen der Geschichte Jesu. Literarkritische Untersuchungen zur ältesten Jesusüberlieferung,* Berlin, Trowitzsc & Sohn, 1919.

Schmithals, Walther, *Das Evangelium nach Markus, I. Kapitel 1,1–9,1*, ÖTKNT 2/1 (GTB 503), Gütersloh: Mohn/Würzburg: Echter, [2]1986.

Schneider, Johannes, *Das Evangelium nach Johannes,* ThHKNT, Berlin: Evangelische Verlaganstalt, [2]1978.

Schnelle, Udo, *Das Evangelium nach Johannes*, ThHKNT 4, Leipzig: Evangelische Verlagsanstalt, [5]2016.

Schniewind, Julius, *Das Evangelium nach Markus,* NTD 1, Göttingen: Vandenhoeck & Ruprecht, [6]1952.

Scott, Ernest F., *The Epistles of Paul to the Colossians, to Philemon and to the Ephesians,* MNTC, London: Hodder & Stoughton, 1930.

Soelle, Dorothee/with Cloyes, Shirley A., *To Work and to Love: A Theology of Creation*, Philadelphia: Fortress Press, 1984.

Stein, Robert H., The Proper Methodology for Ascertaining a Markan Redaction History, *NovT* 13 (1971), 181–198.

Stone, Ken, Queer Commentary and Biblical Interpretation: An Introduction, in: idem (ed.), *Queer Commentary and the Hebrew Bible*, 11–34.

——*Practicing Safer Texts: Food, Sex and Bible in Queer Perspective,* London: T&T Clark, 2005.

——(ed.), *Queer Commentary and the Hebrew Bible,* JSOTSup 334, Sheffield: Sheffield Academic Press, 2001.

Strack, Hermann L./Billerbeck, Paul, *Kommentar zum Neuen Testament aus Talmud und Midrasch,* IV/2, München: C. H. Beck, 1928.

Suhl, Alfred, *Der Philemonbrief,* ZBKNT 13, Zürich: Theologischer Verlag, 1981.

Swete, Henry B., *The Gospel according to St Mark: The Greek Text with Introduction, Notes and Indices*, London/New York: Macmillan, [3]1913.

Taylor, Vincent, *The Gospel according to Saint Mark,* London: Macmillan, 1953.

Theißen, Gerd, *Studien zur Soziologie des Urchristentums*, WUNT I/19, Tübingen: Mohr Siebeck, [3]1989.

Theobald, Michael, *Das Evangelium nach Johannes, Kapitel 1–12,* RNT, Regensburg: Verlag Friedrich Pustet, 2009.

Thyen, Hartwig, *Das Johannesevangelium,* HNT 6, Tübingen: Mohr Siebeck, [2]2015.

Tilborg, Sjef Van, *Imaginative Love in John*, Biblical Interpretation Series 2, Leiden/New York/Köln: Brill, 1993.

Tombs, David, The Hermeneutics of Liberation, in: Porter, Stanley E./Tombs, David (eds.), *Approaches to New Testament Study,* JSNTSup 120, Sheffield: Sheffield Academic Press, 1995, 310–355.

Vincent, J. Kieth, *Two-Timing Modernity: Homosocial Narrative in Modern Japanese Fiction,* Harvard East Asia Monographs 342, Cambridge, MS/London: Harvard University Press, 2012.

Vincent, Marvin R., *The Epistles to the Philippians and to Philemon*, ICC, New York: Charles Scribner's Sons, 1897.

Wengst, Klaus, *Der Brief an Philemon,* ThKNT 16, Stuttgart: Kohlhammer, 2005.

——*Das Johannesevangelium,* ThKNT 4, Neuausgabe in einem Band, Stuttgart: Kohlhammer, [4]2019.

West, Mona, "Ruth," in: Guest/Goss/West/Bohache (eds.), *The Queer Bible Commentary*, 190–194.

Wikenhauser, Alfred, *Das Evangelium nach Johannes*, RNT 4, Regensburg: Pustet, [3]1961.

Williams, Craig A., *Roman Homosexuality: Ideologies of Masculinity in Classical Antiquity*, Ideologies of Desire, New York/Oxford: Oxford University Press, 1999.

Wilson, Nancy, *Our Tribe: Queer Folks, God, Jesus, and the Bible,* New York: HarperCollins, 1995, millennium edition: updated and revised, Tajique, NM: Alamo Square Press, 2000.

Wilson, Robert McL., *A Critical and Exegetical Commentary on Colossians and Philemon*, ICC, London/New York: T & T Clark International, 2005.

Winter, Sara C., Paul's Letter to Philemon, *NTS* 33 (1987), 1–15.

Zahn, Theodor, *Das Evangelium des Johannes ausgelegt,* KNT 5, Leipzig/Erlangen: Deichertsche Verlagbuchhandlung, 1921.

Zumstein, Jean, *Das Johannesevangelium,* KEK 2, Göttingen: Vandenhoeck & Ruprecht, 2016.

V　ウェブサイト（五十音順）

いのちのことば社ＨＰ「聖書 新改訳について」（https://www.wlpm.or.jp/bible/about_sk/）［最終アクセス：二〇二三年十二月一日］。

劇団四季のウェブサイト（https://www.shiki.jp/navi/news/renewinfo/034628.html）［最終アクセス二〇二三年十二月一日］。

JESUS CHRIST SUPERSTAR のウェブサイト（https://www.jesuschristsuperstar.com/）［最終アクセス二〇二三年十二月一日］。

Mynarek, Hubertus, Jesus, die Frauen und die Auferstehung, 17. Apr 2014（https://hpd.de/node/18387）［最終アクセス：二〇二三年十二月一日］

オウィディウス
『変身物語』
Ⅷ : 611-724　126

スエトニウス
『ローマ皇帝伝』
94: 4　177

【碑　文】

Posidippus
AB 56　180

Leonidas
Anth.Pal.
Ⅶ 463G　180

GVI 1223G　180

CIL XIV.2737 = CLE 1297　180
CIL Ⅷ .24734 = CLE 2115　180

【パピルス】

ギーセン・パピルス
1: 54　129

オクシリンコス・パピルス
4: 744　129

【キリスト教文書（教父文書）】

アンブロシウス
『キリスト教信仰について』
5（序文 2）　49

オリゲネス
『ヨハネ福音書注解』
32: 246　77

クリュソストモス
『ヨハネ福音書講解』
88: 1　49
『フィレモン書講解』
Ⅰ　129

テオドレトス
『フィレモン書注解』
711A-713A　129

テオドロス
『フィレモン書注解』　130

ヒエロニムス
『フィレモン書注解』
748A-749C　129
750D　129

ペラギウス
『フィレモン書注解』　129

【グノーシス文書】

トマスによる福音書
55　160
99　147

フィリポによる福音書
31　21
32　21
55ab　21
55b　21-22

マグダラのマリアによる福音書
6: 1　21

ユダの手紙
7　207-208

ヨハネの黙示録
2: 20-21　214
17: 1-2　214

【使徒教父文書】

クレメンスの第二の手紙
9: 11　147

【新約聖書外典】

エビオン人福音書
H　147

【ユダヤ教文書】

ヨセフス
『ユダヤ古代誌』
1: 193　157

【ギリシャ・ローマ】

クセノポン
『キュロスの教育』
4: 5: 53　157

プラトン
『カルミデス』
154A-C　79
『饗宴』
178C　79
178E　79
179A　79
180A-B　79
181E　79
182B-C　79
183C-D　79
184B-E　79
184C-E　79
184D　81
184D-E　70, 81, 101
185A　79
193B　79
211D79
222B　79
『パイドロス』
227C　79
228C-D　79
231A-C　79
232A　79
232C　79
233A-B　79
238E　79
239A-B　79
239E　79
240A-D　79
241B-D　79
243D　79
244A　79
245B　79
245E　79
249E　79
252C-E　79
253A　79
254A　79
255B-D　79
256E　79
257B　79
262E　79
263C　79
264A　79
266B　79
『プロタゴラス』
309A　79

テオクリトス
『牧歌』
5: 39-43　79
5: 116-119　79

21: 22　50

ローマの信徒への手紙
1: 1-2: 1　210
1: 18-32　205
1: 26-27　203, 210
3: 21-22a　212
3: 22　211-213
3: 26　211
16: 1-2　122
16: 3　107
16: 5　108, 120, 134
16: 7　133
16: 9　107
16: 21　107

コリントの信徒へ手紙一
1: 1　123
6: 9-10　204-205
7: 1　8
9: 5　139
11: 27　198, 200
16: 19　108, 120

コリントの信徒への手紙二
1: 1　123
5: 13　157
8: 23　107

ガラテヤの信徒への手紙
1: 1-5　135
2: 16　211
2: 20　211
3: 22-26　211
3: 28　168

エフェソの信徒への手紙
3: 12　211

フィリピの信徒への手紙
2: 25　108
2: 25-30　124
3: 9　211
4: 3　107
4: 18　124

コロサイの信徒への手紙
4: 11　107
4: 15　108, 120
4: 17　108, 110

テサロニケの信徒への手紙一
3: 2　107

テモテへの手紙一
1: 9-10　206-207

フィレモンへの手紙
1　107, 123
1b　106
1b-2　105-106
2　107-108, 115, 129, 134
3　134
4　134
5　107, 134
7　107, 134
8　134
9　107
10　121, 134
11　134
12　134
13　134
14　134
16　107, 134
17　127
19　129, 134
20　134
21　134
22　134
23　134
25　134

4: 54　53
6: 10　76
6: 11　76
6: 68-69　99
7: 5　160
9: 4-5　98
11 章　97
11: 1　98
11: 1-3　97
11: 1- 5　85
11: 1- 16　85, 86
11: 1- 44　11, 14, 83, 85, 88-90, 94-97, 164
11: 1-57　97
11: 1-12: 11　11, 97
11-12 章　97
11: 3　3, 10, 11, 53-54, 88-90, 93, 95-97, 100
11: 4-16　97
11: 5　3, 10, 11, 40, 53-54, 88-91, 93, 95-97, 100
11: 6-16　86
11: 7-10　98
11: 10　88
11: 17-27　85-87
11: 20-27　86
11: 21　100
11: 28-44　85-87
11: 32　100
11: 32-37　86, 88
11: 35-36　98
11: 36　3, 10, 11, 40, 84, 88-90, 92-93, 95-97, 100
11: 38-44　86
11: 45-57　97
11: 45-12: 11　97
12: 1- 8　92
12: 2　76, 92
12: 3　92
13: 1-2　64
13: 1-11　164
13: 1-20　74, 101
13: 12　64, 76
13: 21-30　11, 14, 36, 57, 59, 61-62, 66, 68, 72, 74-76, 99, 164, 166
13: 21a　63
13: 21b　63
13: 21b-22　75
13: 22　63
13: 23　43, 59-60, 63-66, 76-77, 81
13: 23-25　4, 10-11, 40, 63, 76
13: 24　64
13: 25　43, 59-60, 63, 65-66, 76-77, 166
13: 25b　75
13: 26-27　63, 75
13: 28　64, 76
13: 28-29　63
13: 30　63, 75
13: 31-35　74
13: 36-38　47
14: 23　51
15-17 章　57
16: 27　51
19: 16b-27　36, 164
19: 25-27　44, 164
20: 1-10　36, 164
20: 11-18　6, 10, 21-22, 34, 45
20: 17　8
20: 24-29　34
20: 26-29　45
20: 29　11, 88
21 章　54
21: 1-14　36, 45, 164
21: 1-20　37
21: 7　36
21: 14　45, 55
21: 15　39, 52, 55
21: 15-17　4, 10, 12, 14, 33-35, 37-38, 42, 46-449, 51, 54-56, 78, 99, 164, 169
21: 16　20, 39, 55
21: 17　20, 39, 53, 55
21: 18-19　36, 46
21: 20　36, 43, 76
21: 20-22　40
21: 20-23　50, 164
21: 21-24　164

マルコによる福音書
1: 1-8: 26　156
1-8 章　155, 157, 158
1: 16　157
1: 21　157
1: 29　157
1: 41　21
2: 1　157
2: 12　157
2: 13　157
2: 1-3: 6　156
3: 1　157
3: 20　157, 158
3: 20-21　15, 50, 78, 99, 137-140, 142-143, 153, 169
3: 20-35　141, 156
3: 21　144-146, 149, 158, 198, 200
3: 22　145
3: 22-30　140, 142
3: 30　145
3: 31-34　147-149
3: 31-35　15, 50, 78, 99, 137-140, 142-144, 146, 147, 149, 153, 158, 169
3: 33　160
3: 35　147-149
4: 1　157
4: 10-11　158
5: 1　157
5: 21　157
5: 27　21
5: 42　157
6: 31　157
7: 14　157
7: 31　157
7: 24-30　24
8: 1　157
8: 13　157
8: 27-30　83, 87
10: 1　157
10: 17-22　164
10: 21　40
10: 24　157
11: 27　157
14: 18-21　62
14: 72　36

ルカによる福音書
1: 1-9: 50　191
1: 26-38　185
1: 27　185-186, 189
1: 34　186
1: 35　192
1: 43　192
2: 1-20　172, 176, 187
2: 19　187
2: 33　192
2: 34　192
2: 41-52　191
2: 48　191-192
2: 49　191
2: 51　192
3: 23　186, 187, 189
3: 23-38　186
5: 13　21
7: 1-10　164
8: 19-21　141, 160
8: 44　21
9: 18-21　83, 87
9: 57-62　160
11: 14-23　140
12: 49-53　160
14: 25-27　160
22: 21-23　62
22: 61-62　36
24: 28-35　164

ヨハネによる福音書
1-12 章　98
1-20 章　54, 57
1: 18　60, 64, 72-74, 77, 81
2: 4　160
4: 43-54　164

引用箇所索引

【旧約聖書】

創世記
1: : 28　138
6: 1-4　208
16: 5　78, 81

レビ記
20: 13　206

申命記
12: 7　78, 81
28: 54　78, 81

士師記
3: 24　101

サムエル記上
18 章　58
24: 4　101

列王記上
12: 8　78, 81, 82

列王記下
18: 27　101

箴言
8: 17　51
31: 21　157

イザヤ書
36: 12　101

【旧約聖書外典偽典】

マカバイ記一
9: 44　157
11: 73　157
12: 27　157

マカバイ記二
11: 20　157

シラ書
9: 1　78, 82

ナフタリ遺訓（十二族長の遺訓）
3: 3-5　208

スザンナ（ダニエル書補遺）
33　157

【新約聖書】

マタイによる福音書
1: 1　214
8: 3　21
8: 5-13　164
8: 19-22　160
9: 20　21
10: 34-36　160
10: 37-39　160
12: 22-32　140
12: 46-50　140, 160
16: 13-20　83, 87
16: 17　36
19: 10-12　138, 153, 164
19: 12　160, 170
26: 21-25　62
26: 75　36

理想的場面　147, 148
理想の家族　183, 185, 188, 189
両性愛　25, 57
霊的・象徴的な親密さ　72-74, 82
歴史批評的研究　16-18, 33, 34, 36, 47, 83
レズビアン　25, 37, 117, 118, 150, 162, 169, 184
「恋愛」 8, 21, 34, 66, 84
恋愛関係　5, 7, 9, 10, 12, 34, 58, 70, 91-93
恋愛感情　7
恋愛される者　12, 66, 67, 69, 72, 73, 79, 81, 95
恋愛する者　12, 66, 67, 69, 72, 73, 81, 95
ローマ・カトリック　35
ローマ時代　95
ローマ社会　68
ロゴス讃歌　60, 65, 67, 72, 73
若者　66, 67

タ・ナ行

大教会　33, 37, 47, 50
第四福音書→ヨハネ福音書
正しいセクシュアリティ　50, 151, 152, 185
脱構築　37, 38, 139, 152, 170, 200
単婚　139, 150-152, 184, 185
男性弟子　3, 5, 7, 10, 11-14, 19, 21, 101
男性の絆　67
稚児（パイディカ）　71, 79, 95
父の胸　60, 64, 65, 72, 73, 75, 77
地中海世界　22, 25, 56, 133, 134, 139, 154, 170, 186, 203, 207, 215
同性間恋愛→ホモエロティシズム
同性愛のフィルター　10, 12, 13, 18, 21, 34, 84
同労者　106-109, 114, 122-124
二項対立図式　37, 38, 151, 169, 185, 213
日本基督教団　24-26, 77, 99, 131-135, 155, 197, 201, 202, 212-214
人間学　117, 133
妊娠　9, 21, 173-178, 179, 186, 187
熱愛　4, 5, 11, 12, 33, 35, 39-41, 46, 51, 54, 55, 84, 90, 91, 93, 95-97, 100

ハ行

パイディカ→稚児
パイデラスティア→少年愛
パトローナ　115, 123-126, 135
パトロン　113, 115, 122, 124, 125
ピスティス　196, 197, 209, 212, 213
独り子　60, 64, 65, 72-75, 77
フィクション　173
フィリア　53, 55
フィリポ福音書　9, 21
フィレオー　51-55, 84, 89, 100, 106
夫婦　105, 109-116, 118-121, 123-126, 130, 132, 151
フェミニスト視点　17, 25
フェミニスト神学　17, 25, 132
フェミニスト聖書解釈　17, 18
文化研究→カルチュラル・スタディーズ
文化的構築物　25
ベエルゼブル論争　140-142, 145, 155
ヘテロエロティシズム→異性間恋愛
ヘテロエロティック　8, 10, 21, 167
〔ヘテロ〕セクシズム　50, 139, 151, 152, 184, 185
ペトロの信仰告白　83, 87, 99
ヘレニズム期（時代）　66
ホモエロティシズム（同性間恋愛）　7, 10, 14, 19, 22, 43, 44, 56, 57, 60, 66, 68-71, 73, 82, 84, 89, 91-94, 96, 101, 165, 170, 215
ホモエロティック　7, 10, 13, 21, 40, 44, 47, 48, 56, 58, 66, 73, 164-167, 170
ホモソーシャリティ　7, 13, 43-47, 57, 68-71, 73, 82, 94, 96, 134
——理論　13, 14, 18, 26, 34, 42, 46, 48, 49, 57, 59, 61, 68, 70, 72, 73, 75, 78, 80, 82, 83, 85, 94-97, 100, 101, 164, 169
ホモソーシャル　7, 13, 20, 34, 42, 44, 48, 56, 58, 80, 102
——な連続体　7, 68-73, 94-96
ホモフォビア　19, 21, 43, 68, 82, 92, 167, 208, 210
ポリティカル・コレクトネス　202
ポルノス　204, 205, 207

マ・ヤ行

マグダラのマリア福音書　9, 21
マラコス　204-206, 214
マリア像　175, 179
マルタの信仰告白　11, 83, 84, 87, 88, 94
ミソジニー（女性嫌悪）18, 19, 43-45, 58, 118, 176-178, 180
モイコス　204, 205
盲点　16, 23, 24, 172, 178, 180
友愛　13, 53, 55, 163
ヨハネ共同体　33, 36, 37, 44, 45, 47, 48, 50, 57, 58, 80, 166
ヨハネ福音書　3, 4, 6-8, 11-15, 20, 22, 33, 36, 41, 43-45, 49, 51, 52, 54, 57, 59, 60, 62, 63, 69, 71, 74, 75, 77, 80-85, 87, 95, 97-100, 164-166, 170
ヨハネ文書　36

ラ・ワ行

ラザロの復活　11, 83-89, 91-98, 101, 164

51, 57, 60, 61, 66, 67, 75, 78, 79, 83-85, 89, 90, 93, 97, 99-101, 139, 149-152, 154, 161-165, 167-170, 178, 183, 184
クィア理論による読解　10, 37, 41, 42, 48, 61, 65, 67, 71-73, 84, 89, 93, 94
グノーシス主義　9, 82, 170
クリスマス　15, 171, 172, 174, 178-180, 190, 191
――物語　172, 176, 178, 180
群衆　137, 138, 140, 142, 143, 146, 148, 149, 152-154, 158, 160
ゲイ　37, 40, 150, 163, 1184
――（・）スタディーズ（スタディズ）　37, 57, 117, 162, 169, 184
――男性　12, 13, 41, 101, 150, 184
啓蒙主義　16
原著者　62, 63
降誕物語　15, 181, 183, 185-190, 192
古典期ギリシャ　69, 70, 71, 94
異なる肉　207, 208

サ行

最後の晩餐　11, 43, 59, 61-64, 67, 74, 76, 77, 82, 92, 166
最終編集者（教会的編集者）　33, 36, 37, 43, 47, 50, 60, 62-65, 67, 71, 72, 74-77, 81
三度　4, 5, 11, 12, 33, 35, 39-42, 45-48, 50, 53-55, 84, 89, 90, 95-97
サンドウィッチ手法　141, 142, 144, 145, 148, 155
ジェンダー観　20
ジェンダー研究　15, 57, 117
ジェンダー・セクシュアリティ研究　13, 15, 42, 171, 190
ジェンダー・バイアス　100, 110, 116, 118, 125, 135-175
ジェンダー論　139
シス規範　18
自然に反する　203, 204
実践神学　17
師弟愛　7, 8, 13, 14, 44, 46-48, 58, 69, 70-74, 81, 94-97
師弟の絆　13, 44, 46, 47, 70, 97
姉妹　20, 97, 98, 106-110, 113, 114, 121-124, 135, 136, 138, 140, 142, 144, 147, 149, 153, 165, 196, 202
社会史　25, 36, 37, 50, 66, 94
出産　9, 173-176, 178, 179, 187, 189
主の晩餐　201
少年愛（パイデラスティア）　7, 12, 43, 60, 66-73, 79, 94-96, 164
処女　186
――懐胎　178
――降誕　187-189, 192
――性　180, 186
女性弟子　5, 6
資料　23, 49, 54, 62, 63, 75, 140, 141, 155
信仰　11, 12, 16, 20, 24, 34, 37, 45, 48-50, 83, 84, 87-89, 94, 99, 191, 192, 196, 197, 209, 212, 213
身体的・物質的な親密さ　60, 61, 65-67, 72-74, 82
新約聖書学　17, 25, 26, 40, 56, 116, 163, 196, 212
真理　7, 20, 60, 65, 69, 72-74, 86-88, 95, 196
聖家族　15, 178, 183, 185, 188-190
性交　8, 68, 69, 189, 192, 202, 203, 205, 208, 209, 215
女性嫌悪→ミソジニー
女性差別　116, 118
性差別　116, 118, 125, 126, 151, 185
聖書学　16, 17, 23-26, 40, 49, 56, 116, 118, 126, 161, 163, 169, 178, 180, 195, 196, 212
成人男性　66
性的関係　9, 22, 81, 203, 204
性的指向　25, 118, 203
聖母マリア　175, 179, 200
性暴力　178
セクシュアリティ研究　12, 13, 15, 42, 70, 79, 139, 171, 172, 180, 184, 190
宣教者　107, 108, 110, 111, 114, 115, 122-126, 136
先行理解→前理解
先入観　5, 11, 22, 116, 119, 133, 203
先入見　22
前理解（先行理解）　5, 7, 10, 11, 22, 81, 82
装置　25, 60, 67, 68, 116, 133, 163, 170, 172, 178, 179, 181, 184
組織神学　17

事 項 索 引

アルファベット

ＢＬ（ボーイズラブ） 3, 5, 10, 13, 14
ＧＬ（ガールズラブ） 23
ＬＧＢＴ 18, 149, 150, 162, 210
ＬＧＢＴＩＱＡＰ＋ 18, 149, 150, 210
Q資料 140, 141, 155

ア行

「愛」 12, 13, 33, 34, 37, 42, 48, 55, 69, 84, 90, 93-96, 100
アガパオー 51-55, 84, 89, 100
アガペー 51, 53, 55, 106
悪徳表 204, 207
アポリア 61, 71-73, 94
アルセノコイテース 204-207
アンドラポディステース 207
イエスの家族 15, 50, 78, 99, 137-143, 146, 148, 149, 151-154, 158, 160, 169, 190, 199, 200, 213
イエスの胸 4, 12, 14, 43, 57, 59-65, 67, 72-77, 81, 92, 100-102, 166
家の教会 107-109, 112, 114-116, 119, 120, 122-125, 129, 135
異性愛 10, 18, 25, 37, 38, 42-44, 57, 68, 93, 118, 119, 150, 151, 166, 169, 184, 185
——規範 11, 18, 38, 41, 48, 68, 119, 133, 139, 166, 184, 185
——主義 11, 15, 18, 25, 37, 81, 105, 106, 115, 118, 119, 125, 126, 133, 151, 185
——のフィルター 5, 7, 10, 18, 21, 34, 91, 93, 166
異性間恋愛（ヘテロエロティシズム） 6, 8, 91, 92, 93, 96, 165
一夫一婦制 150, 184
疑いの解釈学 17, 19
産む道具 176, 178
エロトフォビア 21, 82, 92, 100, 101, 167, 208
男同士の絆 7, 20, 42, 44, 56, 58, 68, 80, 81, 102
乙女 185, 186

カ行

解放の解釈学 16, 19, 23
解放の神学（解放の諸神学） 16-18, 24, 25
家族観 15, 50, 78, 99, 137,-139, 149, 151-154, 169, 190, 213
家父長制 13, 17, 18, 42, 43, 68, 150, 184
——社会 42, 68
カルチュラル・スタディーズ（文化研究） 15, 22, 163, 171, 172, 176, 178, 180, 181, 190
奇跡物語 8, 11, 83, 84, 86, 88, 94
規範的家族 152, 154, 165
義務として負わされた異性愛 42, 68
教会的編集者→最終編集者
共観福音書 8, 13, 20, 36, 62, 63, 75, 83, 87, 99, 140, 141, 155, 158, 160
強制的異性愛 11, 18, 118
兄弟 100, 108, 121, 123, 135, 138-140, 142, 144, 146-149, 153, 157, 196, 200, 202
共闘者 106-109, 122, 124
ギリシャ社会 66, 68
ギリシャ哲学者 7, 13, 48, 58, 69, 71-73, 81, 94, 96
ギリシャ・ローマ世界 43, 44, 47, 48, 60, 69, 94, 189, 192, 214
キリスト教 12, 15-19, 21, 23, 25, 26, 49, 57, 75, 77, 96, 99-101, 107, 113, 122, 123, 127, 128, 131-135, 139, 155, 160, 180, 181, 183, 185, 189, 191-193, 195, 196, 202, 209, 213, 214
近代家族 151, 184, 185
「クィア化する家族」 50, 78, 99, 163, 169, 190, 213
「クイア化する家族」 139, 150, 151, 152, 154
クィア神学 26, 50, 190
クィア・スタディーズ 162
クィアな家族観 15, 137, 152, 154
クィアな読解 15, 18, 93, 162, 164, 167, 169, 183, 185, 187, 190, 192
クィアな読み 10, 11, 33, 34, 41, 163
クィア理論 12-16, 18, 26, 33, 34, 37-39, 42, 46, 48-

初出一覧

序章「イエスとBL（ボーイズラブ）――イエスと男性弟子の恋愛」書き下ろし

第一部　ホモエロティシズムと師弟愛――ヨハネ福音書における男の絆

第一章「わたしを愛しているか――クィア理論とホモソーシャリティ理論によるヨハネ二一・一五―一七の読解」『日本の神学』五五号、日本基督教学会、二〇一六年八月、三九―六六頁。

第二章「イエスの胸に横たわる弟子――クィア理論とホモソーシャリティ理論によるヨハネ福音書一三章二一―三〇節の読解」『イエスから初期キリスト教へ――新約思想とその展開』（青野太潮先生献呈論文集）リトン、二〇一九年九月、一八九―二一〇頁。

第三章「『見よ、彼は彼をどれほど愛していたことか』――クィア理論とホモソーシャリティ理論によるヨハネ一一・一―四四の読解」『酪農学園大学紀要 人文・社会科学編』四六巻一号、二〇二一年一〇月、一九―二五頁。

第二部　クィアな新約聖書

第四章「異性愛主義と聖書解釈――フィレモン書一b―二節におけるフィレモン、アプフィア、アルキッポスの関係性」『新約学研究』（創立五十周年記念号）三九号、日本新約学会、二〇一一年七月、七五―九四頁。

第五章「クィア化する家族――マルコ三・二〇―二一、三一―三五におけるイエスの家族観」『神学研究』六〇号、二〇一三年三月、一三―二四頁。

第六章「『イエスとクィア』から『クィアなイエス』へ――クィア理論を用いた聖書解釈の新たな地平」『福音と世界』七三巻七号、新教出版社、二〇一八年七月、一八―二三頁。

第七章「マリアのクリスマスの回復――文化研究批評（ジェンダー・セクシュアリティ研究）による解釈」『福音と世界』七一巻一二号、新教出版社、二〇一六年十二月、三〇―三五頁。

第八章「クィアな聖家族――ルカ降誕物語のクィアな読解」『福音と世界』七六巻一二号、新教出版社、二〇二一年十二月、三〇―三五頁。

第九章「『聖書協会共同訳』のクィアな批評――教会・キリスト教主義大学・クィアな空間で読む」『日本基督教学会北海道支部 公開シンポジウム記録』五号、日本基督教学会北海道支部、二〇二一年三月、八三―九七頁。

あとがき　書き下ろし

【著者略歴】

小林昭博（こばやし・あきひろ）
1967年北海道小樽生まれ。酪農学園大学教授（キリスト教応用倫理学研究室）。博士（神学）。専攻は新約聖書学、特にクィア理論による新約聖書の読解。研究室の主要テーマはジェンダー・セクシュアリティ研究。日本キリスト教団北海教区平和部門委員会委員（靖国・天皇制問題担当）、関東神学ゼミナール『fad』編集委員。著書に『同性愛と新約聖書——古代地中海世界の性文化と性の権力構造』（風塵社、2021年）。

クィアな新約聖書
——クィア理論とホモソーシャリティ理論による新約聖書の読解

2023年3月30日　第1刷発行

著　者　小林昭博

発行所　株式会社風塵社（ふうじんしゃ）
〒113-0033　東京都文京区本郷3-22-10
TEL 03-3812-4645　FAX 03-3812-4680

印刷：吉原印刷／製本：難波製本／装丁：閏月社

© 小林昭博　Printed in Japan 2023

乱丁・落丁本は、送料弊社負担にてお取り替えいたします。

†復刊ライブラリー

『赤軍と白軍の狭間に』（トロツキー著、楠木俊訳）
本体 2500 円＋税　ISBN4-7763-0069-4
内戦末期、レーニン“最後の闘争”となるグルジア（現ジョージア）問題に直面したトロツキーの逡巡と確信。現在のコーカサス紛争に連なる歴史的文脈で、トロツキーは西側を激しく糾弾する。

『赤軍　草創から粛清まで』（ヴォレンベルク著、島谷逸夫・大木貞一訳）
本体 2500 円＋税　ISBN4-7763-0070-0
帝政ドイツの突撃隊隊長として第一次大戦を戦い、戦後はドイツ人共産主義者としてソ連軍に入り教官になった著者が、ロシア内戦から、ソ連･ポーランド戦争、赤軍大粛清までを語りつくす。スターリンの影はどのように赤軍を変質させたか？

『赤軍の形成』（レーニン、トロツキー、フルンゼほか著、革命軍事論研究会訳）
本体 2500 円＋税　ISBN4-7763-0071-7
赤軍はいかに形成されたのか。1917 年から 21 年におけるロシア革命の動態の中で、党大会を基軸とする建軍への苦闘や論争を追跡した。いかにして労農赤軍を再組織化するか。レーニン、トロツキー、フルンゼらの論考を紹介。

『マフノ叛乱軍史』（アルシーノフ著、奥野路介訳）
本体 2800 円＋税、ISBN978-4-7763-0072-4
赤軍、白軍、民族派軍相撃つウクライナの人民深奥部に根を下ろし、ロシア革命の帰趨を凝視しつつ《呪縛の革命期》を疾走し去った幻の人民軍の幕僚の残した血書。リアルタイムでは大杉栄も注目したマフノ運動の全貌が明らかに！

『クロンシュタット叛乱』（イダ・メット、トロツキー著、湯浅赳男訳）
本体 2500 円＋税　ISBN4-7763-0073-1
内戦勝利後のボリシェヴィキ第 10 回党大会中の 1921 年、かつて革命の原動力となったクロンシュタットの水兵たちの不満が高まり蜂起へといたる。戦時共産主義を廃止し「革命の革命」を求める彼らを、革命政府は鉄の箒で一掃した。

『ブハーリン裁判』（ソ連邦司法人民委員部編、鈴木英夫訳）
本体 2500 円＋税　ISBN4-7763-0074-8
革命はいかに扼殺されたのか。スターリンによる見世物裁判で「ドイツ、日本、ポーランドの手先」として、党内有数の理論家と目されていたブハーリンは 1938 年銃殺刑に処せられる。スターリンの絶対支配が確立し、革命は終焉した。

†復刊ライブラリー

『反日革命宣言　東アジア反日武装戦線の戦闘史』

（東アジア反日武装戦線 KF 部隊（準）著）

本体 1800 円＋税　ISBN4-7763-0079-3

1979 年に鹿砦社から刊行されたものを復刊。東アジア反日武装戦線は、未熟であり萌芽でしかないことは自覚しつつも、日本総体を乗り越えるレバレッジの支点であると反日なる用語をイメージしていた。してみると、反日ということばは、ネット上での非国民に類するような侮蔑語ではなく（非国民のなにが悪いのかも理解できないが)、日常から視座を広げて弱者に寄り添おうとする想像力の豊かさを意味している。

†小林正幸の本†

力道山をめぐる体験——プロレスから見るメディアと社会

本体 2500 円＋税　ISBN4-7763-0049-6

従来のイメージを塗りかえる新たなヒーロー像の創出

メディア・リテラシーの倫理学

本体 1800 円＋税　ISBN4-7763-0062-5

どのようにメディアと向き合うか。自己を明け開くオルタリティを考察

教養としての現代社会入門

本体 1800 円＋税　ISBN4-7763-0076-2

現代とはなにか？ 社会とはなにか？ 不安を生み出す力をあぶり出す